中国婚姻小史（修订本）

A BRIEF HISTORY OF CHINESE MARRIAGE

孙晓 著

中国社会科学出版社

图书在版编目(CIP)数据

中国婚姻小史 / 孙晓著 . —修订本 . —北京：中国社会科学出版社，2024. 6（2024. 11 重印）

ISBN 978 – 7 – 5227 – 3443 – 9

Ⅰ. ①中…　Ⅱ. ①孙…　Ⅲ. ①婚姻—风俗习惯史—中国
Ⅳ. ①K892. 22

中国国家版本馆 CIP 数据核字(2024)第 078708 号

出 版 人　赵剑英
责任编辑　李凯凯
责任校对　芦　苇
责任印制　李寡寡

出　　版　中国社会科学出版社
社　　址　北京鼓楼西大街甲 158 号
邮　　编　100720
网　　址　http://www. csspw. cn
发 行 部　010 – 84083685
门 市 部　010 – 84029450
经　　销　新华书店及其他书店

印　　刷　北京明恒达印务有限公司
装　　订　廊坊市广阳区广增装订厂
版　　次　2024 年 6 月第 1 版
印　　次　2024 年 11 月第 2 次印刷

开　　本　650 × 960　1/16
印　　张　19
插　　页　2
字　　数　230 千字
定　　价　69. 00 元

再版序言

承蒙中国社会科学出版社不弃，《中国婚姻小史》修订版得以付诸剞劂。这本书初版于1987年，是我写的第一本书。今天，我年已过花甲，重新翻阅这一页页、一行行的文字，仍能品嚼到其中发散的点点滴滴的青涩。

或许青涩就是一种冲动。1984年，我来到中国社会科学院研究生院历史系读书，一次偶然的机会，我在中国社会科学院历史所的图书馆借到 Edvard Westermarck 的 *The History of Human Marriage* 原版书。读这本书，其实是为了锻炼我的英文阅读能力，但读过几章后便异常兴奋。该书1891年在伦敦用英文出版，曾在西方学术界引起轰动，产生比较广泛而深远的影响。我想，我也许可以写一部中国婚姻史。因为年轻，这种冲动遂即化为行动。

或许青涩是一种懵懂。在改革开放初期，文化在初春的暖风吹拂下刚刚苏醒，图书的流通与借阅还不太方便，我查阅了北京图书馆、中国科学院图书馆与历史所图书馆的书目，没有看到有以中国婚姻史为书名的作品，而相关的书也十分稀见，于是我便以为，我要写的是中国第一部婚姻史。原创的激动，鼓励我跃跃欲试拟定出编写计划与提纲。一年后，在本书成稿阶段，我才看到陈顾远先生的《中国婚姻史》，才知道我不是这个课题的开山之人。也许正是因为无知，才能无畏。

或许青涩是一种稚朴。为了完成这部小书，我还真付出了不少的努力，吃了不少苦。当时中国国家图书馆的名字还叫北京图书馆，地点在北海公园西侧文津街。我几乎没课时都会来图书馆看书，每天看一大摞子，抄厚厚一叠卡片，午饭是一个热馒头加几口自来水管的凉水。这样的日子，断断续续持续了一年之久。因为稚朴，才不惧辛苦。让我记忆比较深的是，图书馆工作的小姑娘们，总喜欢把我用于借书的研究生证来回传看，那个时代大学生就不多，研究生更是稀罕。

或许青涩是一种憨直。书完成后，我便联系了光明日报出版社。我现在已经想不起来怎么走进他们大门的，想不起来是不是先打了电话预约，只是记得推开出版社大门后，是编辑部陆瑞君主任接待了我，给我倒了茶。她翻阅了我的稿子后，似乎有点兴奋，便把我引荐给金成基社长。金社长是明清史专家，他仔细翻阅了我的稿子，对我说，他与我的导师林甘泉先生熟悉。但给二十岁出头的年轻人出本书，似乎很少出版社敢这样做。并说我的稿子写的还是很认真的，看看再决定。大概过了一个月，陆瑞君主任电话通知我，我的稿子录用了，责任编辑是倪大江老师。唉，也许因为憨直，才不会害羞，才能勇往直前。到后来我才知道，陆、倪都是红二代，不过我与他们接触，感觉他们都很真诚、很朴实。

其实，青涩就是一枚未成熟的青果，因为未成熟，才会青涩；因为未成熟，才努力成熟。其实，青果的颜色一定会慢慢地变红、变黄，一定会成熟，味道会变甜，甚至甜得腻糊。其实，人年纪大了，还真的不一定喜欢成熟的果子，也许更喜欢青涩味道……

本书的部分插图是东方出版社 2010 年再版时，编辑郭晓娜先生加的，感谢她使本书得以图文并茂。本书这次修订，责任编辑李凯凯反复校改，付出了很多心血，没有他的辛苦，本书难以付梓。更要感谢赵剑英社长，没有他的努力，我无法再次看到这部旧作，摘下这枚青果，无法品嚼到其中点滴的青涩。

孙　晓

2024年4月3日于北京御景园

序

呈献在读者面前的这本《中国婚姻小史》的作者孙晓，是一位青年同志。当他拿着二十万字的一堆稿子来要我写一篇序言时，我不禁有些惊讶。因为据我所知，作者原先并非学历史的，前两年虽然考取了中国古代史专业的研究生，但学业紧张，似乎也没有时间来写这样一本书。后来知道他是在考取研究生之前，利用业余时间广泛搜集资料写成初稿的，我深深为他这种钻研精神所感动。关于当代青年的特点，人们已经谈论了很多。从作者身上，我看到了他们这一代一个显著的特点，那就是勤奋好学和思想活跃。这种治学精神对于我们年纪比较大的人说来，是富有吸引力的。这也就是为什么尽管我对于本书所论述的内容虽然没有研究，却乐于答应作者的要求写这篇序言的缘故。

恩格斯曾经指出，人类社会生产包括两个方面：“一方面是生活资料即食物、衣服、住房以及为此所必需的工具的生产；另一方面是人类自身的生产，即种的蕃衍。”（《家庭、私有制和国家的起源》第一版序言）物质资料的生产方式决定社会制度的性质，但人类的劳动愈不发展，社会制度受到家庭和血族关系制约的程度就愈大。新中国成立以来，由于对历史唯物主义原理的理解和应用有片面性，史学界对于婚姻史和家庭史的研究是不够重视的。我们至今还没有一部用唯物史观作指导写就的比较完整的中国婚姻史和家庭史，甚至对中国古代婚姻形态和家庭的起源也若明若暗。摩尔根在《古代社会》中所归纳的家庭婚姻关系进化的模式，长期以来被学者奉为圭臬。但是从《古代社会》问世以来，已经过去了一百多年。这期间，世界各国民族学，社会学和历史学的发展，提供了许许多多的新资料和新成果。面临着新的科学成果的检验，摩尔根模式中的薄弱环节就暴露出来了。如关于血缘家庭和普那路亚家庭这两种家庭婚姻形式，在国外学者中间就有不同的看法。苏联的多数学者虽然肯定摩尔根关于家庭婚姻关系的进化是从乱婚经过群婚走向对偶婚和一夫一妻制婚姻的思想，但却否定了血缘家庭和普那路亚家庭的存在。他们认为英国学者里佛斯（W. H. R. Rivers）提出的群婚是作为两合氏族婚姻而发生的观点更具有说服力。据我了解，这个问题在我国民族学家中间也有不同看法，但似乎并没有引起广泛的讨论。其实，关于家庭婚姻关系的进化，我国有非常丰富的文献资料和民族学调查资料，我们完全有可能从中国的实际出发，得出我们自己的观点，并从理论上加以科学的概括。

孙晓同志的《中国婚姻小史》虽然是一本一般读物，但读者可以看出，他对于中国历史上许多婚姻现象和婚姻制度的分析，是花了力气的。作者有感于家庭婚姻史的研究是当前历史研究中一个薄弱环节，想以自己的努力“引起同人对此问题的注意”，这种用心是值得赞扬的。书中吸收了不少前人的研究成果，但也有作者自己的见解。例如他认为宋代理学对当时社会婚姻关系的影响并不像历来许多学者所估计的那样严重，指出宋代妇女改嫁不仅为法律所允许，而且并不遭到社会舆论的非难，这个看法就值得重视。当然，单靠一个人的功力，要写好一本贯通古今的专史是很难的，即使是一般性的读物也非易事，读者在这本书中自然可以找到许多不成熟乃至错误的地方。比如，作者认为中国传统婚姻是宗法制婚姻，西方婚姻是宗教制婚姻，前者带有浓厚的义务色彩，后者则比较自由和平等，对中外婚姻作这样的比较是否符合历史实际，我是表示怀疑的。又如，通俗读物当然要注意趣味性，但书中对某些琐闻逸事的征引是否完全必要，也可以斟酌。

话说回来，婚姻史和家庭史既然是社会生活史的重要组成部分，我们史学工作者在这个领域内就应当多下一些功夫。现在不是都在谈论学科之间的横向联系吗？如果我们的民族学家、社会学家和历史学家能够通力合作，对中国婚姻和家庭的起源和演变进行深入的研究，写出一批有较高学术价值的学术著作来，这不仅可以填补我们至今仍然接近于空白的这门专史，对于世界学术之林无疑也是一个重大的贡献。

林甘泉

1985 年除夕

于北京

目　　录

引　言

人类婚姻的发生与发展

婚姻生活是人类社会生活的重要方面。在任何时代，婚姻形态的演变无不同社会的发展紧密联系在一起，并忠实地反映社会发展的水平。婚姻是人类社会最基本的组合方式，它的发展变化，涉及人类社会历史中的家庭、家族、家庭公社、原始氏族与原始人群各个方面。对它的研究，有助于我们更清楚地认识人类社会历史，理解人类社会发展的基本规律。所以，婚姻史的研究应该是历史研究的重要任务之一。

我们这本书要谈的是中国婚姻发展的历史。要了解中国婚姻发展的历史，就有必要回顾人类婚姻发生与发展的道路。人类婚姻是怎样发生与发展的呢？要回答这个问题，对任何一个学者来说，恐怕都是很难的。因为，我们学者没有安徒生那双“回头鞋”，穿上它就能进人类已经过去的历史时代。我们只能根据现有一些文字资料和文物，加以亲身的民族调查，对过去的历史作一些推理和猜想。20 世纪初，欧美学者花了很大力气研究这一问题。美国学者摩尔根、马根，德国学者缪勒利尔等人都写了一批很有价值的专著。更应该提到的，英国学者 Westermarck（韦斯特马克）的 *The History of Human Marriage*（《人类婚姻史》）是一本了不起的专著，资料丰富论证严谨，今天仍可以把它视为研究人类婚姻发生与发展史的一座丰碑。[1]

韦氏的书还有一个特点是我钦佩的。作者在书中对任何一种婚姻形式只作为一种现象论述，从不把它绝对看作人类婚姻发展的一般道路。人类社会发展是复杂的，由于世界各地各民族生产生活环境有很大差别，人类社会的发展必然呈现出斑驳陆离的现象，一地区和他地区相较，发展道路不可能完全相同，因此，把某一地区人类社会发展的某种现象看作人类社会发展的共同规律，显然是不科学的。

但是，有人要问：人类婚姻演变是由低级走向高级的，其发生与发展，难道没有一个共同道路吗？当然是有的。但是对这个共同道路，我们要注意两点：第一，它是假定的，它不强求任何民族的婚姻发生与发展都必须遵循这一道路。第二，这个道路是我们用抽象思维的方法得来的，具有一定模糊性。人类初期婚姻形态是一种简单的两性关系的结合，是人的性机能自发的要求，我们甚至不能用婚姻一词去描述这种原始的结合，因为它远不像后代婚姻形态，具有严格、完善的形式和普遍的社会意义。人类婚姻随着人类社会的发展而发展，人类逐渐摆脱自然的婚姻形态过渡到社会的婚姻形态。这个道路是从乱婚（杂婚）、血亲群婚向氏族婚、对偶婚、一夫一妻制进化的道路，这个道路是人类婚姻发生与发展的一般规律。

现在让我们谈一下人类婚姻发生与发展的一般道路。因为只有当我们了解人类婚姻由低级向高级发展这个过程以后，我们才能更好理解中国婚姻历史中某些现象。如果我们把 1924 年在南非发现的纤细种南方古猿的化石及其文化看作人类最早的遗迹，人类已经有三百万年左右的历史。在这漫长的历史中，绝大部分时间，人类过着毫无限制的，杂乱的性关系生活。这种杂乱的性关系生活主要表现在原始人群时期。原始人群是一种简单的联合体，他们除了在同大自然的生存斗争中相互依赖以外，性关系是联系他们的主要纽带。原始人的性关系是极不稳固的，性关系是简单生活的享受，不具有较多的社会义务。性关系无长幼的限制；人类在观念中也不存在生父、生母和兄弟姐妹这些概念。这是人类婚姻发展史上的第一种婚姻形态：乱婚（杂婚）。

后来人类为了增强改造自然的能力，开始要求形成一个稳固的联合体。这样人们便按照血缘关系自然地组织起来，形成了最早的稳定的联合群体——血缘群体。和这种群体相适应的婚姻形态即血亲群婚。

血亲群婚的根本特点是，一群婚体内部有血亲关系的人互相通婚。这时的通婚不但具有简单自然的意义，而且还具有通过联姻关系达到固定一群体内部成员关系的社会作用。血亲群婚在发展过程中，也有过许多变化形式，如下述：

（一）无级别婚。最早的血亲婚姻是无级别婚，是一个血亲群体内部通婚，不论辈分。一群体内部所有女子和所有男子都可以发生性关系。这种婚姻形式是血亲群体形成的结果。这和杂婚是不同的，杂婚并不局限在群体内性关系，杂婚是和人类在血亲群体以前的时代相适应的。

（二）级别婚。后来群体有所发展，在一群体内，为了使社会关系有序，就需要对传统的性关系作一整理。这时在一血亲群体内便按年龄不同划分婚级，进行区别。级别婚是人类进一步社会化的标志。

（三）辈分婚。后来由于血亲群体的发展，人类发现了生育的秘密，知道了孩子和母亲的关系；后来又知道孩子出生和父亲的关系（当然这时父亲是一群人的代名词）。这对原始人来说是一个了不起的进步。由于生育秘密的发现，人们对上辈、下辈之间的性交便产生了心理上的反感，这样血亲群体内的辈分婚就出现了。通婚在同一辈分进行，婚级按婚辈划分。

（四）表亲婚。后来由于血亲群体的扩大，血亲群体往往分裂成几个有联系的血亲集团，这时人们又开始禁止同一辈分直系亲属通婚，开始实行表兄弟、表姐妹婚。这种通婚促成血亲群体的分裂和分裂群体的联合。这种情况和摩尔根所描述的普那路亚群婚有相似之处。

人类社会继续向前发展。随着人们文化水平的提高，人们逐渐认识到血亲通婚在生育方面的副作用。血亲通婚出现的不育和畸胎使他们开始谋求族外婚。族外婚使血亲群体变成氏族，使人类从自然群体进一步走向社会。与这种社会相适应的婚姻形式就是氏族婚。

氏族婚由低级到高级也有一个复杂的过程。初期氏族，因为子女都随母方居住，家庭血缘关系按母系计算，所以又称母系氏族。在母系氏族后期又出现了对偶婚的形式。氏族婚的发展大致可分以下几个阶段。

（一）族外级别婚。族外级别婚就是根据年龄等级划分婚级，婚级可以划分几个至十几个级别；同一级别的男女只要不是直系或旁系亲属便可以通婚。恩格斯谈到澳大利亚级别婚时说："根据这种法则，一个外地的澳大利亚黑人在离开本乡数千公里的地方，在说着他所不懂语言的人们中间，往往可以在一个个地方或一个个部落里，找到没有一点反抗和怨恨的甘愿委身于他的女子。"[2]

（二）两合外婚。两合外婚是两个集团的合婚。这里我们把两个集团分成 A 集团和 B 集团。两合原始群组织是由两个集团结成，婚姻形式是为集体所核准的一些人们的性关系。一方面是原始人群 A 群体的男人集团和 B 群体的女人集团发生性关系；另一方面是 B 群体男人集团和 A 群体的女人集团之间发生性关系。这就是两合外婚的形式，两合外婚是由群体向氏族的过渡。两合外婚不同于血亲婚，但是通婚结果仍有血亲因素。

（三）环状联系婚。这种婚姻有一些血亲残余，只适用部分地区由母系到父权时期。环状联系婚一般是以三个或三个以上有通婚联系环状群体互相联婚的形式出现。其形式如下：A群体的女子固定与B群体的男子性交，但是A群体男子不能与B群体女子性交；B群体的女子固定与C群体的男子性交，同样，B群体的男子不能与C群体女子性交；而C群体女子与A群体的男子性交。如此周而复始，循环不已，世代相传。

母系氏族后期，随着人们对自然选择规律的进一步认识，两性间的性交禁例日益错综复杂，群婚就越发不可能。这时人们开始倾向固定自己性生活的对象，即每一个男子或女子有了一个较为稳固的或主要的配偶。配偶的结合不是一种牢固的结合，也没有排除一个女子除去一个主要配偶外，仍可同其他男子（血亲禁例外的）有着性的关系；同样一个男子除去主要女配偶外，也可以同其他女子（血亲禁例外的）有着性关系。因此，这时的子女仍不能确认生身父亲，世系只能按母系计算。这种婚姻形态产生于母系氏族晚期，即对偶婚。

对偶婚由于各地差别也存在不同类型，例如：

（一）阿注婚。我国云南永宁纳西族盛行的“阿注婚”便是从氏族群婚向对偶婚过渡的实例。阿注是朋友的意思，互为阿注的男女过着一种暮合朝离的拜访式的偶居生活（又称“望门居”），无任何更多的共同关系。男阿注对子女不负任何养育义务，子女由女方即女系家庭照管。摩尔根所描述的易洛魁人中，当时也通行对偶婚制，但是情形和阿注婚有区别。

（二）母系小家庭。随着生产力的提高，个体劳动作用加强，使对偶婚得到进一步巩固。在一些地区，如太平洋上的特布里安岛，出现了包括配偶双方及未成年子女构成的“母系小家庭。”这种母系小家庭只有在某些生产条件较好的地区出现，不是普遍现象。

原始社会后期，由于社会生产发展，社会分工出现了。女子专心养育子女操持家务劳动范围便局限在家内。这样男子在生产上的优势逐渐显露出来。随着他们个人财产的增多，产生了在他们死后将这些财产留给自己子女的愿望。对偶婚的日益稳定，也使他们有了确认自己子女的可能性。于是，女方居住渐渐变为夫方居住，父权制便形成了。对偶婚发展成了一个新的婚姻形态：一夫一妻制。

一夫一妻制出现前后，具体的婚姻形式很多，现归纳如下：

（一）家庭公社婚。最初出现的一夫一妻制，并非独立的个体小家庭，仍保留在实行共产制经济的家庭公社中。这时家庭公社是从母系氏族脱胎而出的。我国独龙族的家庭公社、南斯拉夫的“扎德鲁加”，保加利亚的“兄弟公社”都是这种家庭公社。家庭公社婚指一公社内部男女固定的婚配。

（二）抢劫婚。恩格斯曾把抢劫婚追溯到族外级别婚，这是有一定道理的。抢劫婚的盛行和一夫一妻制的婚姻形态相适应，即男方以武力手段抢劫不同血族的女子为婚。这种情况在许多民族中都存在。解放后在我国景颇等少数民族中还可以见到实例。

（三）买卖婚。买卖婚是以女子在观念上属于男子或家庭的私有财产为前提。如在我国，独龙族娶妻称为买女人——“仆玛旺”，称聘礼为“提彼奢热”，即女子是物品，聘礼是价钱之意。买卖婚在后代仍有延续。买卖婚大体可分为换婚、为役婚、实物婚和货币婚等几种不同发展形式。

（四）媒妁婚。媒妁婚出现很早。在对偶小家庭出现后，配偶的结合往往要有一定的仪式，这就出现请人说媒订婚的事。到夫权制时代，一夫一妻制家庭出现后，男女的结合已不是自愿的结合，而是要附带许多社会性义务。这样，伴随着买卖婚的出现，媒妁婚更为盛行。

（五）收继婚。收继婚是一夫一妻制的特殊形式，至今在一些落后地区还存在这种现象。妻子丧夫后不能外嫁，必须嫁给亡夫的近亲或同姓中的其他远房哥哥。一般是转嫁给亡夫的弟弟，也有收继非亲生母亲的长辈的收继婚。寡妇只有当夫家中无合适男子接纳自己为妻时，才能外嫁。

由于我国关于人类婚姻的发生与发展方面的研究起步较慢，至今尚未有系统学术专著问世，学术界有一种一般的看法，似乎摩尔根《古代社会》一书，已成为研究婚姻起源问题的最大权威。然而这种看法显然已不能适合新时代的科学认识论了。即使经典作家也不会同意后人这样理解他的学术观点。科学要发展，要随着社会实践的发展而发展，对于人类婚姻史的研究，也要以社会实践为准绳。本书在简要叙述人类婚姻发生与发展情况之后，各章着重点在于对我国的婚姻史的探讨。读者可以结合引言的内容来思考以后有关中国婚姻的部分。

【注释】

[1] 中译本见［芬兰］E. A. 韦斯特马克《人类婚姻史》，李彬等译，商务印书馆 2015 年版。

[2] 恩格斯:《家庭、私有制和国家的起源》，《马克思恩格斯选集》第四卷，人民出版社 1976 年版，第 40 页（以下引文依此）。

第一章

传说的时代

每一个古老的民族都有许多美丽奇妙的神话传说。神话传说是对自己民族遥远社会历史的追忆和记录。它是基于一定事实，经人们想象夸张而成。在我国神话传说散见于许多古籍之中，这些是我们研究远古社会生活重要的资料。伏羲、女娲、神农、黄帝、舜等都是传说中我国人类的祖先，其中关于他们的婚姻生活的传说形象地描绘了我国远古人类的婚姻状况。

一　伏羲和女娲

伏羲即伏羲氏，也叫“包羲”“庖羲”。据古史传说，他和女娲是兄妹，他俩相为婚配，产生了人类。兄妹相为婚配的传说是对古代血亲婚姻的写照。

在原始群婚的早期阶段，两性关系是混杂交配的，不仅兄弟姐妹之间的婚配，即使上下辈之间的婚配也没有限制，我国古代文献记载：

> 昔太古尝无君矣，其民聚生群处，知母不知父，无亲戚兄弟夫妻男女之别，无上下长幼之道。[1]

相传伏羲与女娲是兄妹。这幅伏羲与女娲交尾图，说明了兄妹婚的存在

这是对当时人类社会婚姻生活的生动描述和追忆。后来由于不同年龄组、男女之间生理条件的悬殊引起的反应，以及人们思维能力的进化，两辈人渐渐不愿发生性关系，杂乱性交就逐渐被排除了。不固定的、有分有合的原始人群遂发展成比较固定的血亲群团。这个血亲群团既是一个生产单位，又是一个内部互婚的集团。在血亲群团后期，其内部排斥了祖辈和少辈之间互为夫妻的权利和义务；在同一辈分之间既是兄妹，也是夫妻。马克思说：

> 在原始时代，姊妹曾经是妻子，而这是合乎于道德的。[2]

血亲群婚在历史上曾经存在很长时间。两性关系由杂乱性交进入血亲群婚是婚姻史上的一大进步，它促进了人类社会的发展和人类身体结构的显著变化。我国北京人、云南元谋人、陕西蓝田人、湖北郧县郧西人、河南南召人、安徽和县人等，在分类学上均属直立人阶段，大致处于血缘群体时期。他们的典型代表是北京人和他们创造的文化。

关于兄妹为婚的传说不但在汉民族历史上可以找到，而且我国其他少数民族均有此类历史传说。仅在云南，近二十个少数民族有关洪水的神话中，几乎都有洪水前后兄妹为婚的描述。

如云南怒族的传说中，谈到远古时期洪水泛滥，淹没了所有的房屋田地，只有兄妹二人躲在一个大葫芦里随洪水漂浮而幸存。洪水退后，其他人都淹死了，到处可见乌鸦啄食人尸。一只乌鸦对兄妹二人说："所有世人都已经死完了，只有你们兄妹二人成婚才能繁殖后代。"但是亲兄妹岂能婚配？他们没有听乌鸦的话，就分别向南北异地而去，但均找不到配偶。在毫无办法的情况下，只好俩人为婚。婚后生九男九女，九对兄妹又相为婚，才繁衍出人类。[3]

高山族有一个"文面的起源"传说：远古有一块巨石，开裂出来一兄一妹，长大后没办法婚配，妹妹就以炭涂花脸，使她的哥哥不能辨认，于是兄妹为婚。这种传说与壮族以拔牙分开兄妹而互婚一样。

黔东南苗族有一个最重要的祭祖仪式——吃牯藏。一般十二年举行一次，供奉两个裸体偶像，其中男者称央公，女者称央婆。他们兄妹关系，是苗族的祖先。在祭祀最隆重的时候，还由两个人抬着偶像跳交媾舞。每交媾一次，由另外一人用水桶喷射一次甜酒，妇女争先接之，象征受精仪式，祈求生育。苗族虽然已进入一夫一妻制社会，但是在宗教仪式中还保留兄妹通婚的陈迹。

诸如此类的传说在哈尼族、布依族等少数民族中还有很多，所有这些都是对血亲婚姻的形象说明。

二 圣人无父

古代传说“圣人无父，感天而生”，这和古书所记载的“民知有母不知有父”的说法是极吻合的。深究这两句话，我们能得到和前节一样的结论。例如：

华胥履大人迹而生伏羲；
安登感神龙而生神农；
附宝感北斗而生黄帝；
女登感神龙而生炎帝；
女节感流星而生少昊；
女枢感虹光而生颛顼；
庆都感赤龙而生伊耆（尧）；
弃母履巨人迹而生弃；
女嬉吞薏苡（yì yǐ，草本植物）而生禹；
简狄吞燕卵生契（xiè）；
姜嫄履大人迹生后稷。

实际上，这些圣人并非没有父亲，只不过当时人们在观念上没有形成父亲这个概念，在生活中自然找不出谁是自己的父亲。在这个时代，任何人都不知道自己和父亲的血缘关系。做母亲的也不明白父、母、子这三者的必然关系。一般人认为母权制是在经济生产形式改变后确立的。在原始社会的采集经济时期，劳动逐渐有了分工，男子从事狩猎等工作，妇女多从事采集植物果实和挖取可食的根茎，以及监守氏族财产、教育子女等工作。原始农业是妇女从采集实践中逐渐发明的，因而农业的产生和发展，使妇女在经济上起着重要的作用，自然在社会上也占有崇高的地位。持这种说法的人也许有一些资料作论证，但是这种学说推理中的想象成分往往大于实际成分。首先，他们不了解古代社会男女在体型上的差别是不大的，他们把现代男女体质上的差别运用到古代史研究中去想象，只知道附和某种学说而忽略历史事实。现代女性在体质上弱于男子是多种历史原因造成的，是长期父权制对女性体质禁锢和削弱的结果。女人被关在家里，生儿育女，作为男人的私有财产，如同长期关在笼子里的金丝鸟一样。其次，原始人的生活十分艰苦，在工具不发达的时代，部分人的劳动，要想维持全体人们的需要是不可能的。因此，过分地夸大原始时期的男女差别是不符合实际的。

当然，这样谈并不是否认母权制的存在，我同样认为母权制的存在是一个不可否认的历史事实。只不过其产生原因和上述论证的不同。一个母亲和孩子产生亲密的感情是不难理解的，但是一种自然冲动会使人类产生对父亲同样的感情就不易理解。母亲和孩子中间存在一种生理的密切关系，起码从出生到哺乳直至独立生活之前，孩子不能脱离母亲；父亲和孩子虽然在生理上有关系，这种关系在当时条件下却是间接的、不明确的和难以见证的，因此常常是假定和推理的。原始人对这种生理关系是不理解的，虽然妇女生了孩子，但人们观念上孩子不是父亲精血的作品，而是鬼神好心的恩赐。这里从“圣人无父，感天而生”所举数例便能看出。这种情况在现代一些土著人中还能够看到。欧洲学者马林诺夫斯基（Malinowski）在他的《野蛮社会中的性和性压迫》（*Sex and Repression in Savage Society*）一书中对此有清楚的记载。例如，他观察到，一个人外出数年回来以后，看到他的妻子已有一个新生婴儿时，他感到非常满意。在他看来，孩子是鬼神携带来放在母亲怀里的，并不怀疑他的妻子不忠。从孩子和母亲的特殊亲近关系，我们可以看到，母系社会的形成有它本身因素，至于其他因素也许在某一时间中起过作用，但不是根本的因素。

三 社母神和陶祖

在后来人们发掘的文物中，常可以看到泥塑的女人。这种女人全身裸体，生殖器雕塑得十分显著，这就是我们所要说的“社母神”。社母神产生于女权时期，它和社会崇拜女性的心理联系在一起。这时的女人是社会的主宰者，对于她们具有的非凡生殖能力，男人们是不解的，就是她们自己也不明白。性交是一种特有的享受，和生儿育女完全联系不起来。人们崇拜心理的形成总是和无知相联系。在陕西扶风绛帐姜西村采集到一块人面半浮雕，右耳有孔，当系装饰之用，这是仰韶文化时期出土的妇女偶像。[4]辽宁喀左县东山嘴出土的陶制女像，也是人们对女神崇拜的遗物。马克思指出：“女神的地位乃是关于妇女以前更自由和更有势力的地位的回忆。”[5]

对女性的崇拜，还包括对女性生殖器官的崇拜。我国古代把灵石当作对女性神灵膜拜的对象，人们在考古发掘中还常能看到一些用陶和贝壳做的女性生殖器。更有趣的是在古代埃及使用的一种钱币贝壳和女性生殖器也有一定联系。埃及宗教中关于性的方面，开始即是崇拜女性生殖器，因其形状类似子安贝的壳，他们便认为子安贝有巫术的能力，竟把这些贝壳做成钱币。

父权制确立以后，女性崇拜慢慢衰落，人们开始崇拜男性，在考古中发掘的大量陶祖（陶制的男性生殖器）形象地说明了这个问题。

在中国，陶祖的出现是从仰韶文化晚期开始的。如陕西铜川李家沟、临潼姜寨等地均出土过陶祖。此外，甘肃马家窑文化和张家嘴齐家文化也出土过陶祖，山东潍坊罗家口大汶口文化、湖北京山屈家岭文化、陕西华县泉护村、西安客省庄和河南信阳三里店等龙山文化都有陶祖出土；此外在广西坛楼和石产遗址、湖南安乡度家岗、新疆罗布淖尔等地都出土过陶、石、木祖。

陶祖的出现反映了人们认识上的进步，人们开始认识到女子的生育和男性的关系，这种关系的认识又促进了男性在婚姻生活中地位的加强。四川木里大坝村有一个鸡儿洞，洞里供着一个男性生殖器。每逢某些妇女不生育时，就赴洞烧香上供，然后在石质生殖器上坐一会。木里县俄亚乡卡瓦村也供有石祖，妇女求育时，先请巫师带领，到山洞里向石祖烧香叩头，在水池里洗浴，然后在石祖上吸饮圣水。

由社母神崇拜向陶祖崇拜的转化，说明了男女地位上的变化。

四　舜和象

舜是我国古代传说中有名的贤君。舜和象是同父异母的兄弟。舜的父亲是瞽叟（gǔ sǒu，瞎眼老头），妻子死后，娶个后妻，生了象。瞽叟十分喜欢后妻和象，却很讨厌舜，所以总是想办法把他杀掉。据《史记·五帝本纪》载：

> 尧乃赐舜絺衣，与琴，为筑仓廪，予牛羊。瞽叟尚复欲杀之。使舜上涂廪，瞽叟从下纵火焚廪，舜乃以两笠自扞而下，去，得不死。后瞽叟又使舜穿井，舜穿井为匿空旁出，舜既入深，瞽叟与象（舜同父异母子）共土实井，舜从匿空出，去。瞽叟、象喜，以舜为已死。象曰："本谋者象。"象与父母分，于是曰："舜妻尧二女（即娥皇、女英），与琴，象取之。牛羊仓廪予父母。"

象以为已把哥哥谋杀了，便要把舜的两个妻子娶过来，这种情况说明中国历史上一个普遍存在的制度——收继婚。收继婚的风俗，各地的名称很不相同，有的叫“续婚”，有的叫“转房”，有的叫“换亲”，它的意义在引言中已有所涉及。收继婚在我国起源很早，各个朝代均可以见到。

《史记》上所记载的这件事是对远古的收继婚制的一个有力说明，这件事在《孟子·万章篇》《楚辞·天问》中均有记载。纵使舜在历史上是子虚乌有的人物，可是如果这类故事在历史上若不存在，是编不出来的。

在中国上古时代，关于收继婚的例子还可以找到。《史记索隐》引《括地谱》云：

夏桀无道，汤放之鸣条，三年而死。其子獯鬻（人名）妻桀之众妾。

这一则史料短小精悍，它叙述的内容不是平辈的收继婚，是表现着长辈收继婚的形态。又《淮南子·氾论训》云：

昔苍吾绕娶妻而美以让兄，……孟卯妻其嫂，有五子焉。

这两人一是春秋人，一为战国人。世界上古老的民族都有许多关于收继婚的传说，如希腊、犹太、罗马等民族就有关于这方面情节奇巧的神话遗留下来，这些是研究收继婚的绝好材料。这里谈一个犹太民族的神话传说，更有助于我们理解收继婚。故事大概是：

犹大在那里看见一个名叫书亚的迦南人的女儿，就娶她为妻。她怀孕生了个儿子，犹大给他起个名字叫珥；又怀孕生了个儿子，母亲给他起名叫俄南；她后来又生了儿子，给他起名叫示拉。她生示拉

娥皇、女英，舜的两个妻子。舜的弟弟象曾想在谋害兄长后，按收继婚的惯例把她们变成自己的妻子

时，犹大正在基悉。犹大为长子珥娶妻，名字叫塔嫚。犹大的长子珥，在耶和华的眼中看为恶，耶和华就叫他死了。犹大对俄南说，你当与你哥哥的妻子同房，向他尽你为弟弟的本分，为你哥哥生子立后。俄南知生子不归自己，所以同房的时候，便遗在地，免得给哥哥留后。俄南的作为，被耶和华看到了，耶和华便让他死了。

俄南尚有一个弟弟叫示拉。塔嫚见示拉已长大，还没娶她为妻，就脱了做寡妇的衣裳，用帕子蒙着脸，又遮着身体，坐在亭拿路上的伊拿印城门口。犹大转到她那里，见她就说，来吧，让我给你同寝，他原不知道这就是他的儿媳。塔嫚说，你要和我同寝，给我什么呢？犹大说要送给她一个山羊羔。塔嫚说，在未送以前，先给我点什么作抵押呢？犹大便把印、带子、手杖给了她。同寝后，犹大托他的朋友亚杜兰人送一只山羊羔去，要从那女人手里把抵押物取回来，可却找不到她。

约过了三个月，有人告诉犹大说：你的儿媳塔嫚做了妓女，因行淫有了身孕，犹大说：拉她出来，把她烧了。塔嫚被拉出的时候，便打发人去见她的公公，对他说：这些东西是谁的，我就是跟谁怀了孕，请你认一认这印、这带子和手杖。犹大承认说：她比我有义，因为我没有将她嫁给示拉。

弟弟不娶亡兄的妻子，要受到上帝的惩罚，真是了不得的事。做父亲的，因为不将儿子给寡媳做丈夫，寡媳便用狠毒的手段来报复。犹大中了儿媳的奇计后，不但羞耻无地，频频认错，而且还承认他的儿媳有道理。这种道理，如果不懂得收继婚的风俗，必定是无法解释的。

【注释】

[1]《吕氏春秋·恃君览》。

[2]《马克思恩格斯选集》第4卷，人民出版社1995年版，第34页。

[3] 见全国人民代表大会民族委员会办公室《云南省怒江傈僳自治州社会情况》，1958年。

[4] 见考古研究所渭水调查发掘队《陕西渭水流域调查简报》，《考古》1959年第11期。

[5] 马克思：《摩尔根〈古代社会〉摘要》，人民出版社1978年版，第39页。

第二章

夏、商、西周三代

在我国，从公元前21世纪到公元前771年是夏、商、西周三代时期。三代社会距今遥远，可查资料十分有限。夏文化遗址至今未正式确定。商代由于近代甲骨文的发现，有了一批研究资料。可是甲骨文字支离破碎，难成系统，亦无法作准确定性分析。西周以后，出土资料渐多，这才为研究提供一些方便。三代社会由于初从原始社会过渡而来，因此在其社会婚姻生活中有明显的原始社会的痕迹，商人血亲婚姻和周人较为自由的风气都是对原始社会婚姻生活的继承。然而因三代已属一种新的社会形态，所以社会出现了新的婚姻形式，对婚姻生活的限制也日益增多。

一　婚姻

“结婚？结黄昏！”当甲还没有对象，乙贸然问甲结婚与否，甲可能会用这句风趣的话来回答。可是当我们仔细考究婚姻这个词的意义时，真的发现结婚和黄昏有着密切的联系。《白虎通义·嫁娶》说：

婚姻者，何谓也？昏时行礼，故谓之婚也。

为什么要等到夜晚才行礼呢？《易经·屯》《贲》载："乘马班如，泣血涟如。""匪寇婚媾。"

马蹄声踏踏响，女子哭得泪汪汪，强盗来抢她做新娘。理解了这段文字，我们的谜就解开了。强盗去抢新娘自然不会在光天化日之下，一定是夜里。

在中国古籍中，"婚姻"本作"昏姻"或"昏因"，都说明了这个问题，"婚姻"这个词无疑还保留着抢劫婚的遗迹。

上古抢劫婚余习一直衍传到晚近。这幅版画描绘了清代抢婚的情形

随着买卖婚姻的出现和社会相对安定，落后的抢劫婚慢慢地便在全社会范围里消失了。但是这种婚制的形式却保留下来，婚娶仪式，还常是在黄昏时举行。东汉郑玄曰：

婚姻之道，谓嫁娶之礼。[1]

唐代孔颖达疏谓：“男以昏时迎女，女因男而来。……论其男女之身谓之嫁娶，指其好合之际，谓之婚姻。嫁娶婚姻，其事是一，故云：‘婚姻之道，谓嫁娶之礼’也。”

又郑玄云：

婿曰昏，妻曰姻。[2]

孔颖达疏谓：“《尔雅》据男女父母，此据男女之身，婿则昏时而迎，妇则因而随之。故云婿曰昏，妻曰姻。”[3]

“婿之父为姻，妇之父为婚……妇之父母，婿之父母相谓为婚姻，……妇之党为婚兄弟，婿之党为姻兄弟。”[4]

通过对“婚姻”一词字源的探求，我们发现中国历史上存在过抢劫婚制，而且抢劫婚的形式还残留在后世的婚姻制度中。

二　俪皮之礼

古人说庖羲制俪皮之礼，把抢劫婚变成买卖婚，那么俪皮之礼又是怎么回事呢？俪皮就是成对的鹿皮。古人以皮为货币，所以俪皮之礼实际上是买卖婚的形式。《仪礼・士昏礼》记载：

纳征，玄纁、束帛、俪皮，如纳吉礼。

从这条我们可以看出俪皮礼的风俗在古代的确存在。西汉刘安的《淮南子》也记载：“由是嫁娶俪皮之俗。”这表明以俪皮礼通婚早已成俗。

中国古代是否有买卖婚，这里我们可以作一下简单的考察。古代常以“妃”称妇人，“妃”字即取义于“帛匹”；以“帑”字称妻子，《说文》释“帑”字云：“金币所藏也”。从这两个字的字义我们可以窥见买卖婚之一斑。

在婚姻“六礼”上，其中“纳征”一条在过去也常叫作“纳币”，这可以说是买卖婚形式之遗传。婚姻既是一种讲买的形式，所以从天子到庶人都免不了“纳币”。《周礼》载：

> 春官大宗伯之职，典瑞，谷圭，以和难，以聘女。
>
> 冬官玉人之事：谷圭七寸，天子以聘女。

以上是天子聘女的形式，诸侯亦如此，《左传》载：

> 成公八年，夏，宋公使公孙寿来纳币。
>
> 庄公二十二年，冬，公如齐纳币。

至于士，更有明显的证据。《仪礼·士昏礼》载：

> 某有先人之礼：俪皮，束帛，使某也，请纳征。

庶人也是一样，《周礼》载：

> 凡嫁子娶妻入币，纯帛，无过五两。

这两枚铜币上的文字“卜云其吉”“文定厥祥”，体现了婚姻六礼中纳吉、纳征的仪节

关于古代买卖婚残留形式，我们可从以上所举例子中见到。买卖婚是古老婚姻形式的一种，它的产生和媒妁婚等有密切的联系。这种古老的婚姻形式有顽强的生命力，在中世纪、近代甚至现代，它变相的形式仍然存在。买卖婚的产生是以私有制确立为前提的。

三 “媒人”

蓺麻如之何？	怎样种好麻？
衡从其亩。	先要耕好田。
取妻如之何？	怎样娶老婆？
必告父母。	先要告诉父母。
既曰告止，	既是父母做了主，
曷又鞠止？	为何让她纵欲不受阻？
析薪如之何？	怎样劈木柴？
匪斧不克。	没斧子决不行。

取妻如之何？　　怎样娶老婆？
匪媒不明。　　没媒人决不成。
既曰明止，　　既是明媒又正娶，
曷又极止？　　为何又让她任意纵欲？

这首《诗经·齐风·南山》是春秋时代的诗。据推测，媒人在两周已产生了。媒人最初是由巫觋（女称巫，男称觋。觋，音 xí）来担任的，后来由于巫风的衰落，普通人也均可做媒。《战国策·燕策》上说：

处女无媒，老且不嫁，舍媒而自衒（音 xuàn，自夸、自荐之意），敝而不售。

如果婚娶不用媒，便落得人家耻笑，甚至怀疑不贞，原来“妇人之求夫家也，必用媒而后家事成……求夫家而不用媒，则丑耻而人不信也，故曰：‘自媒之女，丑而不信’。”[5]《孟子·滕文公下》亦载：“不待父母之命、媒妁之言，钻穴隙相窥，逾墙相从，则父母国人皆贱之。”

社会开始用媒妁约束人们，媒妁婚姻制就产生了。在春秋战国时代媒有官私之分，天子要娶诸侯女，以一个同姓国大臣为媒人；诸侯娶女，也要以大臣为媒，这叫作官媒。《左传·成公八年》记载：

宋华元来聘，聘共姬也。

疏曰：“诸侯不可求媒于其国，自使臣行，则亦媒之义。”

由于礼教传播，教化的作用，社会对未婚男女的限制也越来越

旧式婚姻凭“父母之命，媒妁之言”，媒人在婚姻缔结中起着重要作用

多，“溱与洧，方涣涣兮。士与女，方秉蕑兮”（溱河与洧河清水荡漾，小伙子与大姑娘捧着兰花戏耍）的日子一去不复返了，男女的姻缘只好拜托媒人。媒人成为合姻的主宰。

春秋战国以后，媒人在婚姻中继续充当重要角色。媒妁婚姻是中国婚姻的主要形式之一，官私媒仍有保留。官媒往往在特殊情形下设置，如《三国志》云：“为设媒官，始知聘娶。”《元史》云：“镇民张复，叔母孀居，且瞽，丐食以活……思诚怜其贫，令为媒互人以养之。”《元典章》说媒妁由地方长老保送信实妇人，充官为籍。这些都具有官媒的性质。至于后来地方官吏临堂做媒，或鉴于管辖区内贫女婢女，婚嫁为难，由官代为媒妁，则是名副其实的官媒。

私媒起源也很早，多由妇人充当，《抱朴子》“求媒媪之美谈”就是指妇人做媒之事。

媒人来往于男女双方两家，在婚姻六个程序中起重要作用。礼教提倡媒妁婚制，法律对媒人也是肯定的，不过媒人若是在这方面有些过错，也要和主婚人一样受到惩罚。唐律上已有“媒娉”用语，疏义亦曰：“为婚之法，必有行媒。”唐律又有：“诸嫁娶违律……媒人，各减首罪二等。”疏义并称：“父母丧内为应嫁娶人媒合，从不应为重，杖八十，夫丧从轻，合笞四十。”

四 商人姓名的“干”

关于夏代人的婚姻状况，由于缺乏史料，只好从略。商人的历史，由于甲骨文的出土，提供了一部分可信的资料。从甲骨卜辞上看，商人是比较落后的部落民族，起初远远不如夏人。商人早期的婚姻形式还保留着旧的血亲和族外婚的形式。一部落内部按辈分划分性级，具体的父子、母子关系是不明确的。当时由于男女分工与世代分工交错，遂发生了择偶的限制，两半族或两支族之年龄相等者通婚。后来又发生变化，份辈相当的男女始可通婚，同一辈分的男子和同一辈分的女子在同一天幕或房舍居住，所以下一辈分对上一辈分通称为父或母；对于再上一代的通称为祖或妣。在商代，这种辈分的区别以干支的“干”来表明，这种情况在卜辞上表现得十分清楚。商人称祖父这一辈往往用祖辛、祖甲、祖丁、祖乙等。即使加以区别也只用数字，例如：

> □□于三祖庚。[6]

王国维先生说：“案商诸帝以庚名者，大庚第一，南庚第二，盘庚第三，祖庚第四，则三祖庚即盘庚也。”[7]

对于父辈的称呼也如此：父甲、父乙、父丁、父己、父庚、父辛。保定南乡出土的句兵，亦有如上例的称呼出现于铭语：

太祖曰己祖曰丁祖曰乙祖曰庚祖曰丁祖曰己祖曰己。祖曰乙大父曰癸大父曰癸中父曰癸父曰癸父曰辛父曰己。

大兄曰乙兄曰戊兄曰癸兄曰癸兄曰丙。[8]

这表示商族后代对前代是兄弟同礼的，祖一辈的都是祖，父一辈的都是父，同辈年长的都是兄。商人似乎没有家的组织，父与子没有特别明显的关系。

女子的名字也多用“干”，不称姓。如妣甲、妣乙、妣丙、妣己、妣庚、妣壬、妣癸。

商代只有辈分组织，没有家族组织，所以身份的传承是“兄终弟及”。按王国维先生考证，商代自成汤至于帝辛三十帝中，以弟继兄者共十四帝，其中以子继父者多非兄之子而是弟之子。

商人的婚姻状况从其姓名的“干支”上可以得到推断。

商代女子的地位从甲骨文上看并不高。在甲骨文中女字字形是跪着的形象。写作：或。[9]妻字写作：。虽然商代已建立了父权制统治，但是由于旧的母权制的影响，祖母和母亲的地位却相当高。在商代对母亲的祭祀是很多的，而且还很严肃。甲骨文中有许多母妣特祭的记载。特祭高妣（祖母）的：

癸未贞其桒生于高妣丙。[10]

贞之于高妣庚。[11]

贞勿侑之于高妣己高妣庚。[12]

特祭妣的：

丁酉卜□妣乙以羊。[13]
乙亥，子卜，来己酢羊妣己。[14]
于妣庚。[15]
于妣壬。[16]
于妣癸。[17]

特祭母的：

贞侑于母二牛。[18]
于母己小牢用三。[19]
庚申卜王贞其又于母辛十日。[20]
贞酒母登。[21]

除了对母妣特祭外，还有告于母妣的卜辞：

告于庚妣。[22]
告于妣庚告。[23]

这种对于祖母、母亲毕恭毕敬的态度和后代宗法制社会略有所不同。后来的周朝，也有对高妣崇拜的现象。如《诗经·斯干》之诗云：

似续妣祖，　　祖先事业我王继承，
筑室百堵。　　筑起高屋几百栋。

商人的婚姻形式究竟如何，这里只能根据现有资料做一推测，我们过低地估计商代社会发展水平是不对的，同样过高地估计也不切合历史事实。商人姓名用“干”绝不是一个偶然现象，而是当时社会生活的反映。完全可以说，在商代或商代早期，起码商人灭夏以前其婚俗保留着浓厚的原始人的色彩，商人姓名用“干”就是这种婚俗的产物。

五 同姓不婚

我国的同姓不婚大约开始于周代。商人无姓，当然不会出现这种现象。《魏书·高祖纪》记载：

> 夏殷不嫌一姓之婚，周制始绝同姓之娶。
>
> 夏殷五世之后则通婚，周公制礼，百世不通，所以别于禽兽也。

《礼记·典礼》记载：“买妾不知其姓，则卜焉。”

《礼记·大传》亦载：“四世而缌（sī，丧服的一种），服之穷也，五世袒免，杀同姓也，六世，亲属竭矣。其庶姓别于上，而戚单于下，昏姻可以通乎？系之以姓而弗别，缀之以食而弗殊，虽百世而昏姻不通者，周道然也。”

《左传·襄公二十八年》载：“庆舍之士谓卢蒲癸曰‘男女辨姓’。”

周代同姓不婚，当然是实行外婚制的结果。这些记载大都属于后代，当然不足以说明问题。实际上对于同姓不婚，春秋时就有人从生理上作出解释。《左传．僖公二十三年》记载：

郑叔詹曰："男女同姓，其生不蕃。"

又《左传·昭公元年》载：

公孙侨曰："侨又闻之，内官不及同姓，其生不殖，美先尽矣，则相生疾，君子是以恶之。故志曰：'买妾不知其姓，则卜之。'违此二者，古之所慎也。男女辨姓，礼之大司也。今君内实有四姬焉，其无乃是也乎。"

《国语·晋语》亦载："同姓不昏，惧不殖也。"

《国语·郑语》亦有："气同则不继。"

这些说明春秋人对同姓婚会造成后代畸形和不育的情况已有了进一步的认识，并开始从生理上阐述同姓不婚的道理。虽然人们一再倡导同姓不婚，但同姓婚配也经常发生。如晋文公为狐姬所出，与晋同为姬姓。其后晋平公又有四姬。鲁吴同为姬姓，昭公竟取于吴，称为吴孟子。《论语·述而》载孔子说："君取于吴，为同姓，谓之吴孟子。君而知礼，孰不知礼？"像这类的事，还有很多。战国以后，以氏为姓。自汉代以后，姓氏不分，所以同姓不婚多有不禁。到了唐代，对同姓结婚又强循古制，并辅之以律。《唐律》规定：

诸同姓为婚者，各徒二年，缌麻以上，以奸论。

《宋刑统》一宗唐律。金则于太祖二年诏自收江宁州以后，同姓为婚者杖而离之。元与唐宋同。

之后的《明律例》《清律例》就比较开明变通。明清律分同姓同宗

故唐律疏議卷第十四 户婚 凡一十四條
諸同姓爲婚者各徒二年緦麻以上以姦論
疏議曰同宗共姓皆不得爲婚違者各徒二
年然古者受姓命氏因彰德功邑居官爵事
非一緒其有祖宗遷易年代寖遠流源析本
罕能推詳至如魯衛文王之昭凡蔣周公之
胤初雖同族後各分封並傳國姓以爲宗本
若與姬姓爲婚者不在禁例其有聲同字别
音響不殊男女辯姓豈宜仇匹若陽與楊之

唐律中关于“同姓不婚”的规定

为二，并禁止其通婚，虽在表面上合于旧制，实际上同姓非同宗也可以结婚。清末删律，将同姓不婚和亲属不婚合并，只禁止同宗不婚，而不禁同姓婚。

总之，同姓不婚是西周初期的产物，是周先族实行族外婚时遗留下的规定。由于周先族属于氏族部落，所以实行外婚制一定靠姓名来区别。到了后来，以地域为基础的社会代替了以血缘为基础的氏族，这样同姓不婚就丧失了原有的作用，后代一味强调同姓不婚，就执于迂腐。

六 《诗经》中的自由恋爱精神

静女其姝，　　那个娴雅姑娘真漂亮，
俟我于城隅。　这会儿等我在角楼上。
爱而不见，　　要个花招她躲在一旁，
搔首踟蹰。　　急得我抓耳挠腮徘徊彷徨。
静女其娈，　　那个娴雅姑娘真好看，
贻我彤管。　　送我一把红色草管管。
彤管有炜，　　亮晶晶的草管红艳艳，
说怿女美。　　我喜欢这草管颜色鲜。
自牧归荑，　　从郊外给我摘来嫩茅草，

洵美且异。　　这茅草与众不同实在好。
匪女之为美，　不是这茅草长得有多好，
美人之贻。　　因为是美人送的才是宝。

《诗经》是我国最古老的诗歌总集，它用极富韵律的语言生动地反映了当时的社会风貌。《静女》一篇描写了男子和女子约会轻松愉快富于浪漫色彩的情景，这说明在《诗经》反映的西周、春秋时期的社会中，自由恋爱的浪漫风气十分盛行。这是当时的人们对远古纯朴恋爱风气的继承，是后代礼教钳制下的婚姻生活远远不可比拟的。像这样的诗在《诗经》中还有很多。《召南》描写一位猎人用獐和鹿诱挑一个渴望获得爱情的女子，结果成功了。诗曰：

野有死麕，　　野地里躺着死麕，
白茅包之。　　白茅草索把它捆紧。
有女怀春，　　姑娘春心暗暗动，
吉士诱之。　　小伙子趁机来逗引。

男女相爱是无拘无束的，这种恬美的农家、猎人的生活和相爱的画面是后世不太常见的。后代的文人骚客，虽然不乏描写少女春情的作品，笔触也细腻可爱，但大多是以闺怨闺愁为主题，往往流于缠绵悱恻，落红流泪，远远不如《诗经》中对男女相爱的描写洒脱、轻快。《诗经·风雨》也是一首很好的描写男女欢情的诗。它写在一个风雨交加、天色晦暗的日子里，姑娘担心情人可能不会来了，不久他出现了，姑娘显得十分高兴。诗曰：

风雨凄凄，　　寒风刮，冷雨浇，

鸡鸣喈喈。　　鸡儿喔喔叫。
既见君子，　　忽然见情哥，
云胡不夷！　　兴致怎不高！

也有写男子在爱情方面的专一态度，如《出其东门》，城外那么多女子没有使他动心，他只爱那个白衣青巾的姑娘：

出其东门，　　出了城东门，
有女如云。　　姑娘多得像彩云。
虽则如云，　　虽然女子那么多，
匪我思存。　　都不是我心上人。
缟衣綦巾，　　白衣女郎青佩巾，
聊乐我员。　　就她能使我欢欣。

至于野外不期而遇，便喜出望外，更要倾诉衷肠，《诗经·野有蔓草》写道：

野有蔓草，　　野地里草儿滋长，
零露漙兮。　　草儿上露珠闪光。
有美一人，　　走来一个美姑娘，
清扬婉兮。　　眉清目秀十分美好。
邂逅相遇，　　偶然在这儿遇上你，
适我愿兮。　　正合我的愿望。

《诗经·子衿》描写一个年轻女子等候情人的焦急心情。诗的前一部分是抱怨情人不来找他，后一章写她等得心烦意乱。

青青子衿，　　你的衣领青又青，
悠悠我心。　　时时萦绕在我心。
纵我不往，　　即使我没把你找，
子宁不嗣音？　你怎么就不捎个信？
…………
挑兮达兮，　　我走来走去多少趟，
在城阙兮。　　久久等候你在城楼上。
一日不见，　　一天没见你的面，
如三月兮！　　就像过了三月那么长！

在恋爱生活中，男女爱情是专一的，感情成分很大。《诗经·出其东门》就写一个女子“与子偕藏”（找一个僻静处和你诉衷肠）。更有甚者，女子见了心爱的男子会扔下手中活不干，和他一起去跳舞。跳舞原是一个民族生活的情趣，但从春秋战国以后中国汉民族交际舞蹈便慢慢消失了。《诗经·东门之枌》写道：

穀旦于差，　　出门选择好时辰，
南方之原，　　前往城南上土坪。
不绩其麻，　　散麻一堆不去整，
市也婆娑。　　婆娑起舞于市井。

更有情趣、更为爽快的诗要算《诗经·褰裳》了。这是一个女子戏谑她情人的一首民间歌词。

子惠思我，　　你要是真心把我爱，

褰裳涉溱。　　撩起下衣蹚过溱河来。
子不我思，　　你要是真的不把我想，
岂无他人？　　难道我找不到别的人？
狂童之狂也且！傻瓜呀你傻成了这个样！

子惠思我，　　你要是真心想着我，
褰裳涉洧。　　撩起下衣蹚过洧水河。
子不我思，　　你要是真的不把我想，
岂无他士？　　难道再没个好后生？
狂童之狂也且！傻瓜呀你傻成了这个样？

《诗经》中对男女自由恋爱生活的描写很多，尽管后代人们对这些诗一再曲解，但它们描绘的生动活泼的生活画面却不会被儒夫子们扯起的白纱遮住。

七　妇好

武丁是商代中后期一个很有作为的国王，他即位后立志复兴商朝，“修政行德，励精图治”。妇好是武丁的妻子，她的名字在甲骨文献中多处可见。有人说，妇好是许多妇女的名字，也许有一定道理。妇好是很有作为的妇女，据甲骨卜辞资料考证，妇好是很有军事才能的将领。当时商王朝周围有许多部族，不断侵扰商王朝，妇好多次率军征讨，先后征伐土羌、巴、夷等强悍的部落，一一扫平疆患，立下了赫赫战功。在伐羌的战斗中，她（们）征集了一万三千人的军队，由她（们）统率指挥。在那个时代，用这么多人去作战，可以算了不起的军事行动了，妇好也算我国古代著名的女将军。妇女带兵打仗，

妇好墓中出土的玉人

在我国历史上还是不多的事情，它说明妇女在当时社会上占有一定地位。到后代西周，还可以有女子参政，《论语·泰伯》记载：

武王曰："予有乱（这里乱是治理的意思）臣十人。"孔子曰："才难，不其然乎？唐虞之际，于斯为盛。有妇人焉，九人而已。"

孔子时，这种事情就不常见了。

【注释】

[1] 郑玄：《毛诗笺·郑风》。

[2] 孔颖达：《毛诗正义》卷四。

[3] 郑玄：《礼记·经解注》。

[4]《尔雅·释亲》。

[5]《管子·形势解》。

[6]《殷墟书契前编》卷一。

[7] 王国维:《观堂集林·殷周制度论》。

[8] 王国维:《观堂集林·两句兵》。

[9] 董作宾:《新获卜辞写本》一六。

[10]《殷墟书契前编》卷一。

[11]《殷墟书契前编》卷一。

[12]《殷墟书契前编》卷一。

[13]《戬寿堂所藏殷虚文字考释》。

[14]《殷墟书契前编》卷八。

[15]《殷墟书契前编》卷一。

[16]《殷墟书契前编》卷一。

[17]《殷墟书契前编》卷一。

[18]《殷墟书契前编》卷一。

[19]《殷墟书契前编》卷一。

[20]《戬寿堂所藏殷虚文字考释》。

[21]《戬寿堂所藏殷虚文字考释》。

[22]《殷墟书契前编》卷一。

[23]《殷墟书契前编》卷一。

第三章

春秋战国

自公元前772年至公元前221年在我国是春秋战国时代。这个时代，社会分裂、兵燹四起，各种社会制度与社会思想错综复杂。为了给新的统一提供理论论证，各个学派纷纷托古，宣传自己对社会伦理秩序的设计。在社会伦理方面，儒家学派最有建树。他们根据古代宗法制的零碎的礼制思想，竟然制造出一大套理论。这套理论虽然是儒家们的社会理想，但它的出现却说明了人们对混乱的社会伦理秩序的不满和整理社会伦理秩序的努力。战国后期与这套社会理论相应出现了一些规定具体伦理制度的书籍，如《礼记》《仪礼》等。这些书对婚姻礼仪有详细的规定，对过去的婚姻制度有考释性的记载。它是落后的宗法制思想在我国具体环境中的体现，是理解我国传统婚姻生活的基础。这些书中规定的制度后来成为政府制定婚姻法律的原则和传统社会婚姻道德的核心。

一　媵妾制

春秋时代，在婚姻关系上存在一个特殊的制度，这就是媵妾制。当时，诸侯娶一国之女为妻，女方要侄（兄弟之女）娣（妹妹）随嫁；此外还有两个女方同姓的国家送女儿陪嫁，亦以侄娣相从，这些通称为“媵”（yìng）。媵非正妻，地位略比妾高。据《公羊传·庄公十九年》载：“媵者何？诸侯娶一国则二国往媵之，以侄娣从；侄者何？兄之子也；娣者何？弟也。诸侯一聘九女。”

有关媵妾侄娣的记载在古书上也颇常见。《楚辞》上也有记载：

> 鱼鳞鳞兮媵予（江海有鱼游必有互，就像媵随妻一样，先一后二，号为妾鱼）。

《左传》亦载：

> 卫人来媵。[1]
> 晋人来媵。[2]
> 齐人来媵。[3]

只有同姓诸侯才有做媵的资格，鲁成公将嫁女于宋，同姓国家卫来媵，左氏称为“礼也”，并说：“凡诸侯嫁女，同姓媵之，异姓则否。”[4]

可是这时已有异姓国来媵，其制度并不是那么严格。有人曾怀疑媵妾制的存在，但事实上是存在的。在春秋战国时代，虽然一夫一妻制已固定下来，但是中国是宗法社会，重视子嗣，媵妾制有存在的条件。在当时社会里媵妾和嫡妻区别十分严格，媵妾云云，不过是嫡妻的“后备军”。

在春秋战国时代，卿大夫的地位比诸侯低，所以无“媵”，但他们有“侄娣”。《礼记·丧服大记》上说：

> 大夫抚室老，抚侄娣。

士这一级，没有姪娣。《白虎通义》载：

士一妻一妾，不备姪娣。

如此推到庶人，自然只应该有一个妻子了，所以《论语》上说：

匹夫匹妇之为谅也。

实际上这种推论并不完全可靠，庶人有妾的也可以看到。不过这要看经济条件是否许可罢了。媵妾制是中国古代婚姻生活的一个显著特点。

二 舅姑

在古代，舅姑不仅是指母亲的兄弟和爸爸的姊妹，而且还是夫妇之间对同伴父母的称呼。男方称妻子的父母为舅姑，女方称丈夫的父母为舅姑。《尔雅》云：

妇称夫之父曰舅，称夫之母曰姑，姑舅在则曰君舅、君姑，没则曰先舅、先姑。[5]

所以在古书上公公、公婆一律称为舅姑。如《仪礼·士昏礼》载：

质明，赞见妇于舅姑。

丈夫对妻子父母的称呼亦然。如《礼记·坊记》记载：

昏礼，婿亲迎，见于舅姑。舅姑承子以授婿。

为什么古代会这样称呼呢？难道在舅姑和夫妻各自父母之间真有血亲联系？对于这个问题的回答是肯定的。上节已讲述，在古代血缘内婚后期，在某些部落中，出现了表亲婚，也就是姑舅表亲婚。姑舅表亲婚在起初是一种带有血缘色彩的族外婚形式，是一种辈分之间的集体婚配。后来由对偶的形式，逐渐变成一种换婚形式，并随之出现了“舅权”和“姑权”，即舅家将女儿嫁给姑家的儿子，那么姑家也必须将自己的女儿嫁给舅家做儿媳。如果姑家无女儿，则要从下一代的姑娘中补还，若是舅家这一代没有或没有相匹配的儿子，姑家的姑娘可以转嫁他人，但必须将所得的聘礼全部交给舅家作为补偿，反之也是如此。

由于是血亲关系，称呼就具有两重性。只有在弄清血亲关系以后，才能区别开。在实行姑舅表亲婚的民族中，姑父、舅父和岳父、公公同称，姑姑、舅母和岳母、婆婆同称，而无各自的专称。我国现代独龙族“安克安拉”、纳西族“木周尼周”、侗族的“买表”、凯里舟溪苗族的“还娘头”，都是这种婚姻形式。古代夫妻之间称对方的父母为舅姑也是对中国古代历史上存在这一婚姻形式的很好说明。

到了汉代，也出现了改称舅为公公的。至于称姑为婆，则见于清代。不过在隋唐以前，阿姑、阿公、阿家的称呼已经出现。元代称公公为翁，并入律。

汉代称妻子的父亲为丈人，关于这一点在汉和匈奴和亲中写得十分清楚。匈奴单于因为和亲，称汉皇帝为丈人。这可能是丈人称谓的

泰山上的“丈人峰”石刻

起源，所以姑也可以称为丈母。

岳父、岳母的称谓起源于唐代。唐玄宗封禅泰山，大臣张说因此提升了驸马郑镒，玄宗知道后，十分惊奇，就责问郑镒。郑镒十分尴尬，无话可说。这时另一位大臣黄旛绰说：“此泰山之力也。”明说泰山封禅一事，实际暗指玄宗。称公公为泰山就起源于此。公公为泰山，公婆就为泰水。由于泰山又名东岳，又号称五岳之首，所以又演化为岳父、岳丈、岳公、岳母等称谓。为此，泰山又有“丈人峰”的别号。

男女结成婚姻，组成了一个新的亲族关系，在这个关系中称谓是很讲究的。在古代如果丈夫有庶母就称为“少姑”，这种称号后来废置。对丈夫兄长，妻称为兄公；弟弟则称为叔，姐称为女公，妹妹称为女妹。兄公之称，在汉代有兄章、兄伀的变化，晋代又可以称为兄锺，五代以来称阿伯。女妹之称，汉晋无甚变化，不过有用女叔称呼的。到隋唐转称“小姑”并沿用至今。女公的称呼后又变成女松、大姑。只有小叔的称谓迄今未改。

男方对于妻系称呼也很复杂。《尔雅》载：“妻之舅为甥……妻之姊妹同出为姨。”在古代媵也是姨，因为她是妻子的妹妹。至于称妻子的弟弟为外甥，后来也发生了变化，称妻子兄为内兄，称妻子弟为内弟。姨的称呼一直沿用未变，但是也有姨妹、大姨、小姨不同的称呼。

长辈对于结婚男女的称呼也有变化。在古代，公公、公婆称儿媳为妇。岳父、岳母称女婿为婿。也有称婿为甥的。“谓我舅者，吾谓之甥也。”[6]孟子说帝馆甥于二室，也是如此。这些都是和姑舅表亲婚相联系的。汉代以后，婿也有称为子婿或女婿的。妇的变化到宋时改为息妇，后又变为媳妇。元人也有称媳妇为男妇的，元律中就用此词。

弟弟称哥哥的妻子为嫂。由于长嫂如母，也有称嫂为母的。兄称弟妻为妇。男子对于姐妹的丈夫称为甥；女子对于姐妹的丈夫称为私。到了汉代有所变动，男子对于姐妹的丈夫称为姐夫、妹夫，后又出现了姐婿、妹婿、姐丈、妹丈等用语。这都和现代一样。

在古代，“长妇谓稚妇为娣妇，娣妇谓长妇为姐妇……长妇为嫡妇，众妇为庶妇。”[7]娣姐由妇人本身长幼而计。郑玄说：“兄弟之妻相谓为姒。”两人相称时，长者为姒，不涉及丈夫年龄的大小。不过嫡庶要以丈夫长幼辈分而定。后来这种称呼又变为筑里，又变为妯娌。婿和婿之间相称为亚，《诗经》有“琐琐姻亚”一语。唐代有娅婿的称呼。宋代以来通称为连襟或连衿，一直至今。

三　独身

在先秦时代独身的现象也可以见到，而多是女子独身。现代流行的独身主义本不应该是现代人的创造，从古代历史中亦能寻根溯源。古代独身者的起始是巫觋。巫觋教非常流行，巫觋是天地的连接者。巫是女巫，觋是男巫。巫字在钟鼎文字中写为，上面画的是神帐，下面是两手捧个神牌，意思是说巫就是神的代表。巫觋从来不劳动，在日常生活里，吹牛之外便是吃喝玩乐。巫觋因为是天的代表，便不好嫁娶。他们整天吹完牛以后，便在一起胡闹，有时也和一般人发生性关系。屈原《九歌》里有许多写女巫的诗，描写她们歌唱得如何好听，舞跳得如何好看，样子如何好玩。刚洗完澡出来，穿着华丽的衣服，像花一样的鲜艳，进门出门都悄不作声，媚人地飘来飘去，男人们完全被迷着了。如：

> 疏缓节兮安歌，陈竽瑟兮浩倡。灵偃蹇兮姣服，芳菲菲兮满堂。[8]
>
> 浴兰汤兮沐芳，华采衣兮若英。灵连蜷兮既留，烂昭昭兮未央。[9]
>
> 入不言兮出不辞，乘回风兮载云旗。悲莫悲兮生别离，乐莫乐兮新相知。[10]

巫觋是最早的独身者，他们独身多是由于自身的职业限制。到了战国时，自愿独身的也常见。《战国策·齐策》说：“北宫之女婴儿子无恙耶？撤其环瑱（zhèn，一种饰玉），至老不嫁，以养父母。”

《汉书·地理志》说：“始桓公兄襄公淫乱，姑姊妹不嫁，于是令国中民家长女不得嫁，名曰‘巫见’，为家主祠，嫁者不利其家，民至今以为俗。”

当时在齐国还有一些女子独身，各有原因，这里不一一叙述。但是这时女子独身并非守贞。《战国策·齐策》说：

> 齐人见田骈曰：“闻先生高议，设为不宦，而愿为役。”田骈曰：“子何闻之？”对曰：“臣闻之邻人之女。”田骈曰：“何谓也？”对曰：“臣邻人之女，设为不嫁，行年三十，而有七子，不嫁则不嫁，然嫁过毕矣。”

齐人的话，虽系设喻，但社会上总是有这种现象。女子要图谋自由，不愿把自己固定于唯一的私有丈夫，抱定“人皆可夫”的主见，虽然说不嫁，可比嫁还要厉害。

四 反马

春秋战国时代婚礼中有“反马”的仪式，《春秋·宣公五年》记载：

> 五年冬，齐高固反马叔姬来。

《左传》说：“冬，来反马也。”

什么叫作反马？根据疏说：“礼，送女适于夫氏，留其所送马，谦不敢自安于夫，若被出弃，则将乘之以归，故留之也。至三月庙见，夫妇之情既固，则夫家遣使反其所留之马，以示与之偕老，不复归也。”反马实际是古代婚姻中的一个程式，和离婚有关。

离婚这时称为绝婚，《左传·文公十二年》载：

杞桓公来朝，始朝公也。且请绝叔姬而无绝昏，公许之。

由于女子在离婚方面是被动的，离婚对于夫家而言，又可以称为“出妻”。出妻有“七出”“三不去”的条目，此外离婚对女子来说还可以叫“来归”，《谷梁传》说：

妇人之义，嫁曰归，反曰来归。

所以《左传》“郯伯姬来归”“杞叔姬来归”等，都是指弃妇离婚而言。也有一种夫妇由于种种缘故，彼此相离，这在古代称为相弃。《周礼》有“娶判妻……皆书之”语，后人注为“民有夫妇反目，至于仳离，已判而去，书之于版，记其离合之由也”。这说明在当时相弃是公许的制度，相弃的原因很多。

《诗经·谷风》就是写弃妇怨恨情的诗。诗人把故夫的无情与弃妇的痴情写得缠绵悱恻，十分感人。

不我能慉，　　不能拿冷眼把我看，
仅以我为雠。　恩将仇报真不该。
既阻我德，　　我的好处你全不记，
贾用不售。　　好比货物没处卖。
昔育恐育鞫，　想当年常怕没衣食，
及尔颠覆。　　我们一起共颠沛。

既生既育，　　　如今生活已变好，

比予于毒。　　　你却视我为毒虫。

早期离婚和后代七出之条规定不一样，比较重视个人意愿。至于离婚一词的产生可能在后代。依《晋书·刑法志》云：

> 毌丘俭之诛，其子甸、妻荀氏应坐死，其族兄顗与景帝姻，通表魏帝，以匄（同丐，乞求）其命。诏听离婚。

唐宋辽以后“离婚”一词在刑律上颇常见。也有“离”“离之”“和离”“两愿离”等语。

五　合独

合独就是把鳏夫和寡妇合成一对婚姻。在春秋战国时代这是媒官的一项重要工作。《管子·入国》上有一段话说：“凡国都皆有掌媒……取鳏寡而合之……此之谓合独。”

合独是当时一个重要的婚姻现象。合鳏寡，当时是再娶再嫁，这说明在当时，再娶再嫁的事不但是经常的，而且是国家所倡导的。国家设置媒官合独，当然是战乱时期为增加人口采取的一种措施，然而也在一定方面反映了当时的婚姻风俗。春秋战国时代，再娶再嫁的事很多，《仪礼·丧服》载：“继母如母”，《诗经·小雅》载：“不思旧姻，求尔新特”，都说明了这个问题。当时齐景公想把自己的爱女嫁与晏子，晏子宁愿守着他的“老且恶”的老婆，不肯攀龙附凤。从景公的做法，可以看出当时人对再娶的态度。

再嫁的事在当时也常常可以见到，《礼记·檀弓上》载：“公叔木有同母异父之昆弟死，问于子游。……狄仪有同母异父之昆弟死，问于子夏。”同母异父，自然是妇人再嫁的证明。

当然，当时的礼教已经开始反对再嫁了。《礼记·郊特牲》云：

一与之齐，终身不改，故夫死不嫁。

这段文字大概是古人反对再嫁的最早记载。

六 子妇无私货

在宗法制社会里，礼法思想是宗法制的主题思想。自春秋到秦汉儒学家们建立的一整套礼法，对社会上各种关系的实质和形式都作出规定和论证。社会婚姻关系自然也不例外。礼法强调宗族一体，强调家长制统治，所以在一个宗族中、一个家庭内，财产是由父权或夫权支配的。妻子、子女没有也不应该有独立的财产。夫妻之间这种对家庭财产的支配形式是伴随着中国宗法制的产生而产生的。

在宗法制社会中，家长对财产具有绝对的支配权，这是不容置疑的。“父者，家之隆也，隆一而治，二而乱”，家长不但可以支配家中财产，而且在观念上，妻子、儿女也是家庭财产的一部分，甚至可以买卖。女子在出嫁前就没有私财，“父母存……不有私财”。[11]妆奁则由父母办理。出嫁后更不能允许有私财。《礼记·内则》载：

子妇无私货，无私畜，无私器，不敢私假，不敢私与。妇或赐之饮食、衣服、布帛、佩帨、茝兰，则受而献诸舅姑，舅姑受之则喜，如新受赐，若反赐之，则辞；不得命，妇更受赐，藏以待乏。妇若有私亲兄弟将与之，则必复请其故，赐而后与之。

在家庭之内，妻子没有私产。如果有了私产，就构成了“七出”之一“窃盗”，《韩非子·说林上》记载：

卫人嫁其子而教之曰：“必私积聚，为人妇而出，常也。其成居，幸也。”其子因私积聚，其姑以为多私而出之。

宗法制是极力要求一家之内共财的。唐律规定：有祖父母、父母在，子孙不得别财。到了宋代，父子殊财的事很多，所以司马光说：“凡为子者，毋得蓄私财。俸禄及田宅所入，尽归之父母，当用则请而用之，不敢私假，不敢私与。”[12]

但是女子对陪嫁妆奁还是具有一定支配权的。《史记·货殖列传》说：“弃妇畀所赍（jī，妆奁）”。关于夫家的财产继承问题就不一样，宋“户令”规定：“兄弟亡者，子承父分，兄弟俱亡者，则诸子均分……寡妇妾无男者承夫分，若夫兄弟皆亡，同壹子之分。”《清律例》规定：妇人夫亡无子守志者，合承夫分，须凭族长择昭穆（一种辈分）相当之人继嗣；如果妇人改嫁，那么前夫的财产，全都由前夫家管理。

关于妻子的财产问题，宋“户令”规定：“诸应分田宅者及财物，兄弟均分，妻家所得之财不在分限”，不过“妻虽亡没，所有资财及奴婢，妻家并不得追理”。《元典章》说：

随嫁奁田等物，今后应嫁妇人，不问生前离异，夫死寡居，但欲再适他人，其随嫁妆奁财产等物，听前夫之家为主，并不许似前搬取随身……无故出妻，不拘此例。

《清律例》规定："其改嫁者，夫家财产及原有妆奁，并听前夫之家为主。"

七 冠笄

冠是冠礼，也叫结发、加冠，是男子到二十岁时举行的成人礼。举行冠礼以后，表示男子已经成熟，可以结婚了。笄（jī）是笄礼，也叫结发、加笄，是指女子到十五岁举行的成人礼。笄礼的举行是女子到了婚龄的标志。

古代的婚龄规定各代不一，史书记载颇多。一般来说，订婚年龄循古礼皆以男二十，女十五为期；结婚年龄多以男三十，女二十为限。但也有许多细节变化。《礼记·内则》云：

> （男子）二十而冠，始学礼……三十而有室，始理男事；（女子）十有五年而笄，二十而嫁。有故，二十三年而嫁。

又如《谷梁传·文公十二年》云：

> 男子二十而冠，冠而列丈夫，三十而娶。女子十五而许嫁，二十而嫁。

《礼记》孔疏亦云："女子十五许嫁而笄，若未许嫁，至二十而笄。"

实际上秦汉以前，人们结婚都很早。按社会风俗男子三十不娶，则称为鳏夫，女子二十不嫁则谓为过时。所以，《墨子·节用》说：

昔者圣王为法曰："丈夫年二十，无敢不处家；女子年十五，毋敢不事人。"

当时战乱四起，各国为了补充人员，发展生产，也提倡早婚。如《春秋外传》说，越王勾践为速报吴，则规定：凡男二十、女十七不嫁娶者，罪其父母。商鞅变法对早婚也有具体规定。这种早婚的习俗一直延续到汉代。所以王吉上书汉宣帝说世俗嫁娶太早，是"未知为人父母之道而有子，是以教化不明而民多夭"。

关于男女合适的婚龄，古人从生理方面也有精辟见解。《黄帝内经·素问》说：

丈夫八岁，肾气实，发长齿更。二八肾气盛，天癸至，精气溢，阴阳合，故能有子。三八，肾气平均，筋骨劲强，故真牙生而长极。四八，筋骨隆盛，肌肉满壮。五八，肾气衰，发堕齿槁。六八，阳气衰竭于上，面焦，发鬓颁白。七八，肝气衰，筋不能动。八八，天癸竭，精少，肾脏衰，则齿发去，形体皆极。

女子七岁，肾气盛，齿更发长。二七而天癸至，任脉通，太冲脉盛，月事以时下，故有子。三七，肾气平均，故真牙生而长极。四七，筋骨坚，发长极，身体盛壮。五七，阳明脉衰，面始焦，发始堕。六七，三阳脉衰于上，面皆焦，发始白。七七，任脉虚，太冲脉衰少，天癸竭，地道不通，故形坏而无子。

八　主婚

古代婚娶有主婚。《左传·桓公八年》记载：

祭公来，遂逆王后于纪，礼也。

注曰："天子娶于诸侯，使同姓诸侯为之主。祭公受命于鲁，故曰礼。"天子地位相当尊贵，娶女一般是诸侯女。婚娶时必定请一个同姓诸侯主婚。春秋战国时，鲁国常常为周天子主婚。《公羊传·庄公元年》记载："天子嫁女于诸侯，必使同姓诸侯主之。诸侯嫁女于大夫，必使大夫同姓者主之。"

又《左传·庄公元年》注云："天子嫁女于诸侯，使同姓诸侯主之，不亲昏，尊卑不敌。"

在士大夫方面，嫁娶双方各以父为主婚人。如果父不在，嫡长子担任主婚。《礼记·士昏礼》记载：

宗子无父，母命之；亲皆没已，躬命之；支子则称其宗，弟则称其兄。

这种主婚的事大约起于周代，以后则多不用。如《晋书·礼志》云："咸宁二年，纳悼皇后时，弘训太后母临天下，而无命戚属之臣为武皇父兄主婚之文。"

后代皇帝婚娶，皆自命特使，持节行纳采等礼。不过皇太子的纳妃，还是由皇帝一人做出决定。《隋书·礼仪志》叙道："皇太子纳妃礼，皇帝临轩，使者受诏而行。"

明洪武二年，令凡嫁娶皆由祖父母、父母主婚。祖父母、父母俱无，从余亲主婚。这有明显的"父母之命"的意味，不是纯粹意义上的婚仪主持人。这种主婚现象和中国婚姻史中的宗法制特点是相一致的。主婚人不但掌握子女的婚事安排，而且要负法律责任。这在唐以后的刑章中有专门的规定，此处从略不谈。

九　六礼

六礼的说法在《仪礼·士昏礼》和《礼记·昏义》上都有记载，两部书是秦朝建立前后的作品，是当时儒士把各地流风遗俗，前人的记载集成书的，目的是为新统治阶级巩固社会秩序而制定统一的道德标准和思想标准。“六礼”制定以遂成为统一的婚姻仪式，一直流传两千多年。

“六礼”是结婚须经过的六道手续：

（一）纳采。男家向女家送一点小礼物（一张兽皮）表示求亲的意思。

（二）问名。男家问清楚女子的姓氏，以便同家占卜吉凶。

（三）纳吉。在礼庙卜得吉兆以后，拿点礼物到女家报喜。

（四）纳征。就是订婚，这次要送像币、帛一样比较贵重的礼物。

（五）爵期。这就是择定完婚吉日，向女家征求意见。

（六）亲迎。结婚之日，子承父母，先往女家，女父拜迎于门外，登女家之庙，再拜奠雁，出御妇东，俟于门外，妇至，婿揖以入，载之归家。迎亲以后便可以“合牢而食，合卺而饮”了。

“六礼”程序，并不是人人结婚都按照它去办。西汉平帝元始三年诏刘歆等杂定婚礼，四辅公卿大夫博士郎吏家属，皆可以礼娶亲。次年，立皇后王氏亦以纳采卜吉及遣使持节奉迎终其事。[13]可见并不恪守六礼。六朝时皇太子婚礼也没有亲迎节目。东汉到东晋往往因时局艰险，岁遇良吉，急于嫁娶，变六礼为“拜时”，六礼之程序全去。一般的官民，也因六礼烦琐多不愿执行。到宋代，六礼加以简化。《宋史·礼志》云：“士庶人婚礼，并问名于纳采，并请期于纳成。”《朱子家礼》则有删改，更为简单。

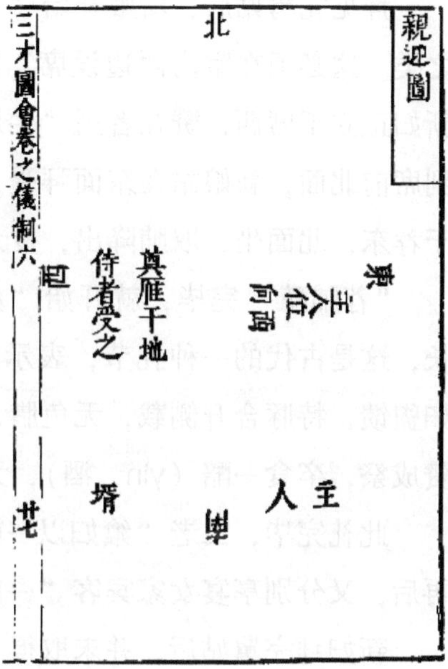

亲迎是婚姻六礼中最后也最重要的一环。这幅“亲迎图”显示了亲迎中的程式

十　执舅姑礼

新娘拜见舅姑（公公、公婆）之礼，分三个阶段进行，开始是进拜舅姑，接着是新妇荐脯醢和盥馈，然后由舅姑飨妇一献之礼。《仪礼·士昏礼》记载：

> 夙兴，妇沐浴，纚笄、宵衣以俟见。质明，赞见于舅姑。席于阼（zuò，正席位）。舅即席，席于房外南面。姑即席，妇执笲（小竹筐）枣栗，自门入，升自西阶进拜，奠于席。舅坐抚之，兴，答拜。妇还，又拜。

见完舅，然后见姑。“降阶受笲腶脩（肉脯），升进，北面拜奠于席，姑坐举以兴，拜授人，赞醴妇。”

拜见完舅姑后，新娘开始“荐脯醢”。脯醢是饮酒的菜，如鱼肉之类。这必须在室内西边设席，把“瓦甒”酒坛放在房中。拜见时，新妇正立于席西，赞礼者用“牛匙”（牛角做的羹匙）取酒，出房走到席前北面，新娘站在东面拜受，举行“荐脯醢”礼，“妇又拜，奠于荐东，北面坐，取脯降出，授人于门外”。

“荐脯醢”完毕，就开始“妇盥馈”。盥是洗手，馈是进食于尊长，这是古代的一种礼节，表示新娘对舅姑的孝敬。“舅姑入于室，妇盥馈，特豚合升侧载，无鱼腊、无稷，并南上，其他如取女礼。妇赞成祭，卒食一醑（yìn，酒），无从，席于北墉下。”

此礼完毕，二老“飨妇以一献之礼”。敬新妇两杯酒，礼就告成。再后，又分别享宴女家宾客“一献礼”。赠他们锦帛，表示酬谢。

新妇拜完舅姑后，并未取得“妇”的身份。据《礼记·曾子问》载：新娘到夫家，三个月以后，才能庙见，庙见就是“选择吉日登祢，成妇之义”。什么叫“祢”？据《公羊传》说：

生称父，死称考，入庙称祢。

由此可知“登祢”就是入祖庙，因而新婚要取得“妇”的身份仅完成拜见公公、公婆之礼还是不够的。《仪礼·士昏礼》规定：

妇人三月，然后祭行。

祭行就是祭祖，完成祭行以后，妇道大功告成，新娘才取得“妇”的身份。

《仪礼·士昏礼》还规定：新娘过门时，如果二老早亡，有“妇入三月奠菜”的记载。仪式比较简单，具体形式如下：

在宗庙考妣的祭位设席，石几放在北方南面，妇在门外盥洗以后，手里拿着盛菜的竹器，由赞礼者率新妇入庙，并唱："来作妇某氏，敢向皇舅某某，奠以嘉菜。"嘉菜是一种美好的食物。妇下拜，把菜祭奠于几东，又拜，然后退下。祭完舅以后，又祭姑，仪式相同。

十一　七出

在古代，男子因为种种原因不满意妻子，可以把她送归母亲，这叫作出妻。有些诸侯卿大夫，为了面子，便把自己的姐妹被出改称为来归，他人的姐妹被出称为大归。《春秋》上载：

"夫人姜氏归于齐。"左氏曰："大归也。"[14]

"秋，郯伯姬来归。"左氏曰："出也。"[15]

"春王正月，杞叔姬来归。"谷梁氏曰："妇人之义，嫁曰归，反曰来归。"[16]

这些都是记载夫人被出的事。出妻一般由丈夫做主，即使不由其丈夫，也要用丈夫的名义。出妻既然在古代是常事，就应该有其理由。七出（七去）就是丈夫抛弃妻子所依持的七种正当的理由，这也是儒家规定下来的，《大戴礼记·本命》说：

> 妇人七去：不顺父母去，无子去，淫去，妒去，有恶疾去，多言去，窃盗去。不顺父母，为其逆德也；无子，为其绝世也；淫，为其乱族也；妒，为其乱家也；有恶疾，为其不可与共粢（zī，祭礼的谷物）盛也；口多言，为其离亲也；窃盗，为其反义也。

何休注《公羊传》以无子、淫佚、不事舅姑、口舌、盗窃、嫉妒、恶疾为七出内容。改"妒"这一条目为"嫉妒"，这与《仪礼·

丧服》“出妻之子为母”的疏相同。七出也可以叫七弃。

观察这七条理由，都和宗法制有关系。七出“盗窃”一条是指女子藏私货，藏私货和宗法制要求家庭共产是不相容的，所以七出把“盗窃”列为一条。宗法制讲求社会纵的关系，要求孝顺父母，所以七出把不顺父母列为首条。《礼记·内则》说：

> 子甚宜其妻，父母不说（悦），出。子不宜其妻，父母曰是，善事我子，行夫妇之礼焉，没身不衰。

汉代乐府长诗《孔雀东南飞》记载的就是这种情况。妇人犯了七出的条件，自然要“出”。但还有一种相反的情形，这就是“三不出（三不去）”。什么是“三不出”呢？《大戴礼记·本命》说：

> 妇有三不去，有所娶无所归不去，与更三年丧不去，前贫贱后富贵不去。

所谓“贫贱之交不可忘，糟糠之妻不下堂”“古人虽弃妇，弃妇有归处”就是指三不出而言。“七出三不出”的规定在汉魏尤受重视，唐代七出定之于令，而律则规定：

> 诸妻无七出及义绝之状而出之者徒一年半；虽犯七出，有三不去而出之者杖一百，追还合；若犯恶疾及奸者，不用此律。[17]

《元典章·休弃门》也有“七出三不去”的记载，只有犯奸者不受三不去的保障。明清律同。明代刘基对七出中恶疾、无子两个条目是极为反对的。他说：

恶疾之与无子，岂人之所欲哉？非所欲而得之，其不幸也大矣！而出之，忍矣哉！[18]

可是王祎又反驳他，说：

妻道二，一曰奉宗祀也，一曰续宗祀也，二者人道之本也。今其无子，则是绝世也，恶疾则是不与共粢盛也，是义之不得不绝者也。……夫妇之道以义合，以礼成者，其成也则纳之以礼，不合也则出之以义，圣人之所许也。……谓妇人无子恶疾为不当去，而欲减七出为五出者，可谓野于礼也已！

其实这时七出在律已成具文。“七出”是在宗法制基础上丈夫离婚的权利。在古代男尊女卑，女子以色衰而被弃，男子以富贵而再娶，比比皆是。“七出”本质上不过是男子抛弃妇女假托的理由罢了。

十二　丧服中妇女的地位

古代的礼法对于丧服的规定十分讲究，有许多具体的规定。丧服是居丧的衣服制度，由于生者和死者亲属关系有亲疏远近不同，丧服和居丧的期限也各有不同。丧服分为五个等级，叫作五服。五服的名称以轻重排列为斩衰、齐衰、大功、小功、缌麻。斩衰（穿戴孝服守孝）三年，是对至尊加隆的丧服。本来最重要的丧期是一年，即所谓的“期”，后来又强调对至亲至尊加三年的丧服。这种加隆的丧期在唐明以来渐渐地多了，在此以前加隆的丧期是很少用的。首先，臣对于君，卿大夫对于诸侯的丧事斩衰三年，其次是子对于父，未嫁在家，或已嫁离婚回家的女儿对于父亦同。因为“父至尊也”。

女子出嫁以后，便脱离了父宗，加入了夫宗。她既脱离了父权，隶属夫权，她的亲属关系当然发生了一个大变化。她为父服丧降为一年，对于夫则服斩衰三年。这就是所谓“妇女不贰斩也”“为夫斩则不为父斩”。

出嫁女降三年的父服为一年；降一年的兄弟服和兄弟之子服为九月；降一年的伯叔父母服为九月。[19]妻为夫族服，为夫斩衰三年，其余的从夫降一等，[20]夫为妻族服则从妻降三等。

叔嫂之间没有丧服。古代礼法讲求“叔嫂不相授受”“叔嫂不通开”，所以兄对弟之妻，弟对兄之妻，在丧服上是没有名的。换句话说，他与她没有服服缘分，所以兄对弟之妻及弟对兄之妻“活不见面，死无丧服”。

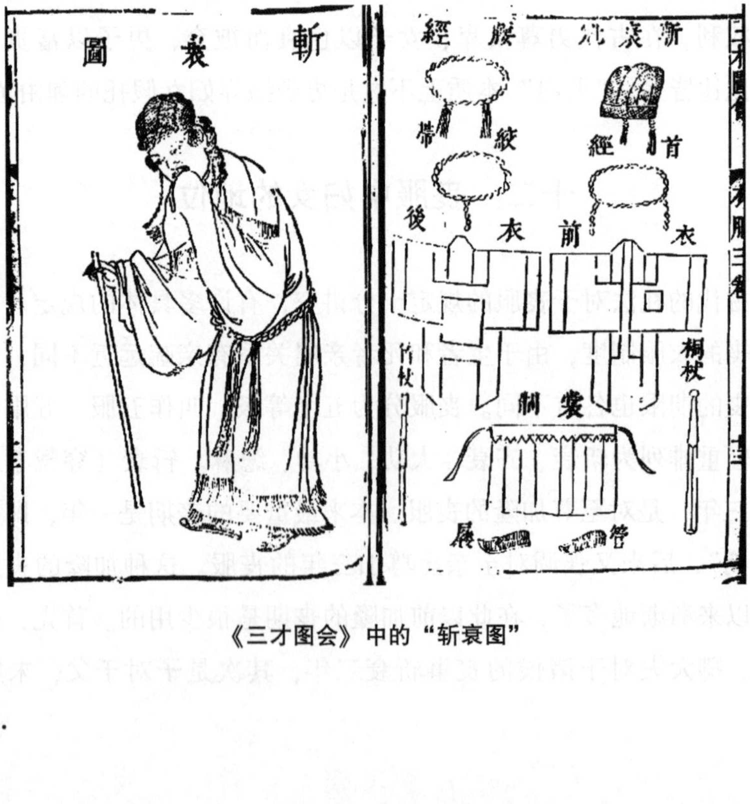

《三才图会》中的“斩衰图”

子对母的丧服也有规定。如果母亲死了，父亲还在，服一年的丧服；如果父亲已死了，要服三年的丧服，而服却不用斩衰，因为她只是至亲不是至尊。

十三　赘婿

《汉书·贾谊传》载："秦人家富子壮则出分，家贫子壮则出赘。"按婚姻制变化，秦汉时期父权制早已确立，所以通常的婚姻方式是男迎女。如果男子入赘当然为社会所瞧不起。赘婿就是对无力娶妻落个反到女家之男子的称呼。《说文》释"赘"曰：

> 以物质钱曰赘。

这说明男到女家的确如同抵押品一样。《汉书·严助传》云："间者，数年岁比不登（收成之意），民待卖爵赘子，以接衣食。"注曰："如淳曰：'淮南俗，卖子与人作奴婢，名曰赘子。三年不能赎，遂为奴婢'。师古曰："一说，'云赘子者，谓令子出就妇家为赘婿耳。'"

这段文字说明赘婿的地位是十分低的。钱大昕《潜研堂文集》卷十二《读史问答》载：

> 秦人子壮出赘，谓其父子不相顾，惟利是嗜，捐弃骨肉，降为奴婢而不耻也。其赘而不赎，主家以女匹之，则谓之赘婿，故当时贱之。

这就是当时赘婿的处境。秦汉有"七科谪"，指用罪犯、商人等七种人出边塞作战，其中包括“赘婿”。

到了宋代这种称呼有了变化，改成舍居婿或入舍女婿。到了元朝清，又改作养老婿或出舍婿。后来也有称进舍夫或雄媳妇的。历代法律对赘婿都有详细的规定，赘婿地位较低，和女子略同。

赘婿的存在本是一种正常的现象，但是其地位低下，却说明了在父权制社会里另一种不公平。

十四　兰房

《辞源》上释“兰房”一词，说是古代时特指妇人居住的香气氤氲的房子。这种释说偏颇很大。兰房在古代是指村落里供男女游玩的一个公共场合，到了晚上，村中未婚的男女，都住在上面，听任其自相谐偶。“兰房”实际上是古代婚姻状况的一种反映。

古代的婚姻制度不像后代那样俨然有序，男女之间的性关系比较宽松，这种情形后代的史料有所透露。宋玉《招魂》谈到楚国风俗说：

> 士女杂坐，乱而不分些。

在赵国这种情形，我们也可以从《吕氏春秋·先识》看出来：

> 中山之俗，以昼为夜，以夜继日，男女切倚，固无休息。

在齐国也是一样。《史记·滑稽列传》载：

> 州闾之会，男女杂坐，行酒稽留，六博投壶，相引为曹（伙

伴)，握手无罚，目眙不禁，前有坠珥，后有遗簪，……日暮酒阑，合尊促坐男女同席，履舄（鞋）交错，杯盘狼藉，堂上灯灭，……罗襦襟解，微闻香泽，……故曰酒极则乱。

不但当时风俗如此，而且社会还采取一些行政手段，使之合法化。如《周礼》上说：

媒氏掌万民之判，凡男女自成名以上，皆书年、月、日、名焉。今男三十而娶，女二十而嫁，凡娶判妻入子者皆书之，中春之月，令会男女，于是时也。奔者不禁。若无故而不用令者，罚之。司男女之无夫家而会之。

这种仲春之月会男女，奔者不禁，实际上就是像兰房一样用以调剂人们的性生活。由于后代礼制兴盛，这种仲春之会慢慢地消失了。不过在西方，这样原始的性节目却保留下来。现在西方国家的狂欢节，实际上就是本民族历史上这种习俗的保留。有人对这种节日作过描述：

一旦盛大节日普列德捷生辰来临，圣善之夜几乎全城喧啸狂闹。铃鼓、芦笛、弦乐奏鸣。跳舞呀，击拍呀，放荡嬉戏，五花八门……敲着铃鼓，吹着芦笛，奏着弦乐。妇女们，姑娘们去拍手跳舞，她们的眼睛左顾右盼，嘴里唱着肮脏的歌曲，发出恶意的呼叫，魔鬼的心愿实现了。他们的脊背不停地摇晃，他们的双脚跳来跳去，他们淫荡地看着妇女和姑娘们放荡地扭摆，就这样，有夫之妇遭受玷辱，姑娘们也被奸污。[21]

西方的这种性节日和中国古代的“仲春之会”性质是一样的。

十五　中冓之乱

《诗经·墙有茨》云：

墙有茨，不可扫也。中冓之言，不可道也。所可道也，言之丑也。

这里中冓是指房室结构深密，专供女人居住的地方。“墙有茨”这首诗是讥刺卫国宫中淫乱的诗。卫宣公在世时夺去媳妇（宣姜）。宣公死后，宣姜的儿子惠公即位，惠公年纪尚小，国家的政事都由公子顽管理，顽是宣公妾生的儿子，年纪比惠公大，后来宣姜和他私通。除了“墙有茨”以外，在《诗经》中还有许多诗是讽刺各国宫中淫乱的。在《左传》及其他史料中对这类宫中淫乱的事记载更多。所有这些都是原始社会遗留下来的婚姻形式残余的反映。当时淫乱的程度以郑卫为最，陈次之，各国亦相去不远。宫廷内外男女杂乱，怪状百出。仅《左传》所载，即有：桓公十六年卫宣烝（zhēng，发生性关系意）其庶母夷姜；庄公二十八年，晋献烝其庶母齐姜；僖公十五年，晋惠公烝其庶母贾君；宣公三年，郑文公报其叔母陈伪；成公七年，楚襄老之子黑要烝其母夏姬，等等。

有夺子妇的：桓公十六年，卫宣为其子伋娶于齐，见女有美色，自娶之。《诗经·墙有茨》就谈这个事。昭公二十八年，楚平王为其子建娶于秦，而自娶之。

有夺昆弟之妻的：文公七年，鲁穆伯为襄仲聘己氏，而自娶之。

有易妻饮酒的：襄公二十八年，庆封与卢蒲嫳。

有彼此通室的：昭公二十八年，晋祁胜与邬臧。

有妻好淫而夫纵之的：桓公十八年，桓送文姜与齐襄。定公十四年，卫侯为夫人南子召宋朝。

有兄弟姐妹相乱的：襄公之于文姜。这种情况在汉代很多。

有君臣同淫一妇的：陈灵公。《诗经·株林》就是讥刺这件事。

这类的事还有很多。如僖公二十四年，周襄王狄后与夫弟叔带通；闵公二年，鲁庄公哀姜与夫弟庆父通；成公十七年，齐声孟子与大夫庆克通；成公十六年，鲁穆姜与大夫叔孙侨如通；昭公二十五年，鲁季公乌之妻与饔人通；襄公二十一年，晋栾桓子之妻与室老通。上自天子诸侯，下及士大夫，内室秽乱，恬不为怪。至于庶子蒸母，孙蒸祖母，及以嫂为妻（收继婚）连国人也赞同。闵公二年，齐人强招伯（顽）烝于宣姜；文公十六年，宋人奉公子鲍以因其祖母襄夫人；哀公十一年，卫大叔疾出奔，卫人立其弟，使室其妻孔姞。

像这类的事在其他书上还有很多记载。春秋战国之时，中冓之乱如此这般，有其特殊的历史根源。因为这时社会刚刚从原始氏族的胚胎中脱生出来，保留下很多旧的婚姻习惯。礼治在当时仅仅是儒学家们的一种理想，自然没有普遍为社会所接受。这种淫乱的事甚至到了两汉还常常可见。

十六　夫妇和夫妻

男女因婚姻关系结合在一起，两人便结成了夫妇关系或夫妻关系。古代关于夫妇或夫妻的用语很多，有称耦，称俪的；也有称妃耦、匹耦、配亲、伉俪、合偶、配偶的。这些称呼十分正常，没有男尊女卑的意思。可是称妇之语，其男尊女卑的意味却十分明显。在甲骨文中，妇字写作“”。根据字形可以看出像一个女子跪着，拿着一把扫帚。《说文》释妇时说：“妇，服也。”这个字告诉我们服从应该是妇女的本分。《礼记·郊特牲》对此又作进一步解释：

出乎大门而先，男帅女，女从男，夫妇之义由此始也。妇人，从人者也：幼从父兄，嫁从夫，夫死从子。夫也者，夫也。夫也者，以知帅人者也。

夫的意思是什么呢？《白虎通义》释夫时说：

夫者，扶也，以道扶接；妇者，服也，以礼屈服。

古代用这两字去称谓男女的婚姻关系，这就把男女双方的地位固定下来。与其相反，夫妻的称谓则颇有平等的含义，《白虎通义》云：

妻者，齐也，与夫齐礼，自天子至庶人，其义一也。

《礼记·内则》郑玄注云："妻之言齐也，以礼则问，则得与夫敌体也。"妻字在古文中写作"尝""尝"，"芒"字就是"贵"字，加上女字变成妻，自然是贵女之意。这么看来妻的字义较"妇"字为高贵，是由于出嫁的女子家庭富贵的缘故。

在古代对妻还是比较庄重的。妻和妾地位不同，聘娶方法也不同。古人说："聘则为妻，奔者为妾。"又有云：

妻者，齐也，与夫齐体；妾者，接也，仅得与夫接见。贵贱有分，不可紊也。[22]

虽然夫妻一词，意义还颇平等，但礼法对妻的要求甚严。《礼记·郊特牲》云：

> 一与之齐，终身不改，故夫死不嫁；男子亲迎，男先于女，刚柔之义也。天先乎地，君先乎臣，其义一也。

又《仪礼·丧服》传云：

> 夫者，妻之天也。妇人不贰斩者，犹曰不贰天也。

由于夫妇、夫妻地位差异，古代对夫妇之间的服从关系规定很严。顺从是女子的责任。古代女子有三从之义：在家从父，出嫁从夫，夫死从子。用这种办法限制女子并非明清以后的事，很早就有了。《谷梁传·隐公二年》说：

> 妇人……从人者也，妇人在家制于父，既嫁制于夫，夫死从长子。妇人不专行，必有从也。

只有这样才合乎礼制“父者子之天也，夫者妻之天也”的逻辑。到了汉代班固就主张“夫为妻纲”，所以“夫有恶行，妻不得去者，地无去天之义也”。他的妹妹班昭又称：“夫者，天也，天固不可逃，夫固不可违也。行违神祇，天则罚之，礼义有愆，夫则薄之。”[23]

到了宋代，儒学家们为了进一步固定男尊女卑的顺序，极力发挥《易经》《礼记》上“夫子制义，从妇凶”等观念，妇要顺从更为必需。张载说：“妇道之常，顺为厥正。[24]程伊川也说：“男牵欲而失其刚，妇狃说而忘其顺，则凶而无所利矣。”[25]

降至明朝仁孝文皇后撰《内训》也认为：

妇人善德，柔顺贞静，乐乎和平，无忿戾也。

夫上下之分，尊卑之等也，夫妇之道，阴阳之义也。诸侯大夫庶人之妻，能推是道以事其君子，则家道鲜有不盛矣。

清代的女教所归纳的也是一样。古代常在《易经》八卦上，乾代表天，代表阳，代表上，代表男，坤代表地，代表阴，代表下，代表女。这样从自然到人伦，经过一个小小的比附推理，男尊女卑的概念就形成了。

十七　夫妻一体

古人常说："夫妻一体。"[26] 原意是指男女既结合成婚姻，就要在法律上、道义上彼此负一定责任，共同组成一体性生活，这就是夫妻一体。古人常把夫妻作为"配耦"，就把这个一体性关系表现得十分清楚。这种一体性关系和我们现在法律上的夫妻关系绝对是不一样的。我们现在夫妻关系是别体性关系，人人都是人格上的独立，这和夫妻一体关系区别是很大的。

在夫妻一体性关系中，妻子没有独立的人格可言，服从应该是妻子的天性或本分，所有一切安排都由丈夫自己来定。女子只好"嫁鸡正尔随鸡飞"，与夫夫共荣辱是妻子分内的事。《礼记·郊特牲》云："共牢而食，同尊卑也，故妇人无爵，从夫之爵，坐以夫之齿。"所以在古代夫为天子，妻就是皇后；夫是诸侯，妻就是夫人；夫为大夫，妻就是命妇。除了有汉魏时期几个特例外，妇人一般都是无爵无俸禄的。就是妇女的称号，也是丈夫地位显赫而皇上赐给的。

古代妇女称号演变很大，上举的春秋例子，到了唐代，一品及国

清代一品夫人像

公之妻称国夫人，三品以上的称郡夫人，其下依郡君、县君、乡君等号递降。宋代在郡夫人以下有淑人、硕人、令人、恭人、宜人、安人、孺人几等。元代参考唐宋之制，妇人的封号有七等。明代一品、二品官的妻子，都称夫人。清代，一品官的妻子，特称一品夫人，二品仅称夫人，其余从三品到七品，明代、清代同称为淑人、恭人、宜人、安人、孺人。

夫妻共荣如此，共辱也亦然。丈夫犯罪，不仅妻子同坐，连妻子家也要受到牵连。族戮族诛，秦代就有这样的法律。到了汉代，这样的法律虽然废除，但是犯大逆不道罪，妻与父母子同产（生活在一起的亲属）皆弃市，如果是妾，也是一样。到了晋明帝时，稍有所变通，三族刑开始不涉及妇人。可是到了唐代又严了起来，唐长乐公主就是以其驸马赵瑰之故被杀，北景公主以其驸马柴令武之故赐死。当时因夫受诛，虽然贵为公主，也不赦免。如果丈夫犯的不是死罪，妻子被没入官也是法律上的通例。

夫妻，共其荣辱从表面上看是合理的事，但仔细追究未必如此。这种共荣辱的精神是以抹杀妇女独立人格为前提的。丈夫犯了罪，有时和妻子是不相干的，为什么要对妻子处以刑罚呢？更何况还要株连到妻子一家。古代实行夫妻一体，原来是在观念上把妻子看成了丈夫的附属品。正如丁廙妻《寡妇赋》所言：

> 辞父母而言归，奉君子之清尘。
>
> 如悬萝之附松，似浮萍之托津。

这种比喻极其贴切。至于夫死不嫁，夫死殉葬，则是妇女人性随男子消亡而消亡的更好的说明。对于妇女的人格，在传统社会中，不但礼都不承认，而且当时法律上也是断然否认的。明律规定："凡妇人犯罪，除犯奸及死罪收禁外，其余杂犯责付本夫收管，如无夫者，责付有服亲邻里保管，随衙听候，不许一概尽禁。"

《明律例》还规定："凡妇人一应婚姻、田土、家财等事，不许出官，告状必须代告。若夫死无子，方许出官理对。或身受损害，无人为代告，许令告诉。"

清代《刑部则例》规定："凡小事牵连妇女者，提伊子姪兄弟替审。"

以上这些规定对妇女的处罚比较轻，表面看来有利于妇女，但实质是在法律观念上对妇女个人权利的否定，把妇女当作男人会说话的财产。

但是如果妇女作奸犯科违犯了男人的利益，则处罚就非常重。在传统社会里，男子纳妾宿妓，是不犯罪的，可女子不顺，就要受刑。依照唐律：夫殴伤妻者，既减凡人二等，死者仅以凡人论。殴妾折伤以上，并减妻二等。然妻殴夫则徒一年，若殴伤重者加凡人斗伤三等，死者斩。媵及妾犯者，并各加一等，过失杀伤者各减二等。告媵妾詈夫者，亦杖八十。[27]明清律夫殴妻妾非折伤勿论，折伤以上始减凡人二等，妾更减妻二等。夫殴妻致死者绞，而因其殴詈夫之祖父母、父母，致夫擅杀死者只杖一百，妾更减之。然而妻殴夫者，则杖一百，但殴即做，夫愿离者听。致折伤以上，各加凡人斗伤三等，至笃疾者纹，死者斩，故杀者凌迟处死。妾犯者并加一等。[28]

【注释】

[1]《左传·成公八年》。

[2]《左传·成公九年》。

[3]《左传·成公十年》。

[4]《左传·成公八年》。

[5]《尔雅·释亲》疏。

[6]《尔雅·释亲》妻党注疏。

[7]《尔雅·释亲》。

[8]《九歌·东皇太一》。

[9]《九歌·云中君》。

[10]《九歌·少司命》。

[11]《礼记·曲礼》。

[12]《司马温公家范》。

[13] 见《汉书·平帝纪》与《汉书·元后传》。

[14]《左传·文公十八年》。

[15]《左传·宣公十六年》。

[16]《谷梁传·成公五年》。

[17]《唐律疏议》卷十四《户婚下》。

[18] 刘基:《郁离子》。

[19] 程瑶田:《仪礼丧服文足征记》卷九。

[20] 吴家宾:《丧服会通说》。

[21] «Дополнення К актам Нсторпгеским»ют. Һ . СЛЬ，1846，стр. 8 – 19；《历史法仪检寻》(俄)。

[22]《大清律例·妻妾失序》注。

［23］《女诫·专心》第五。

［24］《横渠女诫》。

［25］《近思录》卷十二。

［26］《仪礼·丧服传》。

［27］《唐律疏义·斗讼》。

［28］《清律总注》。

第四章

秦汉时代

从公元前221年至公元220年，在我国是秦汉时期，秦汉王朝的建立在政治政策、经济制度、文化思想方面为后代各朝奠定了基础。秦汉时期社会婚姻生活也发生了变化，政府通过行政手段，使先秦时代散见于各书的婚姻道德思想得到整理，混乱的婚姻现象得到控制。秦汉时代的议婚、婚仪等制度恪守婚姻“六礼”，并成为传统婚仪的基本程式。秦汉婚姻结构中的重亲现象颇为独特，是先秦和后代各朝不常见的。在秦汉时期，妇女虽有再嫁的自由，但是由于女教的兴起，妇女地位每况愈下。少数民族婚姻制度以收继婚为主，中国少数民族这种落后的传统婚姻制度，有其形成的特殊条件。

一 贞节观的变化

中国有传统的宗法组织和宗法思想。秦始皇想建立专制的中央集权，宗法割据势力自然使他感到棘手，但是建立专制统治，宗法思想又可以成为很有用的愚民手段。秦始皇十分聪明，他自觉地吸收宗法思想的精髓，在全社会范围里，打破了小宗法集团的格局，建立起大宗法制国家，开始了家天下的统治。秦始皇这一举动更强化了宗法思想，家庭是宗法之根，因此必然要加强对婚姻制度的控制，社会对于贞节的日益重视，正是由此宗旨出发的。

秦始皇重视贞节，几次刻石都曾提及，泰山刻石说：“男女礼顺，慎尊职事，昭隔内外，靡不清净。”

碣石门刻石说：“男乐其畴，女修其业。”

会稽刻石说：“饰省宣义，有子而嫁，倍死不贞；防隔内外；禁止淫佚，男女洁诚。夫为寄豭（jiā，猪别名），杀之无罪，男秉义程，妻为逃嫁，子不得母，咸化廉清。”

由此可见，这些禁令对男女贞节要求是十分严格的。然而与之相反，我们可以从历史事实中看到，越讲贞节的时代，越是社会不贞节的时代。秦统一前，男女关系比较自由，贞节观念并不很强，不构成严重的社会问题。

汉代建立以后，汉因秦制，对于贞节更加提倡。秦代已有褒奖巴清寡妇事，汉更效法之。汉宣帝神爵四年，诏赐贞妇顺女帛[1]，又过了一百多年，到了东汉，出现了旌表贞节的事。《后汉书·安帝本纪》云，元初六年二月，诏赐贞妇有节义谷十斛，甄表门闾，旌显厥行。

这种名利引诱劝贞的方法极富于欺骗性，为后来历代君主惑世愚民沿用了上千年。

二 文君私奔

卓文君与司马相如私奔，两人“当垆卖酒”的故事是人们十分熟悉的。卓文君是真实的历史人物，她与司马相如私奔，也有史可稽。

卓文君，西汉蜀郡临邛（邛崃）人，大富商卓王孙的女儿，容貌秀丽。司马相如原是汉景帝弟梁孝王门客，梁孝王死后，司马相如归蜀，可是“家贫无以自业”。他平素和临邛令王吉有交情，便寄宿王吉家。这天王吉至卓王孙家赴宴，宾客来了百数人。司马相如也应邀而至，在座的人都为他潇洒的神采所倾倒。酒酣耳热之际，王吉请司马相如奏琴。《汉书·司马相如传》称："是时，卓王孙有女文君新寡，好音，故相如缪与令相重，而以琴心挑之。相如时从车骑，雍容闲雅，甚都（美）。及饮，卓氏弄琴，文君窃从户窥，心说而好之，恐不得当（偶）也。"当夜，两人逃回成都。司马相如"家徒四壁立"，十分穷，后来只好又回临邛，开了一个酒店，文君当垆卖酒，相如系着围裙，夹杂在伙计们中间洗涤杯盘瓦器。

这就是著名的"文君夜奔"的故事。这故事是对汉代妇女地位和妇女再嫁问题的一个形象说明。在汉代妇女地位是比较高的，妇女再嫁比较随便。

再嫁的事在汉代十分常见。《汉书·陈平传》载：

> 及平长，可娶妇，富人莫与者，贫者平亦愧之。久之，户牖富人张负有女孙，五嫁，夫辄死，人莫敢娶，平欲得之。邑中有大丧，平家贫侍丧，以先往后罢为助。张负既见之丧所，独视伟平，平亦以故后去。负随平至其家，家乃负郭穷巷，以席为门，然门外多长者车辙。张负归谓其子仲曰："吾欲以女孙予陈平。"仲曰："平贫不事事，一县中尽笑其所为，独奈何予之女？"负曰："固有美如陈平长贫者乎！"卒与女。

张负孙女五嫁，可见当时社会风俗对再嫁的认许。西汉再嫁的事，最有趣的是朱买臣妻子离婚再嫁。朱买臣起初生活十分困难，靠打柴为生，时间久了，日子太苦，妻子要求离婚。买臣说："我年五十当富贵，今已四十余矣。女苦日久，待我富贵报女功。"妻子不听。买臣就让她去了。一次买臣担着砍柴在路上唱着歌，故妻已再成家，他们夫妇见买臣饥寒，便让他到家吃饭。后来买臣当上了官，便把故妻夫妇接到他的住处。过了一个月，妻子感到懊悔，自杀了。

再嫁事在汉代很多。古诗《孔雀东南飞》中的刘兰芝与婆婆合不来，离婚回家后，郡守县令一再遣媒议婚。可见当时被弃的妇人，还有欲求不得的！

东汉时期，再嫁也是十分自由的。

汝南邓元义妻子与公婆不和，被送回家。家里又把她嫁给华仲。华仲是朝廷的“将作大匠”，一天他和妻子坐朝廷的车在市场上走，元义在路旁观看，他对别人说：“这是我过去的妻子，她没有什么过错，我母亲对她很坏——她生来就是好命。”华仲做这样的大官，还娶再嫁的妇人，这对我们现代人来说已很奇怪了。邓元义向旁人说话时，那种羡慕的神情跃然纸上，倘若当时社会以再嫁为可耻，还能这样吗？

当时名士蔡邕的女儿文姬也是如此。起初嫁为卫仲道妻，卫死无子，回在自家，后被掳入匈奴，为左贤王之妻，甚见爱怜。后来曹操虑蔡邕无嗣，用钱赎回文姬，回来后，她再嫁为董祀妻，恩爱极笃。

《文姬归汉图》

尽管社会上已开始加强贞操观念，但是贞操只是对妇女品德上的要求，而不是生理的要求。汉代朝廷对再嫁看得也十分淡薄。

《后汉书·宋弘传》记载："时帝姊湖阳公主新寡，帝与共论朝臣，微观其意。主曰：'宋公威容德器，群臣莫及。'帝曰：'方且图之。'后弘被引见，帝令主坐屏风后，因谓弘曰：'谚言贵易交，富易妻，人情乎？'弘曰：'臣闻贫贱之知不可忘，糟糠之妻不下堂。'帝顾谓主曰：'事不谐矣。'"

这也是一个很有趣的故事。汉代贞节观念不如后代那么强，女子的人性还未完全为礼教所摧毁，男人的眼睛，还未戴上有色的道德眼镜。《后汉书·黄昌传》说：黄昌夫人被贼掳去，流转入蜀为人妻，后黄昌为蜀郡太守，得遇故妻，相持悲泣，复为夫妇。昌妻这时已替别人生了儿子，黄昌还能和她结为夫妇，这可见汉代男子对再嫁的一般态度。人的婚姻本应以感情为基础的，可世俗的观念偏偏给人戴上了五彩的眼镜，一个人看另一个人，感情和谐了还不行。汉代男子对妇女再嫁的正当态度，在后人甚至今天，也是难得的。后人常谈"法古人""师古人"，实际他们往往把真正的淳朴、自然精神丢了，却拿一些虚伪的幌子掩饰自家的乱行，只是去限制普通百姓而已。

三　议婚

两汉时，两家欲结为婚姻，一定要先议婚，或男家向女家提出，或女家向男家提出，或由中人撮合。议婚是十分随便的，酒馆茶肆之中，两方家长或当婚人偶然相见，提到此事，感到满意，婚姻就定下了。也有男家见女方，女家见男方相貌昳丽，即爱慕追至家中订婚的。

《汉书·孝宣许后传》载：

时许广汉有女平君，年十四五，当为内者令欧侯氏子妇。临当入，欧侯氏子死。其母将行卜相，言当大贵，母独喜。贺闻许啬夫有女，乃置酒请之，酒酣，为言："曾孙体近，下人，乃关内侯，可妻也！"广汉许诺。明日，妪闻之，怒。广汉重令为介，遂与曾孙。

这一例是男家求于女家。也有先发议自女家。《汉书·高帝纪》云："吕公者，好相人，见高祖状貌，因重敬之，引入坐上坐。……酒阑，吕公因目固留高祖，竟酒，后，吕公曰：'臣少好相人，相人多矣，无如季相，愿季自爱！臣有息女，愿为箕帚妾。'"

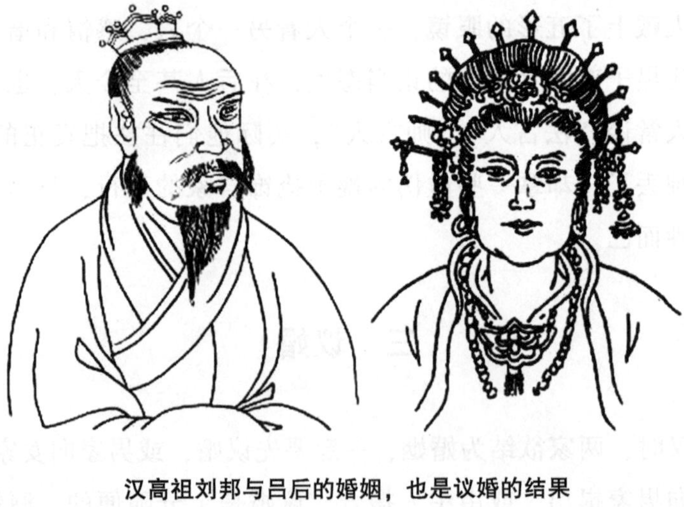

汉高祖刘邦与吕后的婚姻，也是议婚的结果

又《后汉书·梁鸿传》云："（鸿还乡里）执（势）家慕其高节，多欲女之，鸿并绝不娶。"

也有女子自己决定的，《汉书·张耳传》云：“外黄富人女甚美，庸奴其夫，亡邸父客。父客谓曰：‘必欲求贤夫，从张耳。’女听，为请决，嫁之，女家厚奉给耳。”

又《后汉书·梁鸿传》云：“同县孟氏有女，状肥丑而黑，力举石臼，择对不嫁，至年三十。父母问其故，女曰：‘欲得贤如梁伯鸾者。’鸿闻而娉之。”

这时男聘于女方，女欲嫁于男方，或因对方相貌美，或因才贤名，或以门第显，也有因为吉祥缘故的。《汉书·外戚传》云：“中山卫姬，平帝母也。父子豪。……子豪女弟为宣帝婕妤，生楚孝王。长女又为元帝婕妤，生平阳公主。成帝时，中山孝王无子，上以卫氏吉祥，以子豪少女配孝王。”这里成帝所谓吉祥，是因为卫氏女多嫁皇室生子女的缘故。

议婚还有一些特例，这里有男女尚未出世，父母就约定为婚姻的。《史记·项羽本纪》云：“张良出，要项伯，项伯即入见沛公，沛公奉卮酒为寿，约为婚姻。”

更著名的例子是《后汉书·贾复传》记载：“又北与五校战于真定，大破之。复伤创甚，光武大惊曰：‘我所以不令贾复别将者，为其轻敌也。果然，失吾名将。闻其妇有孕，生女邪，我子娶之，生男邪，我女嫁之，不令其忧妻子也。”

这时人们许婚都比较早，时间一长，世事变迁，更改的较多，所以《潜夫论·断讼篇》说：

> 或妇人之行，贵令鲜洁，今以适矣，无颜复入甲门。县官原之，故令使留所既入家。必未昭治乱之本原，不惟贞洁所生者之言也。贞女不二心以数变，故有匪石之诗；不枉行以遗忧，故美归宁之志。一许不改，盖所以长贞洁而宁父兄也。其不循

此而二三其德者，此本无廉耻之家、不贞专之所也。若然之人，又何丑悋（lìn，同吝）！……今市卖勿相欺，婚姻无相诈，非人情之不可能者也。是故不若立义顺法，遏绝其原。……诸一女许数家，虽生十子，更百赦，勿令得蒙一还私家，则此奸绝矣。不则髡其夫妻，徙千里外剧县，乃可以毒其心而绝其后。奸乱绝，则太平兴矣。

四 婚仪

这时的婚姻仪式如同古代“六礼”。纳采、问名、纳吉、纳征、请日、亲迎依次进行，不过要求比较宽泛。“六礼”的规定产生于秦建朝前，在当时还没有普遍为人们接受。到了汉代，由于儒学兴起，婚姻“六礼”也作为儒家对社会伦理规范设计的一部分加以推广，社会上一般联姻都按“六礼”进行。此后，这六个过程在后代略有变化，但大体都延续下来。

汉代纳采不同“六礼”之规定，只送一点小礼物。礼物的大小根据家庭贫富而定。礼物的种类大概有三十多种。如：玄纁、羊、雁、清酒、白酒、粳、稷米、蒲苇、卷柏、嘉禾、长命缕、胶漆、五色丝、合欢铃、九子墨、金钱、禄得香草、凤凰、舍利兽、鸳鸯、受福兽、鱼、鹿、乌、九子妇、阳燧。此外，有颜色，丹、青等。[2]物品上面还有谒文，据《通典》卷五十八云：

总言物之所众者：玄象天，纁法地；羊者祥也，群而不党；雁则随阳；清酒降福；白酒欢之由；粳米养食；稷米粢盛；蒲众多性柔，苇柔仞之久；卷柏屈卷附生；嘉禾颁禄；长命缕缝衣延寿；胶能合异类；漆内外光好；五色丝章采；屈伸不穷；合欢铃音声合谐；九子墨长生子孙；金钱合明不止；禄得香草为吉祥；凤凰雌雄伉合；舍利兽廉而谦，鸳鸯飞止须匹，鸣则相合，受福兽体恭心慈；鱼处渊无射；鹿者禄也；乌知反哺，孝于父母；九子妇有四德；阳燧成明安身。又有丹为五色之荣；青为色首，东方始。

纳采过后就是问名。问名和“六礼”上的一样，有些人家往往对这一道程序不太注重。问名后就是纳吉，《汉书·王莽传》云：

太后不得已，听公卿采莽女。……莽白：“愿见女。”太后遣长乐少府、宗正、尚书令纳采见女，还奏言：“公女渐渍德化，有窈窕之容，宜承天序，奉祭祀。”有诏遣大司徒、大司空策告宗庙，杂加卜筮，皆曰：“兆遇金水王相，卦遇父母得位，所谓康强之占，逢吉之符也。”

纳吉完毕即纳征。纳征就是给女方家聘金，也就是纳征钱。汉代皇室娶皇后行纳征礼花钱是很多的，聘金有时多达万金。王莽聘杜陵氏女为皇后，聘金用去黄金三万斤。[3]一般的诸王列侯、达官贵人也更相效仿，但比起皇帝气派就小多了。《汉书·淮阳宪王传》云：“（赵王）复使人愿尚女，聘金二百斤，博未许。”

及一般人聘女，也有倾其家产的。《汉书·张安世传》云：“及曾孙壮大，贺教书，令受《诗》，为娶许妃，以家财聘之。”

纳征礼过后就是请期、迎亲，日期一般是男方规定。古诗《孔雀东南飞》谈到由媒人作合，府君欲娶刘兰芝时说：“府君得闻之，心中大欢喜。视历复开书，便利此月内，六合正相应。良吉三十日，今已二十七，卿可去成婚。”至于皇帝请期迎亲则更为隆重。《汉书·孝平王皇后传》云：

太后遣太师（孔）光、大司徒马宫、大司空甄丰、左将军孙建、执金吾尹赏，行太常事太中大夫刘歆及太史令以下四十九人赐皮弁素绩，以礼杂卜筮，太牢祠宗庙，待吉月日。明年春，遣大司徒宫、大司空丰、左将军建、右将军甄邯、光禄大夫歆奉乘舆法驾，迎皇后于安汉公第。宫、丰、歆授皇后玺绂，登车称警跸，便时上林延寿门，入未央宫前殿。

在汉代，六礼之中聘礼一项十分重要，有些贫民拿不出聘礼，娶不到妻子的常常可见。这时也有官吏助民聘的现象。《后汉书·循吏任延传》载：

骆越之民无嫁娶礼法，各因淫好，无适对匹，不识父子之性，夫妇之道。延乃移书属县，各使男年二十至五十，女年十五至四十，皆以年齿相配。其贫无礼聘，令长吏以下各省俸禄以赈助之。同时相娶者二千余人。

女儿出嫁，女家要陪送嫁妆。古诗《孔雀东南飞》云：

阿母谓阿女，适得府君书，明日来迎汝，何不作衣裳？……左手持刀尺，右手执绫罗，朝成绣夹裙，晚成单罗衫。

妆奁也有丰有俭。东汉名士马融嫁女袁隗，装遣甚盛。[4]隐士戴良嫁女则“疏裳、布、被、竹笥、木屐以遣之”[5]。这时豪家嫁女也有以媵妾侍婢陪嫁的。《华阳国志》卷十下云：“礼珪，成固陈省妻也。杨元珍之女，生二男，长娶张度辽女惠英，少娶荀氏，皆贵家豪富，从婢七人，资财自富。”

女子到男家，女家往往派人相送。《东观汉记·城阳恭王礼传》云：“祉初名终，父敞为嫡子娶翟宣子女习为妻，宣使嫡子姬送女入门。”

女子送往男家，富贵人家往往“车軿各十，骑奴侍僮夹毂节引，富者竞欲相过，贫者耻不逮及”[6]。到结婚那一天，夫家大摆酒席，宴请宾客。

宣帝时，各地郡守禁民嫁娶时侈靡，不得酒食相贺，宣帝认为这是令民无所乐，不是导民的办法，遂诏“勿行苛政”而解除掉这些禁令。[7]从此，嫁娶纷华靡丽的风气就更盛了。以后成帝、东汉章帝、安帝也多次发诏禁止，但是陋习已深，终莫能改。

在婚宴酒席上往往饮酒欢笑，言行无拘无束，颇似后代闹新房风俗。《群书治要》引仲长统《昌言》云：

> 今嫁娶之会，捶杖以督之戏谑，酒醴以趣情欲，宣淫佚于广众之中，显阴私于亲族之间，污风诡俗，生淫长奸，莫此之甚，不可不断者也。

妇女结婚后，三月见于祖庙，与礼制规定合。《汉书·孝平王皇后传》云：“皇后立三月，以礼见高庙。”

五　重亲

在原始社会后期，由于族外婚的形成，重亲的现象就被禁止了。周代出现的“同姓不婚”的现象是绝好的例证。但是到了汉代，重亲的现象又死灰复燃。在汉代重亲有两种情况：一姻家恒为姻家；二婚家恒为婚家（按：女氏称婚，婿氏称姻）。重亲原因很多，但主要的是通过联姻来加强自己的势力，巩固已有的私人联合。《汉书·燕灵王刘建传》记载：

其（刘次昌）母曰纪太后。太后娶其弟纪氏女为王后，王不爱，纪太后欲其家重宠。

《后汉书·钟皓传》云：

皓兄子瑾母，（李）膺之姑也。瑾好学慕古，有退让风，与膺同年，俱有声名。膺祖太尉修，常言："瑾似我家性，邦有道不废，邦无道免于刑戮。"复以膺妹妻之。

在汉代，对重亲不但不禁止，而且皇家竞尚为之。孝惠帝的张皇后就是自己亲姐姐鲁元公主女儿。[8]由于重亲的缘故，所以婚娶长幼不计，份辈不别。清人赵翼说汉代"婚娶不论行辈"就是指这种现象。《汉书·文三王传》云："荒王女弟园子为立舅任宝妻，宝兄子昭为立后。"

这是一个三重婚姻：

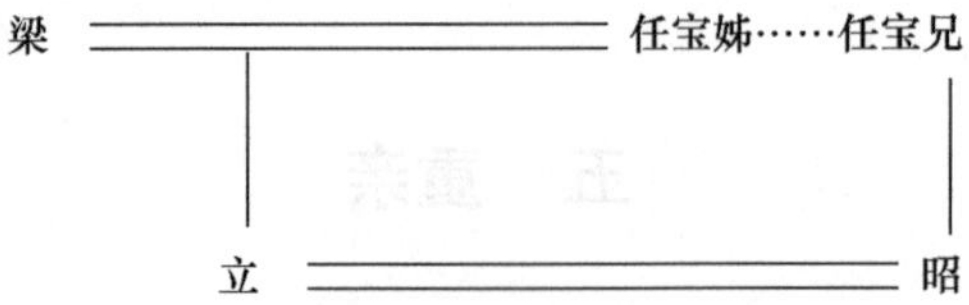

（"="号表示婚姻关系，—号表示血缘联系，下表皆同）

《后汉书·耿弇传》云："子忠嗣。忠以骑都尉击匈奴于天山，有功。忠卒，子冯嗣。冯卒，子良嗣，一名无禁。延光中，尚安帝妹濮阳长公主。……隃麋侯霸卒，子文金嗣。文金卒，子喜嗣。喜卒，子显嗣，为羽林左监。显卒，子援嗣，尚桓帝妹长社公主。……牟平侯舒卒，子袭嗣。尚显宗女隆虑公主。袭卒，子宝嗣。宝女弟为清河孝王妃。"

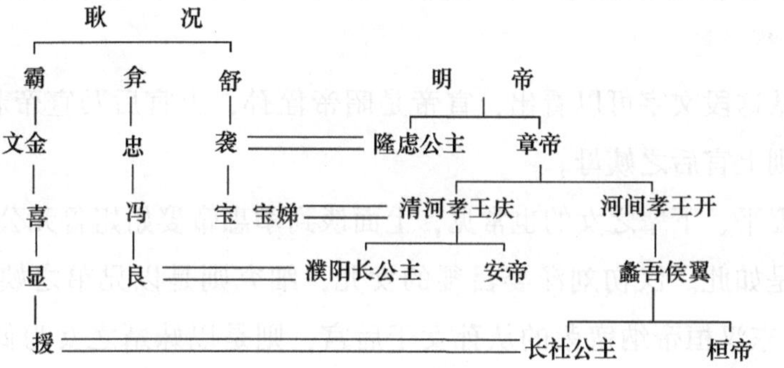

这种重亲，并且不论行辈嫁娶的还有很多，《后汉书·阴识传》云："阴识字次伯，南阳新野人也，光烈皇后之前母兄也。……子躬嗣……躬弟子纲女为和帝皇后。"

又《后汉书·阴兴传》云："兴字君陵，光烈皇后母弟也。兴弟就，……就子丰尚郦邑公主。"

这种关系用图表示是：

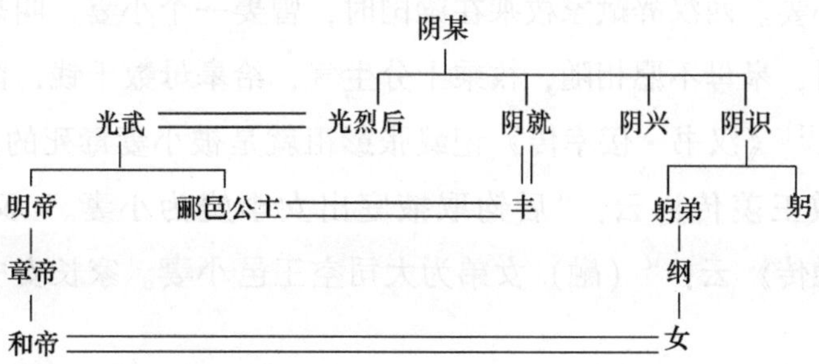

像这样的重亲关系不胜枚举，就是婚配娶上辈之女子也很多。《汉书·外戚传》云："孝昭上官皇后，祖父桀。……初，桀子安娶霍光女，……时上官安有女，即霍光外孙，……安女子入为婕妤，……月余，遂立为皇后。"又云："孝宣霍皇后，大司马大将军博陆侯光女也。……五日一朝皇太后于长乐宫，亲奉案上食，以妇道共养。及霍后立，亦修许后故事。而皇太后亲霍后之姊子，故常竦体，敬而礼之。"

从这段文字可以看出，宣帝是昭帝侄孙，上官后乃宣帝叔祖母，霍后则上官后之姨母。

娶平、下辈之女的也常见，上面谈到孝惠帝娶姐姐鲁元公主的女儿就是如此。汉初刘泽娶吕媭的女儿，细究则是以兄弟之姨侄女为妻。[9]东汉桓帝纳寇荣的从孙女于后宫，则是以妹婿之女为偶。[10]大夫之间也是如此。

六　媵妾

在汉代正式娶妻时，媵妾陪嫁的现象已不见了，不过汉代人并非严守一妻，夫妻以外的性生活还要靠媵妾之类去调剂。这时媵妾名目有很多。

有小妻。西汉辞赋家枚乘在梁国时，曾娶一个小妻，叫皋母。枚乘东归时，皋母不愿相随，枚乘十分生气，给皋母数千钱，留她同母亲相居。[11]《汉书·佞幸传》记载张彭祖就是被小妻毒死的。《后汉书·陈敬王羡传》云："后钧取掖庭出女李娆为小妻。"又《后汉书·窦融传》云："（融）女弟为大司空王邑小妻。家长安中，出入贵戚。"

汉代史料中关于小妻的记载很多。

有小妇。《汉书·元后传》载："（王）凤知其小妇弟张美人已尝适人，于礼不宜配御至尊。"汉代小妇与小妻同，大概是指一些爱妾。

有少妇。《后汉书·董卓传》云："卓朝服升车，既而马惊堕泥，还人更衣。其少妻止之，卓不从。"

有傍妻。《汉书·元后传》云："（王）禁有大志，不修廉隅，好酒色，多取傍妻。"傍妻地位比较低。

汉代也有妾。《西京杂记》载："司马相如将聘茂陵女为妾。"

有下妻。《汉书·王莽传》："又今月癸酉，不知何一男子遮臣建车前，自称汉氏刘子舆，成帝下妻子也。"《后汉书·光武纪》云："诏吏人遭饥乱及为青、徐贼所略为奴婢下妻，欲去留者，恣听之。敢拘制不还，以卖人法从事。"又十三年诏云："益州民自八年以来被略为奴婢者，皆一切免为庶人；或依托为人下妻，欲去者，恣听之。"下妻可能是对低下婢妾的统称。

有外妇。《汉书·高五王传》载："齐悼惠王肥，其母，高祖微时外妇也。"外妇大概是今天的情妇，不为社会承认。

此外，还有傅婢、御婢，都是一类。汉代小妻、傍妻不止一人。西汉定陵侯淳于长被诛时，有小妻六人，皆弃或更嫁。[12]东汉王畅则自称有小妻三十七人。[13]至于无子买妾更为寻常。

七 昭君再嫁

王昭君出塞的故事是妇孺皆知的，但是对昭君出塞后再嫁的事并不是人人都清楚。《后汉书·南匈奴传》载：

> （汉元帝时，呼韩邪来朝）帝召五女以示之。昭君丰容靓饰，光明汉宫，顾景裴回，竦动左右。帝见大惊，意欲留之，而难于

张大千《明妃出塞图》

失信，遂与匈奴。生二子。及呼韩邪死，其前阏氏子代立，欲妻之，昭君上书求归，成帝敕令从胡俗，遂复为后单于阏氏焉。

这里前阏氏子就是呼韩邪的继承人复株累单于，他收娶王昭君后，曾生两个女儿，“长女为须卜居次，小女为当于居次”。[14]王昭君改嫁这一事实是对汉代匈奴婚姻形式的一个生动写照。匈奴是分布在蒙古高原北部的一个古老民族，“逐水草徙，无城郭常居耕田之业”。匈奴在汉代渐渐发展起来，常南下侵扰，威胁汉王朝的安全。当时匈奴社会制度和风俗还比较落后，收继婚是这里主要婚姻形式之一。《史记·匈奴列传》记载：（匈奴）“父死，妻其后母，兄弟死，皆取其妻妻之。”

汉朝初年，由于国力虚弱，一直推行和亲政策，以后也是和和打打，两国之间也常有使节往来，一次，汉使者到匈奴去，单于非难汉使道：“汉，礼义国也，贰师道前太子兵反，何也？”

汉使也不肯示弱，语带讽刺地回答道：“然乃丞相私与太子争斗，太子发兵欲诛丞相，丞相诬之，故诛丞相。此子弄父兵，罪当笞，小过耳，孰与冒顿单于身杀其父代立，常妻后母，禽兽行也。”[15]

关于汉初冒顿单于杀父自立，又娶父爱妻之事，《汉书·匈奴传》有详细记载。至于汉使骂这是禽兽行径，也未免太甚，因为他不了解收继婚制是当时匈奴社会的一般风俗。实际上，匈奴当时实行这种婚姻形式，有它特殊的社会背景。投降匈奴的中行说对这种婚姻制的成因和功能，论述颇妥帖。他说：

匈奴之俗，人食畜肉，饮其汁，衣其皮，畜食草饮水，随时转移。故其急则人习骑射，宽则人乐无事。约束轻，易行也；君臣简易，一国之政犹一身也。父子兄弟死，取其妻妻之，恶种姓之失也。故匈奴虽乱，必立宗种。今中国虽详不取其父兄之妻，亲属益疏则相杀，至乃易姓，皆从此类。[16]

在汉代的少数民族中，不独匈奴广泛存在收继婚制，其他少数民族也亦然。在汉代，汉室曾与乌孙数度和亲，此事《史记》和《汉书》都有记载。汉元封时，乌孙王派人来求婚，送来一千匹马作聘礼，汉室就把江都王建的女儿细君，嫁给乌孙。乌孙王昆莫，娶她为右夫人，公主客居他乡，极度悲愁，她曾作歌曰：

吾家嫁我兮天一方，远托异国兮乌孙王。穹庐为室兮旃为墙，以肉为食兮酪为浆。居常土思兮心内伤，愿为黄鹄兮归故乡。[17]

细君虽然日夜怀乡，可是乌孙的继婚制却紧缚着使她无法脱身，当他的孙子岑陬收娶公主时，公主曾扼而不允，然汉朝因为外交的关系，竟强令公主从其国俗。公主死后，岑陬的续弦是汉室楚王戊的孙女解忧公主，后来岑陬死了，承继王位的是翁归靡，又娶了解忧公主。迄翁归靡死，承他王位的是少主狂王，他也同样地收继解忧公主为妻。

乌孙的收继婚没有行辈的限制。无论被收者是再嫁或三嫁的老妪，继承者同样照例收继她。此外，其他少数民族，如居于三危山的西羌，居乌桓山的乌桓，都有收继婚的风俗。

《后汉书·西羌传》谈到西羌的风俗说：“父没则妻后母，兄则纳釐（意寡）嫂，故国无鳏寡，种类繁炽。”

《后汉书·乌桓鲜卑列传》说乌桓的风俗是：“其俗妻后母，报寡嫂，死则归其故夫。”

在汉代，边疆的少数民族一般比较落后，所以婚姻制度还遗留有浓厚的后期氏族社会的特点。收继婚是汉时少数民族的主要婚姻制度之一。

八　李夫人

历史上有所谓的女祸，这都是一些庸俗文人的杜撰。在传统社会中，女子地位这般低下，怎么会酿祸成灾呢？堂堂的皇帝不能理国治民而诿罪于妇女，这是自欺欺人。我们常谈夏桀的妺喜、商纣的妲己、周幽王的褒姒，都觉得她们如三个昏君一样可恶可恨，这当然是片面的。杜甫有诗说："不闻夏殷衰，中自诛褒妲。"况且在中国历史上，上自帝王大臣，下至一命之士，都是一妻多妾；粉白黛绿，固宠争妍。宠盛则加诸膝，宠衰则弃诸渊。老子说："天地不仁，以万物为刍狗。"《汉书·外戚传》记载李夫人病重中不愿见武帝乞恩一事，很令人深思：

> 初，夫人病笃，上自临候之，夫人蒙被谢曰："妾久寝病，形貌毁坏，不可以见帝。愿以王（指所生昌邑王博）及兄弟为托。"上曰："夫人病甚，殆将不起，一见我属托王及兄弟，岂不快哉？"夫人曰："妇人貌不修饰，不见君父。妾不敢以燕媠见帝。"上曰："夫人弟（只）一见我，将加赐千金，而予兄弟尊官。"夫人曰："尊官在帝，不在一见。"上复言欲必见之，夫人遂转乡（向）歔欷（叹息）而不复言。于是上不悦而起。夫人姊妹让之曰："贵人独不可一见上属托兄弟邪？何为恨上如此。"夫人曰："所以不欲见帝者，乃欲以深托兄弟也。我以容貌之好，得从微贱爱幸于上。夫以色事人者，色衰则爱弛，爱弛则恩绝。

上所以挛挛顾念我者，乃以平生容貌也。今见我毁坏，颜色非故，必畏恶吐弃我，意尚肯复追思闵录其兄弟哉！”

等到李夫人死后，武帝果然厚礼埋葬，并且优遇其兄弟。其“色衰爱弛，爱弛恩绝”数语，真能说出男子爱博不专之心理。李夫人幸而早卒，恩礼不替，否则必为陈阿娇之续。白乐天咏王昭君：

汉使却回凭寄语，黄金何日赎蛾眉。

君王若问妾颜色，莫道不如宫里时。

短短二十八字巧妙道出受宠者的希冀心理。在传统社会中的女子，特别是深居春宫者，命运是十分悲哀的。

九　张敞画眉

张敞在汉代是京兆尹。他妻子很漂亮，两人生活非常和谐。张敞常在家中为妻子画眉，这个花边新闻被人传了出去。当时有人上奏汉宣帝，说这违犯了礼法。宣帝听了后，颇为生气，便把张敞叫去责问。张敞回答很是巧妙：“臣闻闺房之内，夫妇之私，有过于画眉者。”宣帝平素十分赏识张敞的才华，见他如此机智，也被逗乐了，只一笑了之。张敞为妻画眉，本是夫妻私事，却被人作为把柄，谗告皇廷。假若我们对礼教规定的夫妻生活的形式不甚了解，遇到这类事便不好理解。像这样的小故事，晋代还有一个更为绝妙之例。

晋代司徒王戎的太太很爱丈夫。丈夫每天出门和回家，她都要亲他一下，王戎说：“妇人亲丈夫的脸，在礼节上是不敬，以后不要这样。”

可是妻子却说：“亲卿爱卿，是以卿卿；我不卿卿，谁复卿卿？”

这四句话意思是：因为我爱你，才亲你；我不亲你，哪个亲你？妻子亲吻丈夫，完全是夫妻常情。可是在古代，像亲吻、画眉这样的事礼教是绝对不允许的。现时人们常说夫妻要“相敬如宾”，是说夫妻两人在观念上应平等相待。在古代，它的含义却才是真正的“相敬如宾”，夫妻之间像主客一样，只有敬，没有爱；只有礼，没有情。相敬如宾典出于春秋时代。在鲁僖公三十三年，晋国的大夫臼季一次旅行到冀邑（今山西河津），看见一个叫冀缺的农人在锄草，郤太太把饭盒送到田间，两口子互相恭敬，像对待宾客一样。臼季就把冀缺推荐给晋文公说：“敬是德行的总汇，能够敬的人德行一定很好。”

这样，“相敬如宾”的典故就流传开了。可是若把夫妻生活看成主宾关系，那么生活情趣、天伦之乐便荡然无存了，夫妻关系则变成纯粹的社会义务。礼教就是这样规定夫妻生活的。“上床夫妻，下床君子”是对礼教下夫妻生活的准确概括。礼教提倡“谨守礼教”“谨夫妇”去约束夫妻生活。不但如此，古人把妇人住的地方也和外面完全隔离，做到“内言不出，外言不人”，以防闭邪恶。现在称妻子为“内人”就缘于此。“男不言内，女不言外”的观念，就是这样产生的。

礼教规定的夫妻生活的准则是抹杀人性的，使妇女在婚姻生活中处于被动地位，剥夺了女子的幸福，破坏了夫妻间正常的关系。现在女子性生活的羞涩心理，不大方的作风与此传统大为相关。

古代的读书人深受礼教的影响，礼教讲究修身齐家治国，所以读书人一举一动都要谨守礼法，不能逾矩。传说有个叫薛昌绪的人，白天和妻子见面，先由女仆通报，然后才和她谈话。他说，为了要添后代，想和妻子睡觉，也要和妻子约定，然后才去。东汉有个方士，叫樊英。《后汉书·樊英传》载：

（樊英）尝有疾，妻遣婢拜问，英下床答拜。寔（陈寔，英弟子）怪而问之。英曰：“妻，齐也，共奉祭祀，礼无不答。”其恭谨若是。

这样的木僵人记载中还有不少，足见礼教之虚伪。

十 媳妇

媳妇是个合成词。媳是对丈夫父母之称，妇是对丈夫之称。媳妇这个词十分有意思，媳在妇前、妇在媳后，它说明一个男子娶妻首先是对父母而言的，对自己则是次要的。中国从来就有媳妇主义，做媳妇的道理在中国早就形成了。

女子未嫁的时候，就要开始对她进行做媳妇的训练。

《礼记·内则》说：

男女未冠笄者，鸡初鸣，咸盥漱，栉纵（意梳头），拂髦，总角（把头发扎成髻），衿缨，皆佩容臭。昧爽（亮）而朝，问何食饮矣。若已食则退，未食则佐长者视具。

《礼记·曲礼》说：

听于无声，视于无形，不登高，不临深，不苟訾，不苟笑。……立必正方，不倾听。

婚后对待丈夫的父母更要毕恭毕敬。《礼记·内则》说：

凡妇，不命适私室，不敢退。妇将有事，大小必请于舅姑。子妇无私货，无私畜，无私器，不敢私假，不敢私与。

又说："在父母舅姑之所，有命之，应唯敬对，进退周旋慎齐，升降出入揖游，不敢哕噫、嚏咳、欠伸、跛倚、睇（斜）视，不敢唾洟。"

要求如此烦琐，读起来就难以全解，何况全部实行呢。这本是儒家增造的意见，但后来奉《礼记》为经，妇女的生活便更受拘束。

侍奉父母要求十分严，而对侍奉丈夫要求也不宽泛。《仪礼经传通解》说：

妇人以顺从为务，贞慤为首，故妇人事夫有五：
平旦缅笄而相，则有君臣之严；
沃盥馈食，则有父子之敬；
报反而行，则有兄弟之道；
受期必诚，则有朋友之信；
惟寝席之交，而后有夫妇之际。

这种规定，已把夫妇的上下地位截然分开。

先秦的妇女没有自己的名字，到汉代才有。先秦时代妇女的称呼，或以字配姓，如伯姬、仲子、孟姜；或以姓系夫氏，如卫孔姬，晋赵姬；或以姓系夫爵，如楚息妫，齐棠姜，鲁齐姬；或以姓系夫谥，如宋共姬，齐昭姬；或系于子，如陈夏姬，宋景曹。

十一　妇教

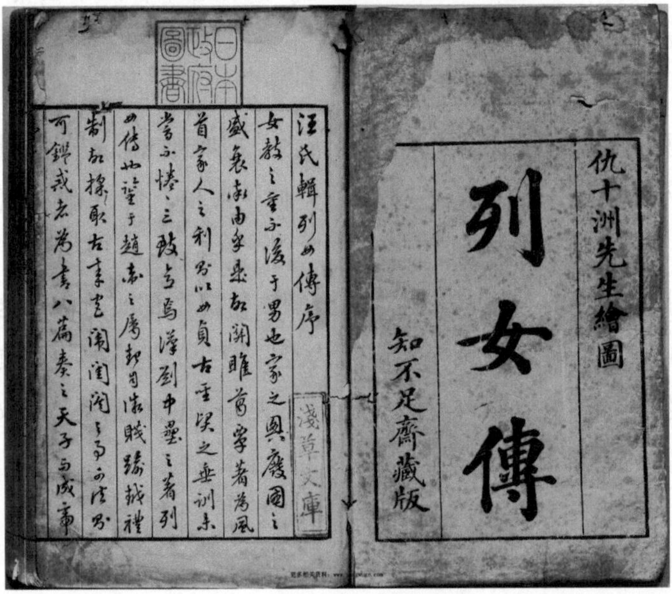

《列女传》书影

汉代是我国社会传统形成的重要时期。汉代妇教是对妇女进行压迫性教育的一个很好的总结和开端。这时不但朝廷提倡礼法，社会上也有人以礼法裁定女子的生活。西汉刘向作过一部《列女传》，目的是见成帝后宫荒乱，用以鉴戒的。现存七篇：母仪、贤明、仁智、贞顺、节义、辩通、孽嬖。每篇十五传。东汉班昭作《女诫》七篇：卑弱、夫妇、敬慎、妇行、专心、曲从、叔妹。这两本书成为后代讨论女子生活的范本。

《列女传》前五篇中的名传，都是刘向以他所悬拟的标准，采录妇女的佚事所作的简单传记。据他所说：

母仪标准是："行为仪表，言则中义。胎养子孙，以渐教化。既成其德，致其功业。"

贤明标准是："廉正以方。动作有节，言成文章。咸晓事理，知世纪纲。"

仁智标准是："豫识难易。原度天道，……归义从安……专专小心。"贞顺标准是："避嫌远别，……终不更二，……勤正洁行，精专谨慎。"节义标准是："必死无避。……诚信勇敢，……义之所在，赴之不疑。"刘向所拟定的几个题目，是为妇女提供生活准则的。他并不希望妇女条条均能做到，只要有一善可录，便是他要赞颂的。后来列女传，多重视"节义"，比刘向苛刻多了，相较之下，刘向还有点通情达理。

可是一百年后，女圣人班昭作《女诫》就能看出某些蛮横的味道。班昭是史学家班固的妹妹，家学渊源深厚。其夫曹世叔死后，和帝召她入宫，命皇后、贵人师事之，号称"曹大家"。后又为其兄续作《汉书》，公卿大儒如马融等辈都曾跟她问业。在这些方面班昭是有成就的。可是她作的《女诫》一书却极力压抑自己的同性，其中包括男尊女卑的观念，夫为妻纲的道理，三从四德的典型，等等。这些说法虽早已有之，但很散漫、浮泛，前人刘向虽有整理，仍不过是罗列一些史事，直到班昭才使之理论化、系统化，形成一把牢固的铁锁，套在妇女的脖子上。

《女诫》共七篇，约一千六百字，主要是讲男尊女卑、三从之道和四德之义。班昭说："古者生女三日，卧之床下……明其卑弱、主下人也。""阴阳殊性，男女异行。阳以刚为德，阴以柔为用。男以强为贵，女以弱为美。故鄙谚有云：生男如狼，犹恐其尪（wāng，弱）；生女如鼠，犹恐其虎。"[20]班昭所谈的女子阴弱，以至如此。

她在谈到夫妻的关系时又说：

夫有再娶之义，妇无二适之文。故曰夫者天也。天固不可逃，夫固不可违也。行违神祇，天则罚之，礼义有愆，夫则薄之。故事夫如事天，与孝子事父，忠臣事君同也。[21]

夫妻之间有天壤之别，丈夫是女子的家长，曲不能争，直不能讼。她在“敬慎”中讲到，夫妇之好应当终身不离，要想终生不离，就不要丈夫发脾气。怎样才能使丈夫不发脾气，就在于不要有侮辱丈夫的想法。怎样做到这点，就是千万莫与丈夫开玩笑，应当把自己看成是丈夫的附属品。

班昭更无理地把夫妻的关系看成一种恩的关系。夫妻结合是丈夫对妇女的一种恩，这种思想不知毒害了多少女子。就是现在，许多女子讨不得丈夫的欢心，却仍然不能忘情于丈夫，为什么？因为她曾受过他的恩。不但夫妇之间如此，就是桑间濮上男女路遇野合，在女的方面，总以为受了他的恩惠。真是岂有此理，这恐怕就是造成夫妇间有恩无爱的原因。

班昭还对妇女生活立了一个总的原则。这就是常说的“四德”，即妇言、妇容、妇功，对此班昭在《女诫》中还有所说明：

“妇德，不必才明绝异也。”“幽闲贞静，守节整齐，行己有耻，动静有法，是谓妇德。”

“妇言，不必辩口利辞也。择词而说，不道恶语，时然后言，不厌于人，谓是妇言。”

“妇容，不必颜色美丽也。盥浣尘秽，服饰鲜洁，沐浴以时，身不垢辱，是谓妇容。”

“妇功，不必工巧过人也。专心纺织，不好戏笑，洁齐酒食，以奉宾客，是谓妇功。”

汉代“三纲五常”“三从四德”这一些传统观念形成了。前者是束缚中国人精神上的枷锁，后者又专门为中国妇女造了一副脚镣。

【注释】

[1] 见《汉书·宣帝本纪》。

[2] 见《通典》卷五十八。

[3] 见《汉书·王莽传下》

[4] 见《后汉书·列女传》。

[5]《后汉书·戴良传》。

[6]《潜夫论·浮侈》。

[7] 见《汉书·宣帝本纪》。

[8] 见《汉书·外戚传》。

[9] 见《汉书·荆燕吴传》。

[10] 见《后汉书·寇荣传》。

[11] 见《汉书·枚乘传》。

[12] 见《汉书·孔光传》。

[13] 见《后汉书·梁节王畅传》。

[14]《汉书·匈奴传》。

[15]《汉书·匈奴传》。

[16]《史记·匈奴列传》。

[17]《汉书·西域传》。

[18]《汉书·张敞传》。

[19]《女诫·卑弱》。

[20]《女诫·敬慎》。

[21]《女诫·夫妇》。

第五章

魏晋南北朝

秦汉出现的统一局面为黄巾农民大起义所冲断，从公元220年至公元581年中国出现几百年的社会大分裂时期，这就是魏晋南北朝。如果以分裂的南北王朝兴衰为系，三国的吴、东晋和南朝的宋、齐、梁、陈，都以建康（今江苏南京）为首都，故又有六朝之称。这一时期，政局混乱，战乱迭出，儒学礼教的社会作用相对减弱。道家思想兴盛，佛教传入，民族大融合，人们的思想呈现出从纲常樊篱中解放出来的趋势。秦汉时严肃社会婚姻道德的倾向暂时中断，人们的婚姻生活形式多样，扑朔迷离。强烈的士庶门第观念使等级盛行，并引起婚娶失时、财婚、劫婚、溺女等不健康的社会现象。少数民族大量内迁，带来落后的婚姻习俗，宫闱之丑，中菁之乱，秽不堪言。在这时代，妇女社会地位较前后各代为高。妇女妒性颇为发达，社会婚姻生活出现一夫一妻倾向。

一　早婚

早婚在魏晋南北朝时期非常盛行。早婚的现象起源很早。春秋战国时期，各诸侯基于生育政策都提倡早婚，这可以说是早婚肇祖。此后，各朝代都把人口的增长作为社会繁荣的标志，历代帝王都提倡生殖，提倡早婚。汉惠帝六年令：“女子年十五以上，至三十不嫁，五算。”[1]这是用加重收赋的办法倡导早婚。这时帝王的婚配年龄也相当小。汉昭帝始立时，年仅八岁，上官皇后年甫六岁。皇后立十年，而昭帝崩，皇后这时才年满十五。汉平帝继位时，年仅九岁，王莽以女嫁之，当时王莽女儿年亦始九岁。女圣人班昭也是十四岁时就执箕帚于曹世叔家。

沿至晋代，倡导早婚，较汉更甚。晋武帝九年制：“女年十七，父母不嫁者，长吏配之。”[2]这时的烈女严宪、龙怜皆是十三而嫁，一则十八嫠居，一则未逾年而寡。[3]

这种情况在南北朝时反映更加集中。南朝梁高祖丁贵嫔年十四归高祖；陈文帝沈后于十岁余归文帝。北朝魏献文帝让位时，年十七，而儿子孝文帝已五岁；魏道武帝十三岁生明元帝（按王树民校）；景穆太子十三岁生文成帝。北齐亦然，北齐杀王族高俨时，年才十四岁，已有遗腹子五人。而后并令曰：“女年二十以下，十四以上，未嫁悉集省，隐匿者家长处死刑。”这比起汉代十五而嫁，又减了一岁。北周建德三年诏：“自今以后，男年十五，女年十三以上，……所在军民，以时嫁娶。”[4]这又减了一岁。到了唐代，政府才稍革早婚之俗。唐贞观元年，诏民男二十，女十五以上，无夫家者，州县以礼聘娶。但是到了开元二十二年继诏：凡男十五以上，女十三以上，于法皆听嫁娶，又恢复了早婚陋俗。太宗文德顺皇后就是十三而嫁的。[5]

早婚的现象是古代中国确定婚龄方面的一个显著特点。

二 婚姻重门第

魏文帝实行九品正中制，在各地设立中正官，品评各地士民品行，以供朝廷选用做官。然而为中正官者分别高下，任意尊卑，惟计门阀官资，故至当时有“上品无寒门，下品无世族”之谓。世族的地位在当时相当高，他们常恐其品为寒门所夺，遂自矜高贵，而压抑寒门。士族为士，平民为庶，士庶界限划分极其严格。为了保持这种界限，通婚是绝对不能允许的。士人若不幸与庶民通婚，则社会以为耻辱。在庶族方面，则以偕偶士族为荣幸，即使士家坐罪没官之妇女，寒门也感到十分难得。这种情况在南北朝时更厉害。南齐王源嫁女富阳满氏，沈约奏弹王源，文载《昭明文选》：

> 满氏姓族，士庶莫辨，……王满连姻，实骇物听。……高门降衡，虽自已作，蔑祖辱亲，于事为深。此风弗剪，其源遂开，点世尘家，将被比屋。宜置以明科，黜之流伍，使已泛之族，永愧于昔辰。方媾之党，革心于来日。请以见事免源所居官，禁锢终身，辄下禁止视事如故。……源官品应黄纸，臣辄奉白简以闻。

婚嫁本是自家的事，却遭到这样的干涉。

北朝这种情况更甚。北魏和平四年诏：“皇族、师傅、百王公侯伯及士民之家，不得与百工、伎巧、卑姓为婚，犯者加罪。”

婚姻重门第流弊很多：

（一）失时。为标榜门户起见，嫁妇娶女都十分奢侈、铺张，就是家境不怎么样的，也不甘菲薄。由于经济原因，嫁娶多失时，北魏孝文帝曾诏禁止。太和二十年，更诏男女失时者如仲春奔会之礼会合，但也没有什么改变。北周建德三年也有这样的诏告。

（二）劫婚。门第既然非常严格，就出现了一方求婚，另一方不与的情况，所以劫婚的风俗出现了。北魏高乾求婚于博陵卢氏，门第差别太大，没有被答应，乾便与弟弟高昂前去劫之。

（三）溺女。因为嫁女需要大量的妆奁，所以贫苦的人家，便不愿养女。《颜氏家训·治家》说："太公曰'养女太多，一费也。'陈蕃云：'盗不过五女之门。'女之为累，亦已深矣。然天生蒸民，先人传体，其如之何。世人多不举（养）女，贼行骨肉，岂当如此，而望福于天乎？"

这种重门第的现象直到唐朝后期，随着士族的衰落而消失。魏晋南北朝时，婚娶重门第是婚姻生活一个重要的问题，它对婚姻生活的影响，并不仅仅是上述几方面。

三 财婚

由于魏晋南北朝时期婚娶重视门第，婚礼便争多竞奢。反过来，就变得更为重门第。因为门第高的人家，资财一般是较多的。重门第、争婚礼是互为因果的，赵翼在《廿二史札记》中曾谈到这个问题：

> 魏、齐之时，婚家多以财币相尚。盖其始高门与卑族为婚，利其所有，财贿纷遗。其后遂成风俗，凡婚嫁无不以财币为事，争多竞少，恬不为怪也。

赵翼的看法无疑是正确的，对这种社会问题，最后政府竟出面干涉。

魏文成帝诏曰："贵族之门，多不奉法，或贪利财贿，无所选择，令贵不分贱，亏损人伦，何以示后。"从这个诏令可以看出当时财婚的情况。据《封述传》记载："述为子娶李士元女，大输财聘，及将成礼，犹竞悬违，述忽取供养像对士元打像为誓，士元笑曰：'封公何处常得应急像，须誓便用。'一息取范阳卢庄之女，述又经府诉云：'送骒（kè，母马）乃嫌脚跛，评田则云咸薄，铜器又嫌古废。'皆为吝啬所及，每致纷纭。”从上些事例中，我们可以看出当时财婚时俗。

四　谢王联姻

谢王是六朝时有名的士族。六朝时，士庶等级分明，士族和庶族不互相通婚，等级婚是社会普遍现象。等级婚实际上是一种内婚制。谢王联姻是六朝内婚制的有名例证。一般来说有血缘关系的内婚制往往对后代产生生理上的影响，这种现象到春秋战国时人们已认识到了，所以在礼法上要求禁止。可是到了汉代，血缘重亲之事屡屡发生。六朝士族内婚更是变本加厉。谢王二姓实际上就构成了一个联姻集团。这里有一个奇怪现象，谢王二姓虽然内部联婚，然而看不出对后代生理有什么大的影响，几乎代代人才辈出，谢王两家在历史上有名的人各达四十之多。谢氏自谢鲲谢裒始，历十世不衰；王氏自王祥王览始，亦历十世。古人说：“君子之泽，五世而斩。”而谢王各经十世，一直二姓联姻，不以血缘亲密为嫌，堪称例外。现把可考谢王联姻事附图如下：

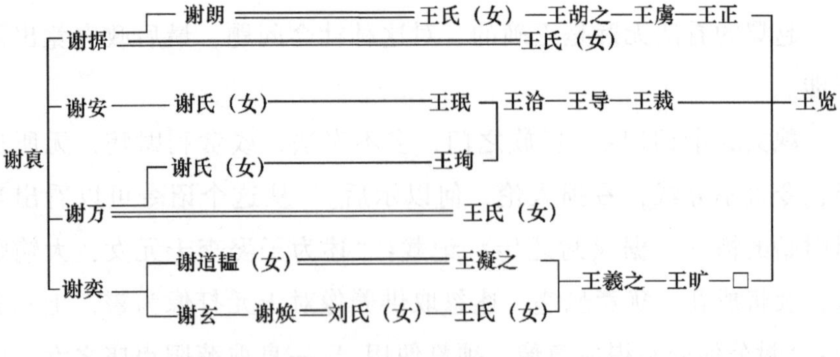

（注：表中“ ═”线表示联姻关系。其中与谢据、谢万成婚两王氏属自王览后第四代，血亲渊源不可考。）

王谢内部联姻不但没有减退族气，且使祖气更旺，这个问题值得考虑。六朝流行门第婚姻，晋初大族的婚姻，不出于王、谢、卫、羊、郄几姓。两晋的书法应首推王卫二姓，王氏自王旷至王淊之，前后出书法大家九人；卫氏自卫觊至卫夫人之子李充，前后出书法大家八人。二姓出的书法天才为什么这么多呢？《书史会要》称王与卫“世为中表”。《书法要录·传授笔法人名》说：蔡邕传书法于其女文姬，文姬传之钟繇，钟繇传之卫夫人，卫夫人传之王羲之。这里到底是师承关系起作用，还是中表血亲关系起作用，恐怕难以定夺。

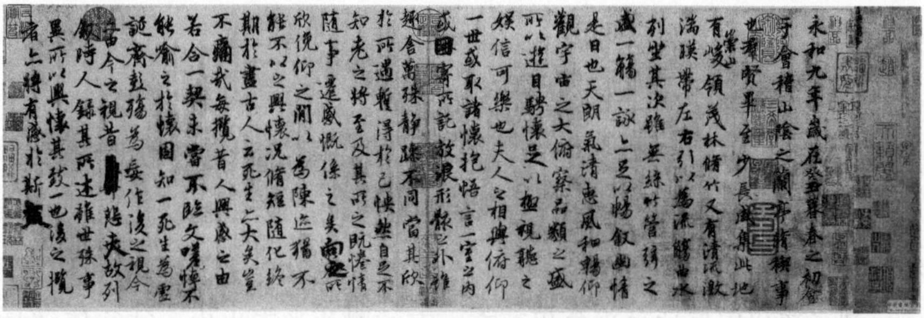

王羲之《兰亭集序》摹本

五　指腹为婚

指腹为婚的现象在南北朝非常盛行。这是六朝士人风雅风气对婚姻生活的一种影响。士人秉意追求雅兴，把儿女的婚事常视作儿戏，以示高逸。指腹为婚的事在六朝史料中屡见不鲜。《魏书·王宝兴传》载：

宝兴母及卢遐妻俱孕。浩谓曰：“汝等将来所生，皆我之自出，可指腹为婚”。

《南史·韦睿传附韦放传》亦载：

放与吴郡张率皆有侧室怀孕，因指为昏姻。

指腹为婚的现象还可以上溯到汉代，如上章谈到《后汉书·贾复传》载贾复破贼重伤后，光武帝许婚事。魏晋南北朝以后，指腹为婚的现象仍存在。元以后的法律对这种事曾加以制止。《元史·刑法志》云：

诸男女议婚，有以指腹割衿为定者，禁之。

明《户令》亦载：“凡男女婚姻各有时，或有指腹割衫襟为亲者，并行禁止。”

到了清代以后这种现象仍存在，有的婴儿尚未出生，往往依“插朵花儿待儿生”的观念抱童养媳入门，称曰：“望郎媳”。对指腹为婚或襁褓童幼之时轻许为婚，司马光倍觉不妥，他说：

及其既长，或不肖无赖，或有恶疾，或家贫冻馁，或丧服相仍，或从宦远方，遂致弃信负约，速狱致讼者多矣！[6]

六 婚仪

六朝时期对于婚姻“六礼”多不遵循。晋武帝立皇后杨氏，成帝拜皇后杜氏，群臣皆贺，当时认为这样做是失礼。迄至穆帝升平元年纳何后，太常王彪之定制，始依“娶妇之家三日不兴乐”的古训，不复贺。后来博士胡纳入建议迎娶皇后大贺，宜设鼓吹而不作，后制度多变。南朝则“六门之外有别馆，以为诸王冠昏之所，名曰昏第”。六朝时婚俗十分浮丽，以至“同牢之费华泰尤甚，膳羞方丈，有过王侯。富者扇其骄风，贫者耻躬不逮，或有供帐未具，动致推迁”，“乃至班自不婚”，所以齐武帝以“合卺之礼无方，宁俭之义斯在。教之”。[7]

北朝，魏孝文帝就有禁止奢婚的诏令，临淮王孝友亦以“共食合瓢，足以成礼，而今之富者弥奢，同牢之设，甚于祭槃”为不可。事实上在孝文帝以前，诸王纳妃皆乐部给伎，以为嬉戏。在北齐有结婚的夜晚捉弄女婿的仪式。段昭仪的兄妻元氏，就是以此触文宣怒。[8]在北周，牢羞之费仍罄竭资财，武帝时曾发诏禁止。[9]

魏晋时，民间还有“拜时”的风俗，先拜公公、公婆，即成妇道，然后再行迎娶。还有“三日妇”的风俗，就是先结婚，不见公公、公婆，同牢共衾三日以后再迎娶。

七 拜时婚

拜时婚在东汉末期就出现了，这种风俗一直延续到魏晋南北朝时。拜时是一种婚礼。从东汉末年到南北朝时，由于时局动乱，战争频繁，男女双方往往被迫结合。由于情非所愿，而且社会不安，婚礼举行也十分草率。婚礼时，只好用一种轻纱罩在新娘头上，新郎把它掀开，新娘拜见公婆就成了礼。古代婚礼中新娘头上戴纱可能就起源于此。

新娘头上戴纱，在古代可帮了不少丑姑娘的大忙。当时，男女结婚以前不能见面，新娘的美或丑只有靠碰运气了。晋代的许允娶了一个姓阮的丑女子。他们进入洞房，许允打开新娘的盖头巾一看就想溜走，新娘子拉着许允的衣角不放。许允问新娘道："女子有四德，你有几德?"

新娘说："我只缺妇容一德，郎君！你是读书人，读书人有百行，你也好色不好德呀!"

六朝时，婚礼没有以前庄重，《南齐书·礼志》记载：南齐永泰元年，尚书令徐孝嗣奏请皇上下令民间重视婚礼，"夫人伦之始，莫重冠婚。"古礼规定新娘入了洞房，要用四个高酒盏盛合卺（jǐn）酒，南齐的百姓改用一种方形的食器装酒，徐孝嗣认为这样不妥，"有违旨趣"。

闹新房的风俗这时也十分盛行。南朝刘宋以来就有新婚三天无大无小的风俗。新娘子第二天拜公婆的时候，客人站在一边开新娘的玩笑，在大庭广众中问新娘子昨夜洞房中事，多不堪入耳。新娘子如果不答应就被鞭打，或脚被倒挂起来。许多新娘因闹房受了伤。

北朝的婚仪和南朝略有不同。南朝的婚仪依东汉以来的规矩，礼物多到二十几样。北朝则比较简单。北齐的嫁娶聘礼只要羔羊一只、雁一只、酒、黍、稷、米、面各一斛。皇子和王公以下到九品官都是一样，一般的平民减半。

八　女子妒性发达的时代

按西方的传说，"嫉妒"是从潘多拉的盒子飞出来的人类七大罪恶之一，是人的本性，实际不然。

性嫉妒的开始同财产私有化的过程联系在一起。在财产私有的夫权制建立以后，女人就成为私有的东西，女人作为妻子便对其他与丈夫有来往的女人产生妒性。关于性嫉妒这个问题以后篇目中还要讲到，这里主要谈谈魏晋南北朝女子性嫉妒的发达。

女子的妒性在汉代已初见端倪。《汉书·王吉传》中王吉曾言："汉家列侯尚公主，诸侯则国人承翁主，使男事女，夫诎于妇，逆阴阳之位，故多女乱。"说明汉代已有此陋习。汉朝的公卿多娶皇亲王族为妻，女家的地位高，自然不会听男的话，除自己淫乱之外，反过来要限制男的。这种情况在后来大有发展。

东晋时，"谢安深好声乐，每以妓女相随，后颇欲立妾，而其妻刘夫人戒视甚严。兄子外甥等知公之意，乃共问讯刘夫人，称《关雎》《螽斯》有不忌之德。夫人知以讽己，因问："谁撰此诗？"答云："周公。"夫人曰："周公是男子相为尔，若使周姥（指周公夫人）撰诗，当无此也！"

谢安是当时显贵大姓，尚不能娶妾，其他的更无可说了。这段故事以后传为佳话，见刘宋时虞通之所撰的《妒妇记》。在刘宋时期，公主的妒性都很发达，明帝对这件事很担心，便叫虞通之撰这部书。明帝曾赐袁慆妻死，及使人代江斅（xiào）作《辞婚表》，大都是由于憎恶妒忌的缘故。宋文帝第六女临川公主适东阳太守王藻，性妒。藻另有所爱，公主便上谗言给废帝，结果把王藻逮捕杀了，公主与王氏离婚。

宋明帝时，尚书右丞荣彦远以善棋见亲，他的妻子非常嫉妒，伤其面。帝曰："我为卿治之，何如？"彦远率尔应曰："听圣旨。"皇帝在夜晚赐药把他妻子杀了。

刘休妻王氏也是性嫉妒很强的人，明帝赐休妾打王氏二十杖，令休于宅后开小店，使王氏亲自执扫帚、皂荚类的东西来污辱她。梁武帝郗后性妒，有人说仓庚（黄鹂鸟）做食物可以治嫉妒，武帝就下令把它给郄后吃，吃完后嫉妒真减了一半，但是这东西要是吃多了面部就生斑。当时惩戒妒妇的办法真是五花八门，无奇不有。由此我们看出妇女被夹在男子腋下，连一点反抗精神也不能有。

当时社会关于妒妇的记载有很多，沈约《俗说》载一条云：

荀介子为荆州刺史，荀妇大妒，桓在介子斋中，客来便闭屏风。有桓客者，时为中兵参军，来诣荀谘事，论事已讫，为复作余语。桓时年少，殊有姿容，荀妇在屏风里，便语桓云："桓参军，君知作人不，论事已讫，何以不去？"桓狼狈便走。

还有"妒妇津"的故事，《酉阳杂俎》及其他书都有记载：

相传言，晋太始中，刘伯玉妻段氏，字明光，性妒忌。伯玉常于妻前面诵《洛神赋》，语其妻曰："娶妇得如此，吾无憾焉！"明光曰："君何以善水神而欲轻我？吾死何愁不为水神！"其夜乃自沉而死，死后七日托梦语伯玉曰："君本愿神，吾今得为神也！"伯玉寤而觉之，遂终身不复渡水。有妇人渡此津者，皆坏衣枉妆，然后敢济，不尔，风波暴发。丑妇虽妆饰而渡，其神亦不妒也。妇人渡河无风浪者，以为己丑，不致水神怒，丑妇讳之，无不皆自毁形容以塞嗤笑也。故齐人语曰："欲求好妇，立在津口；妇立水旁，好丑自彰。"

这是一个传说，不是事实。人的妒性发达原来是私有制下爱的极端表现，在平等的两性关系中，有相当的价值。但是在奴视女性的时代，嫉妒只是一种不得已的可怜的反抗，而且还会引起男人们的反感，称之为"恶德"。这也是时代的不幸啊！

九　元孝友请置妾

有人说六朝时代一夫一妻制是很严格的，由于女子妒性发达，男子置妾不被允许，所以在东魏孝静帝时就出现了元孝友奏请置妾的事。元孝友是拓拔谭的曾孙，袭兄爵为临淮王，明于政理，后入北齐被害。东魏虽然并没有置妾的委令，但从他的奏请表里可以看出当时的社会背景。

一、竞尚妒忌，使男子骛于外淫；二、宗法观念异常发达；三、妻的门第高，遂竞于妒。

诸侯一娶九女说，是丝毫不能怀疑的，元孝友乃得根据此说。又据他说，晋代已有广置妻妾之令。“晋令：诸王置妾八人，郡公、侯妾六人。官品令：第一、第二品有四妾；第三、第四有三妾；第五、第六有二妾；第七、第八有一妾”，他继续说：

> 所以阴教聿修，继嗣有广。广继嗣，孝也；修阴教，礼也。而圣朝忽弃此数，由来渐久。将相多尚公主，王侯娶后族，故无妾媵，习以为常。妇人多幸，生逢今世，举朝略是无妾，天下殆皆一妻。
>
> 设令强志广娶，则家道离索，身事迍邅（zhūn zhān，迟迟不进），内外亲知，共相嗤怪。
>
> 凡今之人，通无准节。父母嫁女，则教之以妒；姑姊逢迎，必相劝以忌。持制夫为妇德，以能妒为女工。自云不受人欺，畏他笑我。王公犹自一心，已下何敢二意。

元孝友还认为妇人嫉妒是奸淫兆兴的原因。男子在家不快乐，便要外淫。他说："夫妒之心生，则妻妾之礼废；妻妾之礼废，则奸淫之兆兴，斯臣之所以毒恨者也。"

他主张："请以王公第一品娶八，通妻以备九女；称事二品备七；三品、四品备五；五品、六品则一妻二妾。限以一周，悉令充数，若不充数及待妾非礼，使妻妒加捶挞，免所居官。"这是他的提议。

至于无子而不娶妾的，他说："其妻无子而不娶妾，斯则自绝，无以血食祖父，请科不孝之罪，离遣其妻。"

在奏章的最后，他申明提此主张的原因，道出了他的宗法观念和门第观念，他说："臣之赤心，义唯家国。欲使吉凶无不合礼，贵贱各有其宜。"

又说："冒申妻妾之数，正欲使王侯、将相、功臣、弟子，苗裔满朝，传祚无穷，此臣之志也。"[10]

表章奏上以后，没有执行。但这个奏章是对当时社会风貌的一个很好的描述。

妒是人的天性。《韩非子》中有个故事："卫人有夫妻祷者而祝曰：'使我无故，得百束布。'其夫曰：'何少也？'对曰：'益是，子将以买妾。'"那为什么这种情况在魏晋南北朝特别发达，其后五代也特别兴盛？既是天性，遇着不平便应激发；遇着压迫，亦应反抗。可是压迫力过大时，也就激发不出了。中国每当承平的时代，礼教的势力便会膨胀。礼教认为"妒忌"是妇人的"恶德"，悦夫是妇人的"本分"。父母告诫谆谆，乡党人言啧啧。在做女儿时，已在极力训练其服从，不得萌蘖。结婚以后，受到环境的限制，逼你驯从，虽有可妒，亦不能妒。东晋以后，时势纷乱，礼教的约束力极小，个性异常发达，妒性遂得在妇女天赋中复活。丈夫富贵，其妻常恐其娶妾，也可以发生妒意。

在六朝亦有不妒受罚的事。元魏北海王详娶宋王刘昶女，高太妃杖之数十，曰："妇人皆妒，何独不妒？"刘妃笑而受罚，独无所言。不妒受罚，煞是奇怪。

十 宋世闺门无礼

宋武帝刘裕是南朝的建立者。幼年贫穷，贩履为业，得天下后，对于家庭之教不甚注意。

赵倩尚文帝女海盐公主。起初兴王濬出入宫掖，与海盐公主私通。倩知之，与主肆詈搏击。这件事情被宋文帝知道，文帝便下诏让他们离婚，杀掉公主的生母蒋美人。[11] 宋孝武帝闺庭更是无礼，"有所御幸，留止太后房内。故民间谊然咸有丑声。宫掖事秘，莫能辨也。"[12] 他还同南郡王义宣诸女淫乱，义宣因此举兵反叛。后义宣失败，帝又偷偷地把他的女儿纳入宫，假称殷氏，拜为淑仪。左右有把这个秘密泄出去的都被杀了。殷氏死，帝命谢庄作册文。[13]

更有甚者是废帝姐姐山阴公主淫恣过度，谓帝曰："妾与陛下虽男女有殊，俱托体先帝，陛下后宫数百，妾惟驸马一人，事不均平，一何至此？"

这样，做皇帝的弟弟为她置面首（为了满足女人性欲的男人）左右三十人。山阴公主还不满足，她看吏部郎褚渊貌美，让帝命褚渊侍奉她。褚渊誓死不愿意，过了十几天才算了事。[14]

宋明帝也是个荒淫的皇帝，他让妇人脱光衣服供观赏。王皇后目不忍睹，独个儿用扇子挡着面。帝看到大怒说："外舍家寒乞，今共为笑乐，何独不视。"

皇后说："为乐之方甚多，岂有姑姊妹集聚，而裸妇人形体，以此为乐，外舍之为欢适，实与此不同。"[15]

明帝还把他的妃子陈氏赐宠臣李道儿，不久又迎回，生下废帝。所以人间都称废帝为李氏子。废帝恬不知耻，竟自称李将军，或自谓李统。[16]

齐郁林尊其母王太后，称宣德宫，置男左右三十人。这也是前代所未有的事。

十一　胎教

在古代就有胎教一说，《颜氏家训》曰：

> 古者，圣王有胎教之法，怀子三月，出居别宫。目不邪视，耳不妄听；音声滋味，以礼节之，书之玉版，藏之金柜。

当然由于时代的限制，胎教也有许多迷信色彩。《博物志·杂说篇》说的胎教有：

> 妇人妊娠，不欲令见丑恶异物、异类鸟兽。食当避其异常味。不欲令见熊、罴（pí，棕熊）、虎、豹。御及鸟射射雉，食牛心、白犬肉、鲤鱼头。席不正不坐，割不正不食。听诵《诗》《书》讽咏之音，不听淫声，不视邪色。以此产子，必贤明端正寿考。所谓父母胎教之法，故古者妇人妊娠，必慎所感，感于善则善，恶则恶矣。妊娠者不可啖兔肉，又不可见兔，令儿唇缺。又不可啖生姜，令儿多指。

胎教是古人对妇女怀孕时保气养胎的探索，多有迷信色彩，其中也有科学成分。

十二　六朝女子风雅

六朝女子的风雅是任何时代不可比拟的。“步障解围之谈，新妇参军之戏”便是风流千古的美谈。

东晋社会，崇尚清谈。书法家王献之有一次与宾客谈议，理屈词穷，嫂子谢安侄女谢道韫遣侍女转告献之说：“愿为小郎解围。”于是施青绫步障自蔽，隐身帐里，暗中告诉献之如何对答，竟然使客人讷讷然不能反驳。这就是有名的“步障解围”。谢道韫的才辩和风致，颇为当时人仰慕、推重。太守刘柳久闻其名，曾请与谈议。道韫同样素知刘柳的名声，便簪髻素褥，端坐帷帐之中，待太守光临。刘柳束衣整带，登门拜访。谈吐中，只见道韫“风韵高迈，叙致清雅，先及家事，慷慨流涟，徐酬问旨，词理无滞”。刘柳告辞后，赞叹道：“实在是前所未见，瞻仰她的言谈和才气，真使人心形俱服。”

当时同郡人张玄的妹妹亦颇有才质，嫁给姓顾的人家为妻。张玄对妹十分称道，认为她足以同道韫匹敌。当时济尼同谢、张两家都有交往，有人问她对她们两人的印象评价如何，济尼回答道：“王夫人神情散朗，故有林下风气；顾家妇清心玉映，自是闺房之秀。”

这可谓各有千秋，后来人们称妇人超逸之致为“林下风”就是来源于此。

“新妇参军之戏”是说王浑与其妇钟氏之事，王浑与妇钟氏共坐，其侄从庭过，浑欣然谓妇：“儿生如此，是慰人意。”

而钟氏却说：“若使新妇得配参军，生儿故可不啻如此。”

钟氏在丈夫面前以夫弟打诨，若不是看破礼教怎么能做得到。

六朝时，女子不但风致高逸，而才气亦很高。西晋女文学家左芬（据出土墓志，芬应作棻）就是一例。左芬是文学家左思的妹妹，年少好学，工于文辞，武帝听说她有文采，纳为妃嫔。《晋书·后妃传》中有她的传记。左芬的诗语言朴实无华，自然亲切，确是至情之作。《古诗源》载有她一首四言《啄木诗》，颇有特色：

南山有鸟，自名啄木，
饥则啄树，暮则巢宿。
无干于人，惟志所欲，
性清者荣，性浊者辱。

左芬著名作品应是《离思赋》，诉说自身锁闭深宫、骨肉乖离的忧伤，情辞哀婉，悱恻动人。

除左芬以外，鲍照的妹妹鲍令晖也是一个情深才高的女文学家。鲍令晖同左芬可以说是无独有偶，她们的哥哥都是一代文学巨匠，诗歌圣手；兄妹之间同样能互相友爱，相互推崇。鲍令晖作的大都是一些爱情诗，崭绝清巧，悄意缠绵，委婉含蓄，别开生面。如《寄行人》：

桂吐两三枝，兰开四五叶。
是时君不归，春风徒笑妾。

这是鲍令晖创作总的风格，比起同时一般文人所写浮艳绮靡的宫体诗，她的创作，在南朝诗歌园地里，不啻一枝独立开放的奇葩。

这时女子才调很高的还有盘中诗的作者苏伯玉妻、回文诗的首创者苏蕙等。书法园地中，卫铄也堪称一杰。卫铄是汝阳太守李矩之妻，出身于书法世家。她擅长隶书和正书。当时大书法家钟繇曾称赞她的书法说："碎玉壶之冰，烂瑶台之月，婉然芳树，穆若清风。"

唐人书续在《墨薮》中对她推崇备至，称赞说："卫夫人书，如插花舞女，低昂芙蓉；又如美女登台，仙娥弄影；又若红莲映水，碧沼浮霞。”

总之，魏晋南北朝时期的女子是十分风雅的，有气韵、有风致、有雅兴、有才调，这都说明礼教束缚在这一时期的相对减弱。当然并不是所有女子都是如此，上面所举都是一些贵族妇女的代表。[17]

十三　子贵母死

大凡人情，一人得道，鸡犬升天，子贵家荣，母随子贵。可是，在六朝的北魏，子贵母死却是常事，如果妃子（皇后除外）生的儿子被立为太子，母亲按规例要赐死。这种制度在婚姻史上实不常见。为查明其源，须从魏选皇后说起。《魏书·皇后传》载：

> 又魏故事，将立皇后必令人铸金人，以成者为吉，不成则不得立也。

铸金人是北魏流传下的一种迷信，北魏皇帝的确按这种方式来挑选皇后。例：

> 道武皇后慕容氏，宝之季女也。中山平，入充掖庭，得幸。左丞相卫王仪等奏请立皇后，帝从群臣议，令后铸金人，成，乃立之，告于郊庙，封后母孟为溧阳君，后崩。[18]

有些妃子，深得御幸，可是因为铸不成金人，不能立为后，这些妃子如果生下儿子选作太子，按旧制，要被赐死。例：

道武宣穆皇后刘氏，刘眷女也，登国初，纳为夫人，生华阴公主，后生太宗。后专理内事，宠待有加，以铸金人不成，故不得登后位。魏故事，后宫产子将为储贰（太子），其母皆赐死，太祖末年，后以旧法薨。[19]

这样死去的颇有几个，文成元皇后李氏也是如此。例：

及生显祖，拜贵人。太安二年，太后令依故事，令后具条记在南兄弟及引所结宗兄洪之，悉以付托，临诀，每一称兄弟，辄拊胸恸泣，遂薨。后谥元皇后。[20]

这种制度直到孝文帝时才有所改变。例：

（孝文贞皇后林氏）得幸于高祖，生皇子恂，以恂将为储贰，太和七年后依旧制薨。高祖仁恕，不欲袭前事，而禀文明太后意，故不果行。[21]

子贵母死，不是魏的首创，是汉时武帝始作俑者。昭帝在幼时，武帝便把他的母亲钩弋夫人杀了，是怕她在自己死后像汉初吕后一样专权。武帝这一措施，还稍合乎情理，及北魏把此办法作为定制，也实在是“矫枉之义不亦过哉！”

十四　婚事杂考

（一）一帝数后。魏晋南北朝时期，由于社会分裂，各教纲纪礼仪的束缚也就减轻了，所以婚姻生活出现了无奇不有的事。一帝一后，是礼制要求。至于荒乱之朝，则漫无法纪，有时同立数后。三国时，孙皓之夫人滕氏无宠，仅为长秋宫备员而已。而内诸姬佩皇后玺绶者甚多。[22]六朝前赵刘聪替位，立他的妻子呼延氏为皇后。呼延氏死，纳刘殷女为皇后；殷后死，又纳靳准女为皇后；不久进为上皇后，立贵妃刘氏为左皇后，贵嫔刘氏为右皇后，又立樊氏为上皇后；四后之外佩皇后玺绥者又七人。后又以宦者王沈养女为左皇后，宣怀养女为中皇后。[23]后周宣帝初即位，立妃杨氏为皇后；其后自称为天元皇帝，又立妃朱氏为天元皇后；妃元氏为天右皇后，陈氏为天左皇后；不久又进杨氏为天元大皇后，陈氏为天左大皇后；陈氏又改为天中大皇后，以妃尉迟氏为天左大皇后。[24]

（二）双妻。六朝时，皇帝可以多置后，故臣民有置双妻的。在礼教较严格的时代，嫡庶的分别是十分严格的。妾媵的地位极低下，正妻死后，必须再娶。这是宗法制所要求的，是传宗接代的必需。但是同时立两个嫡妻却是礼法万万不能允许的。然晋代却不然。如：温峤有二妻，俱封为夫人，程谅立二嫡，贾充有左右夫人。

这些人都是因为离乱，失妻再娶，而其后又与原妻重迁而团娶。关于贾充有左右夫人，据《世说新语》说：充原娶李丰之女，丰被诛，亲属坐罪，充妻遂与离婚，随家人徙边，后遇赦得还。这时充已娶郭配女，晋武帝特听置左右夫人。双妻现象是中国“两头大”的习俗的开端。

（三）娶妇标准。晋武帝为太子纳妃，欲娶卫瑾女，谓卫公女有五可：（1）种贤；（2）多子；（3）端正；（4）长；（5）白。

后世娶妇论人，几乎都遵循这五个标准，和这五条相反的是：（1）种妒；（2）少子；（3）丑；（4）短；（5）黑。

在娶妇的这五条标准中种贤是第一个，说明当时社会对女性的基

抛绣球择婿颇有些婚姻自主的意思。图为京剧版画中的抛绣球择婿

本态度。社会要求女子柔弱听话，老老实实地任人摆布。其次是多子，将来是否多子，从表面上看不出来，这只有看她宗族，如果她一脉宗支是蔓衍的，便认为其为多子，希望多子正表明宗嗣观念之重要。

（四）令女自择婿。明代人所列举李贽的罪状时，说李贽认为卓文君善择佳偶，用以讽刺现实。卓文君的行径本来就是正当的。在六朝时期，出现了一个比这还要大方的事，这就是魏朝徐邈让女儿自己选丈夫。徐邈做官一直升到司空，同代的卢钦称他志高行洁，才博气猛，高而不狷（juān，急躁），洁而不介。他做河东刺史时，提拔弘农王浚做从事。当时徐邈有个女儿，娴淑而有才学，还没出嫁。他于是让他的佐吏从事都来到堂上，让女儿偷偷地观察，女儿看中了王浚，徐邈就把女儿嫁了他。[25]后来王浚果然做了抚军大将军。

徐邈让女儿择婿，在六朝已迥非寻常了。

（五）录送寡妇。三国时曹魏曾令郡守录送寡妇，以配给立过战功的士兵。但是也有滥及有夫之妇者。《三国志·魏志·杜畿传》裴注引《魏略》云：

> 初畿在郡（河东），被书录寡妇，是时他郡有已自相配嫁，依书皆录夺，啼哭道路，畿但取寡者，故所送少。及赵俨代畿，而所送多。文帝问畿："前君所送何少，今何多也？"畿对曰："臣前所录皆亡者妻，今俨送生人妇也。"帝及左右顾而失色。

这样的事后来还有，如北齐发山东寡妇两千六百人以配军事，夺取有夫之妇者十分之二三。

（六）婚姻佳话。中国历史上婚姻佳话是很多的。六朝时代，名士云集，风雅并至，其中婚姻佳话堪称者，实在不少。

东坦。古语中"东坦"指女婿，是"东床坦腹"的略语。这个典故出自于东晋一段风流逸事。《世说新语·雅量》载："郗太傅（鉴）在京口，遣门生与王丞相（导）书，求女婿，……门生归白郗曰：'王家诸郎亦皆可嘉，闻来觅婿，咸自矜持，唯有一郎坦腹卧如不闻。'郗公曰：'正此好！'访之，乃是逸少（羲之），因嫁女与焉。"后杜甫诗云："坦腹江亭暖，长吟野望时。"

冰人。《晋书·索统传》记载：索统数得术数，孝廉令狐策做梦站在冰上同冰下人谈话，索统曰："冰上为阳，冰下为阴，阴阳事也。士如归妻，迨冰未泮，婚姻事也。君在冰上与冰下人语，为阴阳语，媒介事也。君当为人做媒，冰泮而婚成。"

恰好这时太守田豹求张公征女，让策做媒人，仲春两人就结成好事。

【注释】

[1]《汉书·惠帝纪》。

[2]《晋书·武帝纪》。

[3]《晋书·列女传》。

[4]《周书·武帝传》。

[5]《唐书·食货志》。

[6]《司马温公家范》。

[7]《南史·南齐武帝纪》。

[8]《北史·文宣皇后附段昭仪传》。

[9]《周书·武帝纪》。

[10]《魏书·临淮王传》。

[11]《宋书·赵伦之传》。

[12]《宋书·路太后传》。

[13]《南史·殷淑仪传》。

[14]《宋书·废帝纪》。

[15]《南史·王皇后传》。

[16]《宋书·陈太妃传》。

[17] 刘义庆《世说新语》、陈梦雷《古今图书集成·闺缓典》。

[18]《魏书·皇后传》。

[19]《魏书·皇后传》。

[20]《魏书·皇后传》。

[21]《魏书·皇后传》。

[22]《三国志·吴志》。

[23]《晋书》。

[24]《周书·本纪》。

[25]《晋书·王浚传》。

第六章

隋唐五代

自公元581年至公元960年在我国是隋唐五代时期。隋唐是我国多民族国家统一和繁荣的时代，经过魏晋南北朝几百年的分裂，社会又获得新的统一和安定。人们的婚姻生活也由分裂时多样化、复杂化走向统一。在这一时期，妇女仍拥有一定的社会地位，改嫁颇为自由，社会婚姻道德标准亦比较宽泛。魏晋南北朝盛行的门第婚在政府限制与农民起义打击下逐渐走向衰落。唐代唐王室原属于鲜卑化的贵族，所以在唐统治集团内部保留了一些落后的婚俗，其中收继婚现象十分明显。在五代时期出现了对妇女人身束缚的要求，特别是缠足，从形体上摧残妇女。中国妇女缠足的悲剧从此拉开了序幕。

一 改嫁

《云溪友议》载：颜鲁公任临川内史时，潜心治理，政教大行。当时有个秀才，叫杨志坚，学习很刻苦，无奈家境贫寒，在乡下鲜为人知。他的妻子受不了这种清苦，要他写个离婚书，两人离婚。杨志坚便给妻子作了一首诗：

平生志业在琴诗，头上如今有二丝。

渔父尚知溪谷暗，山妻不信出身迟。
荆钗任意撩新鬓，鸾镜徒她画别眉。
今日便同行路客，相逢即是下山时。

他的妻子拿着这首诗去找颜鲁公，请求让她改适他人。颜鲁公很生气，他就这件事裁决说：

杨志坚素为儒学，遍览九经，篇咏之间，风骚可摭。愚妻睹其未遇，遂有离心。王欢之廪既虚，岂遵黄卷；朱叟之妻必去，宁见锦衣。污辱乡闾，败伤风俗，若无褒贬，侥幸甚多。阿王决二十后，任改嫁；杨志坚秀才，赠布绢各二十匹，米二石，便署随军。仍令远近知悉。

杨志坚妻子求去，和汉代朱买臣妻子要求改嫁是一样的。从这件事中我们可以看到当时社会离婚再嫁是十分随便的。假若这件事要发生在宋（后期）明以后，一定不会判他们离婚。礼教在汉代已正式地确立其在思想文化上的统治地位，礼教的贞操观是十分保守的，它绝对要求妇女恪守“从一而终”的信条。但是由于魏晋南北朝社会大分裂，对礼教是一个很大的冲击，所以在隋唐时代女人仍保留着相当大的再嫁自由。唐代再嫁的情况是很多的：

唐公主共二百一十一人，除幼年早夭、出家、入道、事迹不详者外，出嫁一百二十三人。其中再嫁者达二十四人；高祖女四，太宗女六，中宗女二，睿宗女二，玄宗女八，肃宗女二。其中尚有三嫁者：高宗女一，中宗女一，玄宗女一，肃宗女一。[1]

不仅仅公主再嫁比较随便，其他人再嫁也十分多。例如：诗人韩愈的女儿曾先适李氏，后嫁樊宗懿；独孤郁娶相国权文公女儿，使天子都很羡慕，实际上权文公的女儿还是个寡妇。唐明皇和杨贵妃情意深笃，后代文人在这方面着墨很多。实际杨贵妃是寿王瑁的妃子，是玄宗的儿媳妇，后来出去做了一段尼姑，玄宗便娶了过来。这样的事在当时不止一起。男的要求离婚的也有，如严灌夫无子而欲出妻，妻作诗喻义而止。

但是应该看到在这个时代已开始对女子再嫁进行限制了。上面颜鲁公判决就是证明。此外，这个时代，从一而终的贞妇烈女在社会上已受到舆论的推崇。唐代诗人白居易的“妇人苦”一诗就说明了这件事。“妇人苦”是一首有名的诗，是说明丈夫死后，妇人要守节，妇人守节当然是不平等的事。“妇人苦”云：

蝉鬓加意梳，蛾眉用心扫。
几度晓妆成，君看不言好。
妾身重同穴，君意轻偕老。
惆怅去年来，心知未能道。
今朝一开口，语少意何深。
愿引他时事，移君此日心。
人言夫妇亲，义合如一身。
及至生死际，何曾苦乐均。
妇人一丧夫，终得守孤孑。
有如林中竹，忽被风吹折。
一折不重生，枯身犹抱节。
男儿若丧妇，能不暂伤情，
应似门前柳，逢春易发荣。

风吹一枝折，还有一枝生。

为君委曲言，愿君再二听。

须知妇人苦，从此莫相轻。

唐代的贞节观念很淡薄，并不是每个妇人的丈夫死了都要守节。但是从这首诗中我们可以看出，守节也是当时社会衡量一个妇女好坏的标准，已为社会风俗所提倡，它表明妇女的处境江河日下。白居易认为妇女苦的原因有二：一是丈夫对她们不理解，生活不和谐；二是丈夫死了还要为他守节。妇女为丈夫守节是不平等的事，且不说妻子死了丈夫可再娶（而必须再娶），仅从人性来讲，也是对妇女的一种折磨。白居易是个宽达大度的男子，他诗中的这种看法颇为开明。

二　婚仪

结婚的仪式随着社会发展，朝代更换，也略有变化。唐代婚礼纳彩有以下这些东西：合欢、嘉禾、阿胶、九子蒲、朱苇、双石、棉絮、长命缕、乾漆、九事。胶漆取其固，绵絮其调柔；蒲苇取其心，可屈可伸；嘉禾分福也；双石义在双固也。

迎妇时，要用三升粟填臼，席一枚覆井，枲（xì，花麻）三斤以塞窗，箭三只置户上。新妇上车时，新郎骑着马绕车三匝。新妇将嫁的前一天，她家里要做黍臛（huò，肉羹），女的上车以后，便用来掩遮膝盖和脸。新妇到新郎家后，父母以下的人都要从小门出去，再从大门回来，意思是应该踏新妇的足迹。新妇入门后，要先拜猪槛（jī，同楫）和炉灶。行礼是夫妇并拜，或者两人一起结镜钮。娶妇之家，亦有闹新房的。[2]此外，在唐代，民间腊月娶妇不见公婆，而且还以子、午、卯、酉年为“梁年”，这四年娶妻，不能见公婆、公公[3]，颜真卿曾上书要革除此风俗。

三 撒帐

唐代结婚时有“撒帐”的风俗，这是现代结婚“撒喜糖”“撒喜钱”的起源。新娘倒着走出来到家庙拜祖宗。新郎接着也倒着走进洞房，新郎新娘又对拜一次，然后坐上床，女左男右，一大群妇女就开始撒金钱彩果，叫作撒帐。

这种礼节从官吏到百姓都是一样。唐玄宗认为太铺张，叫太子少师颜真卿依古礼简化。颜真卿回奏说：古代的婚礼只有拜公婆一道，其他的礼仪是后来添加的。到唐睿宗时，这种风俗仍保留，唐睿宗的女儿荆山公主结婚时，铸了一批明钱撒帐，叫近臣去拾钱，钱放在绢中，每十文缚一条彩条。

唐代婚礼中，最考究的是新娘坐的礼车。受过朝廷册封的新娘可以乘坐一种装有布幔的幢车。婚礼也比以前添了许多花样，有花灯、有音乐、有大扇、有局会，这种婚仪十分铺张，唐武宗会昌元年十一月曾下诏禁止。

新娘子化妆时还有催妆和至今犹存的撒帐习俗，意在祝新人和美、早生贵子。唱催妆的诗，有的是新郎自己唱，有的由傧相代劳。云安公主出嫁时，百官公卿推陆畅作了一首催妆诗：

> 云安公主贵，出嫁五侯家。
> 天母亲调粉，日兄怜赐花。
> 催铺百子帐，待障七香车。
> 借问妆成未？东放欲晓霞。

画家笔下的唐代贵族女性

婚礼完了，又要唱却扇诗。讲究排场的人家在催妆诗唱完后，还要念一篇障车文。新娘的花车走在半路上要举行障车，送亲的人和迎亲的人在一块饮酒取乐。王公大臣也如此，常常大奏音乐，邀集很多人聚在道路上，拦着新车取财，男方赏钱有的给一万，障车礼金超过了聘金。

唐代婚礼也尚侈靡，唐太宗时，韦挺上疏谓："今昏嫁之初，杂奏丝竹，以穷宴欢，官司习俗，弗为条禁。"

睿宗时，唐绍上疏，称："往者下俚庸鄙，时有障车，邀其酒食，以为戏乐，近日此风转盛，上及王公，乃广奏音乐，多集徒侣，遮拥道路，留滞淹时，邀致财物，动逾万计。"

所以到太极元年出现了障车之禁。后又禁止婚娶举乐。当时永州民俗，婚日出财会宾客曰破酒，昼夜集聚，多数至数百人，就是贫穷的家庭也数十人，力不足则不娶，所以当时地方官韦宙极力去割除这种恶俗。[4]

唐高宗显庆四年下诏：婚嫁时，女家接受男家的财物有一定的规矩：三品以上的官绢三百匹，四、五品的官二百匹，六、七品的官一百匹，八品以下的官五十匹。这些聘礼都要作妆奁，不能吞没。

但是禁是禁不住的，这种婚娶侈奢的风气，到宋、元、明、清仍没有太大变化。宋代民间婚娶乐官、伎女、茶酒诸役皆备。当时元祐大婚，吕正献公当国，执义不用乐。宣仁云："寻常人家娶个媳妇，尚点几个乐人，如何官家却不得用。"[5]从此可以看出当时民间婚娶的一般情况。

四　门第婚的衰落

通婚重视门第是六朝的遗风。到了隋唐时候，六朝的望族仍继续存在，如太原王氏，范阳卢氏，荥阳郑氏，清河、博陵二崔，陇西、赵郡二李仍为望族，不与庶族通婚。士族力量的存在不利于中央集权制的强化，从六朝后期起，中央政府已开始着手解决这个问题。到了隋唐，由于统一局面出现，更注意抑制士族力量。他们在通婚方面亦采取一定措施。唐太宗时曾有诏曰：

> 新官之辈，丰财之家，慕其祖宗，竞结婚媾，多纳货贿，有如贩鬻。或自贬家门，受屈辱于姻娅；或矜其旧望，行无礼于舅姑。积习成俗，讫今未已，既紊人伦，实亏名教……自今已后，明加告示，使识嫁娶之序，务合典礼。

当时太宗命令在修氏族志时，把望族降一等，王妃和驸马都从功臣家族挑选。可是当时重臣魏徵、房玄龄等都愿和山东一些旧族议婚，所以望族的势力并没有减弱，又据《新唐书》载："李日知贵，诸子方总角，皆通婚名族。"李彭年与李林甫善，"常慕与山东著姓，为婚姻，引就清列。"后来李义府曾为其子求婚，没有被同意，于是他就劝太宗矫其弊。太宗诏："后魏李宝等子孙，不得自为婚姻。"

可是为当时风尚的限制，还是不能禁止。上面所说的七个大姓虽然已经不敢明目张胆婚配，却偷偷地把女儿送到夫家；也有的士族宁愿女儿老死，也不与异姓为婚。这样便出现了衰宗落谱的趋向。但他们仍以“禁婚家”自鸣得意。直到唐文宗，欲以公主下嫁士族，犹为所拒。所以文宗叹道：“我家二百年天下，顾不及崔卢耶？”[6]

随着唐王朝的灭亡，士族为黄巢农民大起义冲击得荡然无存，这种存在几百年的门第婚姻从此在历史上销声匿迹了。后来虽然还有婚娶论门第的现象，但远远不是这种门第婚配。

五　法律上的离婚

离婚在唐律上称为离异，和现代离婚一词稍有区别，现代离婚一词有主动被动两重意义，古代离异则指违犯婚姻限制被解除婚姻。主动要求离婚则称义绝。这种称谓颇恰当。《唐律疏议》记载很多，现综述如下：

户婚律“违律为婚条”规定：“诸违律为婚，当条称‘离之’‘正之’者，虽会赦犹离之、正之。定而未成，亦是。聘财不追，女家妄冒者，追还。”[7]

关于婚姻限制在法律上的规定有很多，这在后面章节中要谈到。如果违背了这些限制，婚姻就要被取消。又《宋刑统》户婚律“有妇而更取妇”有如下答问：

“问曰：‘有妇而更娶妇，后娶者虽合离异，未离之间，其夫内外亲戚相犯，得同妻法以否？’

答曰：‘一夫一妇，不刊之制。有妻更娶，本不成妻。详求礼法，止同凡人之坐。’”

又“谋反大逆条”下问答：

“反逆人之应缘坐其妻妾，据本法虽会赦犹离之、正之，其继养子孙，依本法虽会赦合正之。准离之、正之，即不在缘坐之限。反逆事彰之后，始诉离之、正之，如此之类，并合放免以否？”

答曰：“违法之辈，……虽经大恩，法须离正。离正之色，即是凡人；离正不可为亲，须从本宗缘坐。”

从上文可以看出，违法的婚姻，原则上虽会赦免，仍离之，正之，也就是民事上婚姻解除。其结果，不存在夫妻关系，妻与其夫的内外亲戚，亦不成立亲属关系。因此，刑法上不以身份犯处罚，只同凡人之法。不过，妻所生之子，与其母仍有母子关系，与其父也不算奸生子。反之以户婚律“娶逃亡妇女”条：“娶逃亡妇女为妻妾，若妻妾系无夫而会赦免者，则不予离异。”此在刑事上，免其刑；民事上，不影响婚姻效力。《宋刑统》所有规定一承唐律。

六　奇妒的故事

女子妒性的发达，以魏晋南北朝为最。但在隋唐五代时期也有一些奇怪的妒性故事。

隋代独狐后是隋文帝的妻子，是一个嫉妒心很强的女人。她和隋文帝在一起多年，情深意笃，是隋文帝的得力内助。在女色方面，她对隋文帝防范甚严，尉迟迥女没入宫，文帝私下和她欢会，独狐后知道了，乘着文帝听朝，暗地把她杀了。且凡是诸王或大臣妾有孕者，她都劝文帝责斥他们。皇帝的内宠很多，太子妃元氏突然病死，太后便怀疑是太子宠妾云氏加害的，因此劝文帝把太子废了。重臣高颎妻子死了，太后想给他娶个继室，便对文帝说：“高仆射老矣，而丧夫人，陛下何能不为之娶。”

帝以后言谓颎，颎流涕谢曰：“臣今已老，惟斋居读佛经而已，虽陛下垂哀之深，至于纳室，非臣所愿。”

上乃止。至是，颎爱妾产男，上闻之极欢，后甚不悦。上问其故，后曰："陛下当复信高颎邪？始陛下欲为颎娶，颎心存爱妾，面欺陛下，今其诈已见，陛下安得信之。"

文帝于是开始疏远高颎，后来竟把他赐死了。[8]清代赵翼在《廿二史札记》中谈到这件事发议论道：

> 子之厚妾薄妻而母恶之，此犹是家庭之恒情，至于臣下之有妾，亦何与后事，乃因此而憾之，岂非奇妒哉！

其时还有一个女子，妒性更甚。《耳目记》载一条说：唐代宜城公主驸马裴巽有一个外宠，公主知道后把她抓过来，截其耳鼻，剥其阴皮，贴在驸马的脸上，并把她头发割断，让大堂里的判事与僚吏一起看。

女子妒性达到这样残忍的地步实在令人惊诧。我们应该注意到，女子妒性的发泄对象往往是自己的同类，丈夫所有外遇内宠，很难说是这个女子心允的。男子在这方面却不然，当他知道妻子有外遇时，发泄对象首先是妻子。女子是不能报复自己丈夫的，传统礼法强调"从一而终"，若是丈夫有个好歹，自己岂不落个寂寞寒窗空守寡。自私的潜意识在采取报复的方式中得到表达。

七　吃醋

吃醋是嫉妒的意思。看到别人占有自己心爱的人，心里总酸酸的，人们称之为吃醋。《燕子笺·诰圆》说："他二位只管捻酸吃醋，不成个模样。"有人以为这是吃醋一词的起源，实际不然，吃醋一词起源于唐代。

韩琬《御史台记》载：

唐管国公任环，酷怕妻。太宗以功赐二侍子，环拜谢，不敢以归。太宗召其妻，赐酒谓之曰："妇人妒忌，合当七出，若能改行无妒，则无饮此酒；不尔，可饮之。"曰："妾不能改妒，请饮酒。"遂饮之。比醉归，与其家共死决，其实非鸩（zhèn，毒酒）也。（后人谓是醋）

太宗赐任环妻醋，大概是"吃醋"一词的出典。这个故事后面也很有趣：

既不死。他日，杜正伦讥弄环，环曰："妇当怕者三：初娶之时，端居若菩萨，岂有人不怕菩萨耶？既长生男女，如养大虫（虎），岂有人不怕大虫耶？年老面皱，如鸠盘茶鬼，岂有人不怕鬼耶？以此怕妇，亦何怪焉！"闻者欢喜。

实际上，仔细回味任环的话，是十分令人痛心的。两性关系不平等，夫妇常在敌视中生活，不知包藏了多少痛苦。于义方作《黑心符》极言妇人凶险，妻已甚，重婚更甚。他告诫子孙道：

吾年六十，耳目见闻，不可算数，今训汝等，有妻固所不免，当待之如宾客，防之如盗贼。以德易色，修己率下，妻既正，子孙敢不正乎？万一不幸，中道鼓盆（去世），中栉付之侍婢，盐米畀（bì，给）之诸子，日授方略，坐享宴安。又或无嗣孤单，则宜归老弟侄，以心与之，孰敢不尽。若更重婚续娶，定见败身殒家，至时亲友不欲言，子孙不敢谏，兼已惑已误，难信难处，岂知吾熟谙而预言之。龟鉴在前，无复缕缕。

这一段话是十分感伤的，肯定是他总结自己亲身经历后，吐露出的肺腑之言。女子的嫉妒本是不应该的，但是在当时社会里，在父权制的前提下，男人在性生活上可以为所欲为，而女子却动辄得咎，在这样的不平等的年代里，女子的妒性无疑是一种人性的强烈自我表现，是对夫权压迫的一种反抗，是对不合理社会现状的抗议。

八　婚姻佳话

隋唐时期，河清海晏，社会环境相对安定，加之又有六朝风雅之遗，婚姻佳话的确不少。

（一）月下老人。现在我们常把媒人称为“月下老人”，这个典故就出于唐代，见李复言《续玄怪录》“定婚店”一条：

杜陵韦固，少孤，思早娶妇，多歧，求婚不成。贞观二年，将游清河，旅次宋城南店，客有以前清河司马潘昉女为议者。来旦，期于店西龙兴寺门，固以求之意切，旦往焉。斜月尚明，有老人倚巾囊坐于阶上，向月检书，觇之，不识其字。固问老人，老人笑曰：“此非世间书，乃幽冥之书，君何得见？”

固惊曰：“然则君何主？”

曰：“天下定婚牍耳。”

固喜曰：“固尔来求婚十年，竟不遂，今人期与议潘司马女。可以成乎？”

曰：“未也，君之妇适三岁矣，年十七当入君门。”

固问囊中何物。曰：“赤绳子耳，以系夫妇之足，及其坐，则潜用相系，虽仇敌之家，贵贱悬隔，天涯从宦，吴楚异乡，此一绳之系终不可逭（huàn，逃），君之脚已系于彼矣，他求何益？”

曰：“固妻安在，其家何为？”

曰：“此店北卖菜家妪女耳。”

固曰：“可见乎？”

曰：“可。”

及明，所期不至，老人卷书揭囊而行，固逐之入米市，有老妪抱三岁女来，弊陋亦甚。老人指曰：“此君之妻也。”

固怒曰：“杀之可乎？”

老人曰：“此人命当食大禄，因子而食邑，庸可杀乎？”老人遂隐。

固磨一小刀，付其奴曰：“汝素干事，能为我杀彼女，赐汝万钱。”奴曰：“喏。”明日，袖刀入菜肆中，于众中刺之而走，一市纷扰，奔走获免。

问奴曰：“所刺中否？”

曰：“初刺其心，不幸才中眉间。”

尔后求婚终不遂。又十四年，以父荫参相州军，刺史王泰以为能，因妻以女，年十六七，容色华丽，固称惬至极。然其眉间常贴一花钿，虽沐浴闲处，未尝暂去。固逼问之，妻潸然曰：

“妾郡守之犹子也，非其女也。畴昔父曾宰宋城，终其官时，妾在襁褓，母兄次殁，唯一庄在宋城南，与乳母陈氏居，去店近，鬻蔬以给朝夕。陈氏怜小，不忍暂弃。三岁时，抱行市中，为狂贼所刺，刀痕尚在，故以花子覆之。七八年间，叔从事卢龙，遂得在左右，以为女嫁君耳。”固惊曰：“奇也。”因尽言之。相敬愈极，后生男鲲，为雁门太守，封太原郡夫人——知阴骘之定，不可变也。

宋城宰闻之，题其店曰“定婚店”。(有删节)

这就是“月下老人”的来历。后世称定婚男女为赤绳所系之说，也源于此。

(二) 虎媒。故事见薛用弱《集异记》“裴越客”一条：

张镐许女裴越客，将迎取，而镐贬官迁去，遂改期次年春季。至期，越客果束装往，镐知其将至，设家宴于家园以庆，其女忽为虎所衔去，举家号嚣，莫知所为。是夜，越客方宿于木板屋，见有猛虎负一物至，共阑喝之，并大击板尾及物，其虎徐行去，所留物乃一美女，衣服虽破碎，身肤无少损，越客深以为异，遂载舟前进。次日便闻张尚书次女昨夜游园，为虎所食，始知即己妻。即见张镐，悲不胜喜，遂使合卺。失女之日，即他们约定的喜日，因虎的帮助，才未误时。

(三) 雀屏中选。据说窦毅为选女婿，画二孔雀为屏，令求婚者射之，阴约中目则与以女，唐高宗射中双目，遂娶其女。后来杜甫有诗云：“屏开金孔雀，褥隐绣芙蓉。”

(四) 红线牵丝。事见《开元天宝遗事》：

郭元振少时美风姿，有才艺，宰相张嘉贞欲纳为婿，元振曰：“知公门下有五女，未知孰陋，事不可仓卒，更待试之。”

张曰：“吾女各有姿色，惟不知谁是匹偶，以子风骨奇秀，非常人也，吾欲令五女各持一丝缦前，使子取便牵之，得者为婿。”元振欣然从命，遂牵一丝红钱，得第三女，大有姿色，后果随夫贵达也。

从这些事可以看出唐人的风雅并不减于六朝。然而细心一点的人总会从这种风雅中看出一种坏的趋向：一是命定；二是人们对女子婚姻有儿戏的态度。昔日像《诗经》所描绘的那种自由相爱的风气一去不复返了。女人成了地地道道的生活附庸品。

九　红叶题诗

唐人的笔记记载红叶题诗的故事颇多，事情基本相同，可是人物各异。现对其中四例作一考证：

（一）事见唐代范摅的《云溪友议》卷十，说是唐宣宗时，卢渥赴京应举，偶临御沟，拾得红叶，上题：“流水何太急，深宫尽日闲。殷勤谢红叶，好去到人间。”

后来宣宗放出部分宫女，许从百官司吏，渥得一人，即题红叶诗者。

（二）见宋刘斧《青琐高议》前集五《流红记》：唐僖宗时，于祐于御沟得红叶，上有诗句。同《云溪友议》所载一样，后在河中娶得遣放宫人朝氏，即题诗者。

（三）见唐孟棨《本事诗》：说顾况在洛阳时，暇日与一二诗友游于苑中，从流水得大梧叶，上题诗云：

一入深宫里，年年不见春。
聊题一片叶，寄于有情人。

顾况遂在明日于上游题诗叶上，泛于波中，诗曰：

愁见莺啼柳絮飞，上阳宫里断肠时。

君恩不禁东流水，叶上题诗寄与谁？

后十余日，有客来苑中寻春，又于叶上得一诗，因以示况，其诗曰：

一叶题诗出禁城，谁人愁和独含情。

自嗟不及波中叶，荡漾乘风取次行。

（四）见宋王绖《补侍儿小名录》：唐德宗时，贾全虚于御沟见一花流至，旁连数叶，上题诗句与《本事诗》稍不同。全虚悲想其人，为之流泪，事闻于德宗，得知为王才人养女凤儿所题，德宗因以凤儿赐全虚，成全了他们的好事。后来元人杂剧如白朴《韩翠蘋御水流红叶》、李文蔚《金水题红怨》皆衍此故事。

关于“红叶题诗”，今天小报、杂志上谈的较多，但多附会，把几个故事糅在一起。“红叶题诗”在唐代是否真有，另当别论。但它毕竟是对当时宫人悲惨生活的生动写照，像这类的传说在唐代还有不少。如玄宗时，赐边军纩衣，制自宫中，有兵士于袍中得一诗曰：

沙场征战客，寒夜苦为眠。

战袍经手作，知落阿谁边。

蓄意多添线，含情更着棉。

今生已过也，愿结后生缘。

军士把这首诗交给主帅，主帅交给了玄宗，玄宗命令把这件事向后宫宣告，说作诗的不要不吭声，承认了就不加罪，一宫人自言万死，玄宗很同情她，把她赐给了得诗者。

玄宗时，杨贵妃专宠，后宫不进幸，许多女子白白地葬送了自己的青春。在历史上的中国，宫人的历史就是一部辛酸血泪史。

十　迷楼

迷楼是隋炀帝寻欢作乐、蹂躏妇女的地方。隋炀帝时，浙人项昇进新宫图。帝令扬州依图起造，经年始成，周环四合，上下金碧，工巧弘丽，自古无有，费用金玉无数，货库为之一空，人误入者虽终日不能出，帝顾左右曰："使真仙游其中，亦当自迷也，可目之曰迷楼。"[9]

隋炀帝建好迷楼以后，便在里面狎玩女子，至于极度。迷楼遂成为以后市井小说家津津乐道的地方。隋炀帝是荒淫无度的人，即位之后，即依制置三夫人、九嫔、二十七世妇、八十一御妻。贵妃、淑妃、德妃为三夫人，品正第一；顺仪、顺容、顺华，修仪、修容、修华，充仪、充容、充华是为九嫔，品正第二；婕妤十二员，品正第三；美人、才人十五人，品正第四，是为世妇；宝林二十四员，品正第五；御女二十四员，品正第六；采女三十七员，品正第七，是为女御。总共一百二十四员。《隋书·后妃传》叙说："惟端容丽饰陪从燕游而已。"炀帝后宫这样整齐完备，实在是前古帝王所未有。况且宫女侍婢，尚不在此一百二十四员以内。唐太宗即位之初，出宫女三千人，后又出三千人，由此可见隋代后宫之盛。

入宫的女子生活是极痛苦的，《迷楼记》叙侯夫人自经的事很有代表性。书上说侯夫人自经以后，从其胳膊所悬挂的锦囊中取出好多首诗文，炀帝看了很伤感，看看她的尸体说："此已死，颜色尚美如桃花。"于是马上把宫使许延辅叫来，责备他为什么不把侯夫人送到

唐高宗与武则天

迷楼，遂赐他自尽。炀帝后又将侯夫人诗，令乐府歌之。其中《自伤》一首是她的绝命词。

初入承明日，深深报未央。
长门七八载，无复见君王。
春寒侵入骨，独坐愁空房。
飒履步庭下，幽怀空感伤。
平日深爱惜，自待聊非常。
色美反成弃，命薄何可量！
君恩实疏远，妾意徒彷徨。
家岂无骨肉，偏亲老北堂。
此方无羽翼，何计出高墙。
性命诚所重，弃割良可伤。
悬帛朱栋上，肝肠如沸汤。
引颈又自惜，有若丝牵肠。
毅然就死地，从此归冥乡。

后宫女子之多，秦汉已有。但是至炀帝才达到极度。君主亵玩女子，遂被认为当然之事，以后宫女之数，动辄就有四五千人。

十一　周祖四娶醮妇

周祖就是五代时的周世宗，在发迹前是军校。赶上后唐庄宗死了，明宗出其宫人。有个柴氏，原是庄宗的嫔，被出后暂居旅馆里。有一日来了一个男人，柴氏问旅馆的人这人是谁，旅馆的人说是郭雀儿，柴氏觉得这个人不一般，所以把携带的资产一半给父母，一半给了这个人，资助他向上进取。[10]此人即周祖，后来当了皇帝追认她为圣穆皇后。

又有杨氏，开始嫁给石光辅。光辅死后，周祖的柴夫人恰好死了，就聘她。她起初不愿意，让她弟弟廷璋见周祖，廷璋回去说周祖“姿貌异常，不可拒”，杨氏就嫁给他。她死后，封了淑妃。

后来周祖又娶张氏，张氏也是开始嫁给武从谏之子，丈夫死后守了寡。恰好周世祖的杨夫人死了，就纳为继室。后来周祖起兵于邺，张氏与女儿都在京邸，为汉兵攻进所杀，周祖追册为贵妃。

周祖做了皇帝后，有个董氏是杨氏的同乡，杨氏在世时常说她非常贤惠，当时已嫁给刘进超，后来进超死，便嫠居。周祖想起杨夫人的话，把她娶过来，纳为德妃。

周祖四娶醮（jiào，再嫁）妇，说明在五代时期，由于传统习惯和战乱影响，人们对守节、再嫁的态度还是相当宽松的。皇上可以娶再嫁妇人，不引以为丑，是后代人很少能做到的。

十二　武则天的婚事

在中国历史上，武则天是女流中有名的人物，关于她荒淫的私生活，稗官野史记载了很多，但其中附会的成分较多，未必可信。然而武则天实际上是个再嫁的妇女，这有史可稽，不容置疑。她再嫁的婚事反映了唐代的一个婚姻现象。《新唐书》云：

高宗则天顺圣皇后武氏，并州文水人，父士彟，见《外戚传》。文德皇后崩，久之，太宗闻寻女美，召为才人。

“才人”是皇帝的四品妃妾，武氏曾为太宗的才人，即是太宗的妻子。

高宗是太宗的嫡子，武氏自是高宗的庶母，高宗以庶母为皇后，说明这种婚姻形式还带有当时早已灭亡的收继婚的特点。谈到唐朝存在收继婚制，这并不是一个孤证。唐太宗也有娶弟妇的事。唐太宗有一位同父异母的亲兄弟叫李元吉，因图谋作乱，被太宗所杀，他的五个儿子也同时被诛，他的妾妃杨氏被唐太宗收继，而且生了第十四个皇子曹王明。《新唐书》卷八十载：“曹王明，母本巢王妃，帝宠之，欲立为后，魏徵谏曰：‘陛下不可以辰嬴自累。’乃止。”

太宗不但纳弟妇为妾妃，还想立为皇后。唐代朝廷对娶弟妇、父妾这类的事看得不是那么认真，这里可以举个例子说明这一点。唐安乐公主，曾下嫁给武崇训，“崇训死，主素与武延秀乱，即嫁之”[11]。武延秀本是武崇训的胞弟，安乐公主再嫁他时，竟惊动了朝廷。《新唐书·诸帝公主传》记载：“是日，假后车辂，自宫送至第，帝与后为御安福门临观，诏雍州长史窦怀贞为礼会使，弘文学士为傧，相王障车，捐赐金帛不赀。翌日，大会群臣太极殿，主被翠服出，向天子再拜，南面拜公卿，公卿皆伏地稽首。武攸暨与太平公主偶舞为帝寿。赐群臣帛数十万。帝御承天门，大赦，因赐民酺三日，内外官赐勋，缘礼官属兼阶、爵。夺临川长公主宅以为第，旁彻民庐，怨声嚣然。”

这样隆重的婚礼，起第时还轰动了天下，一方面是安乐公主权势的表现，另一方面也可以看出李唐对待收继婚的态度。收继婚在我国历史上确曾存在，不过秦汉时在汉族中间已消失了。唐代又出现这种现象，和李唐的家世来源可以联系到一起。关于李唐的氏族问题，许多年前曾有过一场激烈的论战。这次论战可分为两个派别，一个主张李唐的先世出于胡族，另一个主张李唐先世确是李重耳的后裔。两派结论虽然不同，可是有一个共同点，那就是承认李唐与鲜卑通婚，因此染得胡貌、胡语、胡俗。唐世祖的独孤氏、高祖的窦氏、太宗的长孙氏都娶自鲜卑，因此有很严重的鲜卑化倾向。鲜卑是盛行收继婚制的民族，唐代收继婚的习俗之所以屡见唐室与其说是荒淫，毋宁说是鲜卑化的体现；与其说是鲜卑化，毋宁说是本来的家风，是鲜卑婚俗落后性在唐代的表现。

十三　花见羞

唐王朝灭亡后，统一的中国社会又出现分崩离析的状况，在唐朝疆域旧址上先后出现了大大小小十几个国家，这就是五代十国时期。五代中的李存勖的后唐，石敬唐的后晋，刘知远的后汉，都出自西突厥部落，因此他们保留西突厥落后的婚姻残余很多，其中主要特点就是收继婚制。

后唐明宗，也就是李克用的养子，明宗后宫有一位淑姬，是五代最著名的美妇人，她有闭月羞花的容貌，所以绰号叫作“花见羞”。后唐灭亡后，她有一次去京师，为永安公主办理结婚典礼，辽太宗曾向她做了一种奇怪的表示。据《新五代史》卷十五记载：

德光（辽太宗耶律德光）见明宗画像，焚香再拜，顾妃（花见羞）曰：“明宗与我约为兄弟，尔吾嫂也。”已而靳（jìn，谨慎状）之曰：“今日乃吾妇也。”

很明显辽太宗的行为，有点调戏淑姬的意思，但是这种轻狂行为并非事出无因，他把淑姬视为“今日乃吾妇也”最主要的理由，是说她系他的嫂嫂，明宗是他的义兄弟。这类奇怪的三段论，可能是依据平辈的收继婚而来的，因为按照收继婚的常例，寡嫂应由死者的兄弟续娶为妇，所以他先说淑姬是其嫂嫂，顷刻间又把淑姬当作“吾妇”，虽然结果并未有成。

除了后唐以外，后晋也保留这种风尚。后晋出帝的收继婚，史有明文记载：

出帝皇后冯氏，定州人也，父濛，为州进奏史，居京师，以巧佞为安重诲所喜，以为邺都副留守。高祖留守邺都，得濛欢甚，乃为重胤娶濛女，后封吴国夫人。重胤早卒，后寡居，有色，出帝悦之。高祖崩，梓宫在殡，出帝居丧中，纳之以为后。[12]

冯氏是出帝的叔母，出帝与冯氏的结合，是娶亲属妻妾，这种事还是在居丧时做的。当时办得还颇隆重，“是日，以六宫仗卫、太常鼓吹，命后至西御庄，见于高祖影殿，群臣皆贺。”[13]可见当时朝中对此事视为寻常。臣下不加劝谏，反而庆贺，朝廷也不秘宣，反而公开举行仪式。

十四　赐婚

《新五代史·唐家人传》记载后唐庄宗为刘后所逼，而以其爱姬赐元行钦，庄宗所做非所愿，其痛苦自不堪言。像这类的事当然对帝王来说是不常见的。但是在古代史上赐婚的现象却屡有发生。汉代吕后赐窦姬于文帝；魏灭蜀，以其宫人赐予没有妻子的将领；三国时吴孙权赐何姬与马和；唐代宗赐庄宪与顺宗；宋宪圣太后赐谢后与孝宗；明英宗赐孝贞与宪宗，史籍俱在，不必尽举。清代选秀女，除备妃嫔之选外，也常常配近支宗室；其中用敕旨配婚姻的，称为指婚，这种情况和赐婚相同。

皇上指定婚配叫“赐婚”，一般的人送子女给他人做妻，就叫“赠婚”，实际和赐婚性质一样，这种情况也颇常见。《左传·僖公二十五年》记载晋国的太子重耳逃到狄旅，狄人讨伐墙咎如时，获其二女，叫季隗、叔隗，重耳自取季隗，把叔隗送给了赵衰。当时孔子也曾以他的女儿给公冶长，以他兄长的女儿妻配南容，这也具有赠婚的性质。

以女赐人或赠人，都是主婚人以自己的恩德或交谊为出发点，支配女子的婚姻，这深刻地表明了宗法制对人们婚姻的支配。

十五　违时嫁娶

违时嫁娶是指居父母丧、夫丧、妻丧及帝王丧之内不得嫁娶。

关于尊亲丧、父母丧不得嫁娶，在春秋战国时已被重视，《春秋》

及其各传对这些事都以讥笑的口吻记下。《左传·昭公三年》记载的一件事，很能说明当时人对居丧嫁娶的态度：

> 齐侯使晏子请继室于晋……叔向对曰："寡君之愿也，……缞绖之中，是以未敢请。"

汉代对于居丧奸多置重典。六朝时赵石勒曾经下诏禁止人们在丧婚居。齐立重罪十条，居父母丧自娶嫁列于不孝之条。隋唐时把居父母丧娶嫁归于十恶，到清末才废。如《唐律疏议》载：

> 诸居父母及夫丧而嫁娶者，徒三年；妾减三等。各离之。知而共为婚姻者，各减五等；不知者不坐。若居期丧而嫁娶者，杖一百，卑幼减二等；妾不坐。

到了宋、金、元、明、清各朝代，都对此有详细规定。古代父母丧期是三年，所以违礼犯法的事也常可见。

关于配偶丧期不得嫁娶，也有不少规定，汉董仲舒《决狱》记载某人夫死未葬，其母即嫁之，有人对她说："法无许嫁，以私为人妻当弃市。"[14]唐及以后各律居夫丧而嫁者与居父母丧而嫁之裁制相同，并且列为十恶中不义之条，认为不可赦宥。对于居妻丧的规定也有。如金代规定："（承安五年三月）戊辰，定妻亡服内婚娶听离制。"

关于居帝王丧不得娶嫁。汉文帝以前，帝王崩后，每禁嫁娶，所以汉文帝遗诏曰："其令天下吏民，令到出临三日，皆释服，无禁娶嫁女、祠祀，饮酒食肉。"后代多以此为则。帝丧皆不过长。

关于父母囚禁不得嫁娶，唐律谓："诸祖父母、父母被囚禁而嫁娶者，死罪徒一年半，流罪减一等。徒罪杖一百。”

明清律略同，刑度以八十杖为极限。

此外，有帝王选妻等事也禁嫁娶，不过只是个别朝代个别皇帝而已，不成通制。

十六 报婚书

依据婚姻“六礼”，纳征就是订婚。到了这一阶段，就需要有一定文字的手续固定下来。男家得到女子名字（问名），回家卜筮，如果是吉便到女家去报喜（纳吉），这样女家便要作书答许，这就叫“报婚书”。得到报婚书以后，男家便开始向女家送大礼，男女两家的婚姻就确定下来。宋俗所谓，“过细帖”“相亲”“插钗”，近世所谓“传庚”“定亲”“换帖”和“报婚书”道理一样。

“报婚书”不仅是礼制上的程序，而且还有法律上的作用。唐律上就有“报婚书”之事。唐诗人白居易做官时在一个判文中也写道：“婚书未立，徒引以为辞，聘财已交，亦悔而无及。”[15]

由此可知唐代婚书在法律上的作用。明清律载：

> 凡男女定婚之初，或残疾、老幼、庶出、过继，乞养者，务必两家明白通知，各从所愿，不愿即止。愿者与媒妁写立婚书，依礼而行嫁娶。

“报婚书”之类是订婚的法律保障，订婚的两家不管情况如何改变，都不能反悔。《唐律》载：诸许嫁女已报婚书及有私约，或受聘财而辄悔者，杖六十，婚仍如约；如果男家悔约，则听任之，不过不能追聘财。若女方悔约更许他人，则杖一百，已成者徒一年

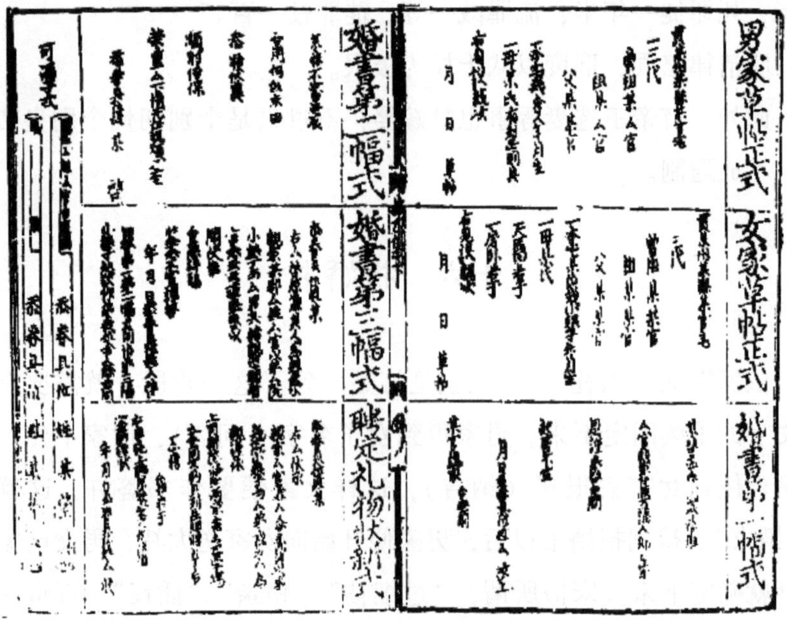

男家草帖式

女家草帖式

婚书第一幅式

婚书第二幅式

婚书第三幅式

聘定礼物状式

宋代婚书格式

半，后娶者知情减一等，女归前夫，前夫不娶，还聘财，后夫婚如法。元代悔约者，笞三十七，男家悔者不坐，不追聘财；更许他人者笞四十七，已成婚者笞五十七，女归前夫。明清律：女家悔者，主婚人笞五十，女归本夫，再许他人者杖七十，已成婚者杖八十。后定娶者知情与女家同罪，财礼入官，不知者不坐，追还财礼，女归前夫，前夫不愿者，倍追财礼给还，其女仍从后夫。男家悔而再聘者，罪亦如之，仍令娶前女。后聘听其别嫁，以罪不在女家，故不追财礼。若夫家再聘而已娶者，则后娶之女既已失身，无所归着，唯有听原聘者另嫁耳。

但是若男女有一方有残疾隐而不示，或一方未娶犯罪诸类，婚约也可以解除。唐以后法律在这方面也有规定。

十七 缠足的起源

缠足起源于五代的南唐。南唐李后主有个宫女，叫昚（shèn，同慎）娘，纤丽善舞。后主作金莲，高六尺，饰以宝物细带。她以帛缠足，使之纤小屈上成新月形，穿素袜，回旋舞蹈于莲花中。据说这就是我国妇女缠足的起源。

妇女缠足是礼教对妇女压迫的结果，是礼教发展的必然趋势。假若我们把昚娘缠足看成是中国妇女缠足的起源，就太简单了。缠足有它自己潜移默化的过程。在古代，虽然还没有缠足的事，但是由于父权制的建立已开始对妇女进行种种限制，这些限制已不仅仅是人身自由的限制，而且出现了对身体束缚的要求。人们在观念和舆论上要求妇女娴静、温柔，并要求妇女在举止言谈中也要注意。《诗经》第一首诗中就说："窈窕淑女，君子好逑。"诗译成白话是："幽雅娴静的女子，才是君子好配偶。"对禀性要求如此，对举止要求亦然。"月出皎兮，佼人僚兮，舒窈纠兮。"[16]舒就是迟缓的姿态。妇女幽静、温柔并不是女子天生的禀性，而是被父权制下礼教逼出来的。张平子《南都赋》云："罗袜蹑蹀而容舆。"《孔雀东南飞》："足下蹑丝履，纤纤作细步。"这都是说妇人要以舒缓为美。

既然社会要求妇女以舒缓为美，在妇女身体上采取束缚手段也成为必然。六朝乐府诗《双行缠》中有"新罗绣行缠，足趺如春妍，他人言不好，我独知可怜"。这时虽然要求缠足，却要"趺如春妍"而不说"尖如春笋"，说明古人已以脚小为美，但不似后世之偏狂。

到了唐代以后，赞美女子小脚的诗有很多。白居易《上阳人》中有"小尖鞋履窄衣裳"诗句，韩偓诗有"六寸肤圆光致致"，杜牧也有诗云：

钿足裁量减四分，碧琉璃滑裹春云。
五陵年少欺他醉，笑把花前出画裙。

缠足风气的盛行说明礼教不但扭曲人性，也在形体上使女子备受摧残。自五代以后，北宋徐積《咏蔡家嫁》就有“但知勒四支，不知裹两足”之句。《宋史·五行志》载：“理宗朝，宫人束足纤直，名‘快上马’。”苏东坡有词《菩萨蛮》云：

涂香莫惜莲承步，
长愁罗袜临波去。
只见舞回风，
都无行处踪，
偷穿宫样稳，
并立双趺困，
纤妙说应难，
须从掌上看。

这说明到了宋代缠足之风已普遍盛行了，到了元代有拿妓鞋行酒的。明代亦然，继踵前武，有进无退。清代满人入关，满人向来不裹脚，所以康熙之年诏禁女子缠足，违者把父母拿去治罪。《菽园赘谈》说，这时某大员上疏，有“奏为臣妻先放大脚事”，一时传为笑柄，可见当时皇帝诏谕不过是纸空文。过了七年，王熙奏免其禁，民间缠足风气又一度高涨。入关的旗女，也东施效颦，乾隆屡次降旨严责，才刹住旗女缠足风气。但汉人缠足自若，并养成了“拜脚狂”的风气。清代文人专门写怎样欣赏小脚的书和文章，把小脚分门别类，分级品评，叫法也很多。

缠足是对女子肢体的摧残。妇女幼年被迫缠足时，备受苦楚，长大成人以后，双足犹如钉上脚镣，终生步履蹒跚，行走不便，严重影响她们的日常生产和生活。缠足只是使妇女更加依附男子，更成为男子得心应手的玩物。缠足妇女在遭受男子欺凌时，只能逆来顺受；在遇到敌寇时，只好俯首就擒。裹足习俗千百年来，对中国妇女害莫大矣。

【注释】

[1] 见《新唐书·公主传》。

[2] 见《酉阳杂俎》。

[3] 见晋张华《感婚赋》："彼婚姻之俗忌，晋当梁之在斯。"又见《唐会要·礼乐》。

[4] 见《新唐书·韦宙传》。

[5] 周辉：《清波杂志》卷一。

[6]《新唐书·杜中立传》。

[7]《唐律疏议》。

[8] 见《隋书·后妃传》。

[9] 佚名：《迷楼记》。

[10] 见《东都事略》。

[11]《新唐书》卷八十三。

[12]《新五代史》卷十七。

[13]《新五代史》卷十七。

[14]《太平御览》卷六百四十。

[15] 白居易：《长庆集》卷四十九。

[16]《诗经·月出》。

第七章

宋 代

自公元960年至公元1271年在我国历史上是宋朝时期。宋是北宋与南宋的总称。南宋又是与辽、西夏三分疆土、鼎足而立时期。过去历史学界有一个普遍的看法，认为贞节观念的强化、妇女地位一落千丈的转变是从宋代开始的，这一观点值得商榷。宋代理学出现，理学强调妇女守节毋庸置疑。但是强调和事实毕竟不是一回事，而宋代理学对社会的影响又要由理学的社会地位所决定。宋代嫁娶基本继承唐以来婚俗，辽、金等少数民族婚俗则别具特色。此外，宋代还有一些复杂的婚姻现象，如冥婚、岳秦不婚等。婚姻现象的复杂和宋代动荡复杂的社会现实有必然的联系。

一 嫁娶

宋代嫁娶一宗唐代，以“六礼”为主要方式，但是具体步骤有所更改。宋皇室嫁娶和一般人嫁娶也有区别。

宋代公主下嫁，被选中者，即拜为驸马都尉。皇上还要赐玉带、袭衣、银鞍勒马、采罗百匹，这称为“系亲”。王公聘女，也要赐女家白金万两敌门（敌门，即古之纳采)。《宋史·礼志》记载：

诸王纳妃。……定礼……果槃、花粉、花幂、眠羊卧鹿花饼、银胜、小色金银钱等物。

一般百姓嫁娶之法，那时文人记载更为细致。孟老元在《东京梦华录》一书中对当时嫁娶做了详细记载：

“凡娶媳妇，先起草帖子。两家允许，然后起细帖子，序三代名讳，议亲人有服亲田产官职之类。次檐许口酒，以络盛酒瓶，装以大花八朵、罗绢生色或银胜八枚，又以花红缴檐上，谓之‘缴檐红’，与女家。女家以淡水二瓶、活鱼三五个、箸一双，悉送在元酒瓶内，谓之‘回鱼箸’。或下小定、大定；或相媳妇与不相。若相媳妇，即男家亲人或婆往女家看中，即以钗子插冠中，谓之‘插钗子’；或不入意，即留一两端彩段（缎），与之压惊，则此亲不谐矣。其媒人有数等：上等戴盖头，着紫背子，说官亲宫院恩泽；中等戴冠子，黄包髻背子，或只系裙手，把青凉伞儿，皆两人同行。下定了，即旦望媒人传语。遇节序，即以节物头面羊酒之类追女家，随家丰俭。女家多回巧作之类。次下财礼，次报成结日子。次过大礼，先一日或是日早上催妆冠帔花粉，女家回公裳花幞头之类。前一日女家先来挂帐，铺设房卧，谓之‘铺房’。女家亲人有茶酒利市之类。至迎娶日，儿家以车子或花檐子发迎客引至女家门，女家管待迎客，与之彩段，作乐催妆上车檐，从人未肯起，炒咬利市，谓之‘起檐子’，与之然后行。迎客先回至儿家门，从人及儿家人乞觅利市钱物花红等，谓之‘栏门’。新妇下车子，有阴阳人执斗，内盛谷豆钱果草节等咒祝，望门而撒，小儿辈争拾之，谓之‘撒谷豆’，俗云厌青羊等杀神也。新人下车檐，踏青布条或毡席，不得踏地，一人捧镜而行，引新人跨鞍蓦草及秤上过，入门，于一室内当中悬帐，谓之‘坐虚帐’，或只径入房中坐于床上，亦谓‘坐富贵’。其送女客，急三盏而退，谓之‘走

宋墓壁画中夫妇对宴

送'。众客就筵三杯之后，婿具公裳花胜簇面，于中堂升一榻，上置椅子，谓之'高坐'，先媒氏请，次姨氏或妗氏请，各斟一杯饮之，次丈母请，方下坐。新人门额，用彩一段，碎裂其下，横抹挂之。婿入房，即众争扯小片而去，谓之'利市缴门红'。婿于床前请新妇出，二家各出彩段，绾一同心，谓之'牵巾'，男挂于笏，女搭于手，男倒行出，面皆相向，至家庙前参拜毕，女复倒行，扶入房讲拜，男女各争先后对拜毕，就床，女向左，男向右坐，妇女以金钱彩果散掷，谓之'撒帐'。男左女右，留少头发，二家出匹段、钗子、木梳、头须之类，谓之'合髻'。然后用两盏以彩结连之，互饮一盏，谓之'交杯酒'。饮讫掷盏，并花冠子于床下，盏一仰一合，俗云'大吉'，则众喜贺，然后掩帐讫。宫院中即亲随人抱女婿去，已下人家即行出房，参谢诸亲，复就坐饮酒。散后，次日五更，用一桌盛镜台镜子于其上，望上展拜，谓之‘新妇拜堂’。次拜尊长亲戚，各有彩段巧作鞋枕为献，谓之‘赏贺’。尊长则复换一匹回之，谓之‘答贺’。婿往参妇家，谓之‘拜门’。有力能趣办，次日即往，谓之‘复面拜门’。不然，三日七日皆可，赏贺亦如女家之礼。酒散，女家具鼓吹从物，迎婿还家，三日，女家送彩段油蜜蒸饼，谓之‘蜜和油蒸饼’。其女家来作会，谓之‘暖女’。七日则取女归，盛送彩段头面与之，谓之‘洗头’。一月则大会相庆，谓之‘满月’。自此以后，礼数简矣。”

可见，宋人的婚俗还保留着许多唐人婚俗。

二　辽金人的婚俗

辽金原是北方少数民族。两宋时期，由于接触频繁，辽金人的婚姻生活受汉民族影响很大。辽太宗会同三年十二月，诏契丹人授汉官者，从汉仪，听与汉人婚。[1]

辽人婚俗是很有意思的。《辽史·礼志五》记载：

> 惕隐率皇族奉迎，再拜。皇后车至便殿东南七十步止，惕隐夫人请降车，负银罂（yīng，小口大肚的瓶子），捧縢，履黄道行。后一人张羔裘若袭之，前一妇人捧镜却行，置鞍于道，后过其上，乃谒神主室三拜。

辽人还有“拜奥婚”。辽人纳娶皇后时，要在族中选尊者一人，当奥而坐，以主持婚礼。奥在古代指房宅西南角。送后的人，拜而致敬。故云“拜奥礼”。[2]

金人的结婚习惯颇为特殊。金人十分盛行指腹为婚，一旦约定婚约，长大以后，不论贵贱殊隔，一律不能改悔。宇文懋昭在《大金国志》卷三九中，对金人婚俗考察十分缜密。他说：

> 金人旧俗，……婿纳币，皆先期拜门，戚属偕行，以酒馔往，少者十余车，多者至十倍，饮客佳酒，则以金银器贮之。其次以瓦器列于前，以百数，宾退则分饷焉。先以乌金银杯酌饮，贫者以木。酒三行，进大软脂、小软脂，如中国寒具(饼)。……妇家无大小，皆坐炕上；婿党罗拜其下，谓之“男下女”。礼毕，婿牵马百匹，少者十匹，陈其前，妇翁选子姓之别马者视之，好则留，不好则退，留者不过什二三，或皆不中选，虽婿所乘亦以充数。大抵以留马少为耻。女家亦视其数而厚薄之。一马则报衣一袭，婿皆亲迎。即成，婿留于妇家执仆隶役，虽行酒进食，皆躬亲之，三年，然后以妇归。则父用奴婢数十户、牛马数十群，每群九牝一牡，以资遣之。夫谓妻为“萨萨”，妻谓夫为“爱根”。

金人娶妇，比较有钱的人家也有以牛马为聘的。穷人家的女儿长大以后，想嫁人，便在大路上边走边唱，歌的内容主要叙说自己的家世，自己的手艺，自己的容貌，“以伸求侣之意”。这种情况和南方少数民族唱山歌求偶是一样的。如果有男子听后觉得比较合适，便把这女子带回家，然后再备礼到女家，告诉女方父母。

金人婚俗还有一项重要内容，就是“兄死，则妻其嫂；叔伯死，则侄亦如之”。这种习惯说明金人普遍地实行收继婚，婚后的女子在人们观念上是作为一种私有财物而存在的。

三 王安石嫁媳妇

据《渑水燕谈》记载：宋代大政治家王安石的次子王雱，是太常寺太祝，自小有精神病。长大后，娶同郡女庞氏为妻，一年后生下一个孩子，王雱觉得这个孩子长得不像自己，千方百计地把孩子杀了。此后就和妻子天天吵架。王安石素知儿子不正常，想到媳妇又无过错，就考虑让他们分开。为了不被恶语中伤，就找一个老实人嫁了出去。

夫妇不和，最后要离婚，这是十分平常的事，但是在人们所说的贞节观念甚严的宋代，离婚后女子再嫁按理说是不应该的，况且又是身居高位的王安石嫁媳妇呢！

实际上宋代的婚配嫁娶并不像某些史书上所渲染的那样，受理学影响那么严重。像王安石，他不但嫁媳妇，而连弟子的婚事也要管，《渑水燕谈》又记载：当时，有个工部员外郎叫侯叔献，是王安石的弟子。侯叔献妻子年龄不大，但很泼皮。叔献死后，治丧的灵堂办得十分不整齐。王安石因此上奏，请把魏氏逐回老家。京城当时流传一个谚语说："王太祝生前嫁妇，侯工部死后休妻。"

通过这两件事，我们可以看出王安石的贞节观念十分宽泛。但是这是否代表当时一般人的思想呢？

在宋代，不但王安石嫁媳妇，还有一个比他早些年的人也做过这种事情，这就是范仲淹。范仲淹的儿子纯佑早死，过了一些日子，他的门生王陶恰好死了老婆，范仲淹便把他的寡媳嫁给了王陶。这说明在宋代初期寡妇守节观念并没有加强。范仲淹的母亲谢氏就是改嫁朱姓的。由于家穷的缘故，他跟着母亲到了朱家。做了官以后，才复范姓。后来遇有推恩（指把皇帝的恩赐分予自己亲属），他多先给朱姓子弟，丝毫不以母亲再嫁为耻辱。从这件事上可以看出当时社会对女再嫁的一般态度。

范仲淹不但主张妇女改嫁，而且主张社会应该为妇女的改嫁提供一些方便。如由范仲淹订立的一直推行到南宋时期的《义庄规矩》规定："嫁女支钱三十贯，再嫁二十贯；娶妇支钱二十贯，再娶不支。"这大概很能代表宋初儒者对妇女再嫁的看法。

宋代妇女再嫁是比较普遍的。以前我们以为礼教束缚由松到紧的前后演变、贞节观念由宽到严的发展过程的转折点应该定于宋朝，是值得考虑的，实际上这样划分太绝对，不符合历史事实。除上述外，像岳飞的前妻刘氏、赵明诚遗孀李清照、陆游表妹唐琬等改醮另适，或传为佳话，或酿成悲剧，结局虽不相同，均为世人所知。就整个社会而论，宋代妇女再嫁不是极少，而是较多，如果用宋人的话来说，即是："天下不知凡几。"

宋人还说：

> 膏粱士俗之家，夫始属纩（kuàng，丝棉。属纩指将死），已欲括奁结橐，求他偶而适者多矣。[3]

这种情况在宋人笔记文札里面记载很多。有人统计洪迈《夷坚志》一书所载的妇女改嫁事例竟六十一起，其中再嫁五十五人，三嫁者六人。这虽属于管中窥豹，但足可见其社会婚嫁风尚之一斑。宋代妇女既然改嫁者较多，守节者势必较少。编修《宋史》的元人便在《列女传》中叹息再三："女子生长环堵之中，能著美行垂于汗青，岂易得哉！"他们"考宋旧史"，苦苦搜寻，才挑出四十三人，这和"节烈为多"的明代相比，宋代未免瞠乎其后。

四 李孝德告寡嫂

南宋末年发生了一个案子。当时有个乡下人叫李孝德，他告发寡嫂阿区“以一妇女三易其夫”。此案由号称“援据经史，切当事情”的能臣胡颖审理。他为阿区辩护说：其夫“既死之后，或嫁或不嫁，惟阿区之择”。并严正斥责李孝德“小人不守本分，不务正业，专好论诉”。最后，胡颖宣布阿区无罪，而李孝德则被判处“杖一百”。[4]

阻止寡妇“更嫁”反而成了罪名，控告寡妇“易夫”倒转受到惩罚，这在明代是绝对不允许的。原来宋代的法律在原则上允许妇女改嫁。这里还可以举出几个例子。

仁宗时，参知政事吴育的弟媳“有六子而寡”，寡后多年未嫁，御史唐询抓着此事，大做文章，竟向皇上奏本，控告吴育：“弟妇久寡不使更嫁。”[5]阻止寡妇再嫁，成了弹劾一个权臣的罪状。

又《夷坚志补》卷二载：绍兴初，鼎州士兵祐的妻子向政府报告：“夫死无以自存”请求居丧“改嫁”。政以猛闻的知州程昌寓，不仅给了她钱，让她掩埋死者，还“从其请”，准许她提前于服丧期间另嫁。

从上述几个例子中我们可以看到，宋政府对女子再嫁从法律上讲基本是承认的。实际上，宋代的法律也从来不曾笼统禁止过妇女改嫁，《宋刑统·户婚律》规定：

> 诸居父母及夫丧而嫁者，徒三年。
>
> 诸夫丧服除而欲守志，非女之祖父母、父母而强嫁之者，徒一年。
>
> 若夫妻不相安谐而和离者，不坐；即妻妾擅去者，徒二年，

因而改嫁者，加二等。

诸和娶人妻及嫁之者，各徒二年。

从这些条文中我们可以看出宋代在原则上不禁止妇女改嫁，但是由于理学的影响，也提倡妇女守节，要求妇女为丈夫守丧。法律所禁止的只是居丧改嫁、强迫改嫁、背夫改嫁以及嫁娶有夫之妇。

诚然，《宋刑统》颁行于宋初，其后“以敕代律”，法令多改动。如《宋刑统》规定妇女居丧不得更嫁的期限为二十七个月，到哲宗时，将难以维持生活的寡妇居丧期限缩短到一百天。[6]但是改动的仅仅是某些具体规定，而妇女可以再嫁的基本精神，则是自宋初以来未曾改动的。直到南宋后期，法律仍然肯定：

已成婚而移乡编管，其妻愿离者听。夫出外三年不归，亦听改嫁。[7]

凡为客户身故，而其妻愿改嫁者，听其自便。[8]

当时不仅国法，作为其补充的家法族规也允许“夫亡改适，寡妇再嫁”。[9]

从以上所举法律规定中不难看出，在宋代，不仅寡妇、出妻均可改嫁，而且在一定条件下，如丈夫“离乡编管”“外出三年不归”，甚至夫妻关系不好、感情破裂，即所谓“不相安谐”，女方可以主动离婚再嫁。这样的例子有很多。

仁宗时，龙图阁学士祖无择的妻子徐氏“有姿色”，她嫌丈夫形象不佳，与自己不相匹配，竟因此“反目离婚”。[10]

孝宗时，向滈的岳父“恶其穷，夺其妻以嫁别人”。向滈无可奈何，只能空自叹息：“人情甚似吴江冷，世路真如蜀道难。”[11]

南宋后期，“林莘仲因事编管而六年并不通门”，其妻卓王姐“与议和离，立定文约”，后来林莘仲要求复婚，地方官认为：“揆之于法，自合离婚。”“使卓氏已嫁他人，今其可取乎?”并裁定“林莘仲可谓妄词，合行收罪免断”。

又据《夷坚丙志》“王八郎”条载：比阳富人王八郎“因与一倡绸缪”，造成夫妻关系紧张。其妻“执夫袂，走诣县”，县官准予离婚，并“中分其资产”。

由此可见，在宋代法律给予女方的离婚权和改嫁权，并非完全不能兑现，纯属一纸空文。

当然，在宋代全部法规中，确实也可以找到一条独一无二的禁止妇女改嫁的规定：“故事，宗妇少丧夫，虽无子，不许更嫁。”[13]但是这项规定仅适用于宗室妇女，并仅行于北宋前期。仁宗时，汝南王允让提出异议，要求废止。治平年间，英宗干脆予以撤销，公开下令准许“宗室女再嫁”。熙宁十年以及稍后，神宗又两次下诏重申允许宗室女“再嫁”“再适”。(事见《宋史·礼志十八》)

这项规定由施行到废止，恰好表明对于妇女改嫁不是愈禁愈严，相反倒是限制越来越小，越放越宽。

五 铁树开花

杨万里《诚斋杂记》记载一个女子再嫁的事，说得十分奇怪：

扶风有个人叫马元正，妻子叫尹氏，是天水人。元正死得较早，愿意娶尹氏的人很多。她的父亲也劝她再嫁，尹氏哭着指铁井栏道：“此上生花，我则再醮。”三年后，井栏上真开了像黄芝一样的花，她无奈只好嫁给李霭为继室。不过“铁”是绝对不会开花的，这自然是井栏陈旧多年，苔藓太深。茹藓偶以寄生，便认为是了不得的事，是天意，成为再嫁的借口。

从这个故事中我们可以看出当时社会对贞节问题的看法。尹氏不愿再嫁，说明当时社会认为守节是女子的美德。尹父欲改嫁之，说明社会对改嫁的态度也不是那么严肃，改嫁并不因影响女子的名誉而遭到讥笑。宋代重视贞节，提倡礼教，这是事实，但这绝不能代表宋代社会对于贞节的一般观念。我们曾说过，贞节被重视的时代，正是社会不讲贞节的时代。宋代提倡贞节诚然会对社会产生一定的影响，但是，这并不能说明宋代人的贞节观念比较强。所以把婚姻生活的大转变放在宋代是不正确的，也不能为史实所证明。下面我们略举一些例子，从此可以看出宋人对贞节的态度。

在宋代，官僚妻妾改嫁的事屡见不鲜。范公偁《过庭录》记载：绍圣年间，太子太保韩缜死后，家资巨万，他的爱妾蟾奴带着财产嫁给了别人，韩缜的儿子宗武“恬然不较，乡里服焉”。

描写再嫁的戏剧版画《梅开二度》

又见《齐东野语》卷十六载：北宋末年，陈了翁与潘良贵同为一位改嫁妾所生。他们的母亲来往两家，这事在当时被人们称为前所未有的佳话："一母生二名儒"。还有薛居正妻柴氏，移资改嫁张齐贤。薛张二人都是赫赫名臣，不以为嫌。又秦国长公主，始嫁给朱福德，后又嫁与高怀德。荣德帝姬，开始嫁给曹晟，后又嫁给习古国王。这说明皇室及公卿对贞节的态度。

嘉定年间，制置使贾涉的妾胡氏生下贾似道之后，不久就出嫁为民妻。[14]周密《癸辛杂识》亦记载：绍定年间，太师史弥远死后，他的儿子史宅之将他的爱妾顾氏"以礼遣嫁"。

更有趣的是，有些人还以名人妾改嫁、遗腹而生为荣。如：童贯自称为韩琦之子；梁师成、孙觌自称苏轼之子。他们"欲以攀附名流，而不以中苒为耻"。[15]于此我们亦可见当时的风俗到底如何。

六 孝奉嫁母

在宋代，业已改嫁的母亲仍然是儿子尽孝的对象。相反，如果事之不恭，倒要遭到社会的非难。这是十分奇怪的事，在孔子时代对嫁母守丧就是不赞成的，宋代竟出现孝奉嫁母之事。王楙《燕翼诒谋录》记载：太宗时，知邓州张永德"于州廨（xiè，古代官吏办公处）作二堂，左继母刘氏居之，右（出母）马氏居之"。他"事二母如一"。皇上大加赞许，认为："此可为人子事出母之法。"

仁宗时，朝廷的集贤校理郭稹的出母边氏已另嫁，并且生了四个儿子。当边氏病故，郭稹依然悲痛不已，定要"解官行服"。仁宗对此加以肯定，并在景祐年间下诏："自今（官员嫁母亡）并听解官，以申心丧。"[16]至此，儿子尽孝嫁母，更有章可循了。后来有个朱寿昌跑遍四方，历尽艰辛，找到嫁母。官府表其孝节，神宗还亲自接见。[17]大约同时，还出了个名叫刘瑨的“孝子”，他的母亲王氏生下他后，旋即改嫁他姓，并生下儿女三人，刘瑨长大以后，“誓不见母不复为人”“跣足走天下访之”。最后母子终于重聚。刘瑨找到嫁母事出偶然，他本人后来又官运颇亨，“为世名臣”。当时人都说这是“纯孝所感”“天之报应”。[18]其说怪诞不经，实无足取。

更有甚者，据《西湖志余》记载：乾道年间，有位妇女，先嫁单氏，生单夔，又嫁耿氏，生耿延年。后来两个儿子都做了高官。她死后，两个儿子争着埋葬。孝宗知道后，深深地为其孝心所感动，出来调停说：“二子无争，朕为葬之。”皇上居然为一位再嫁的妇女亲自举行葬礼，实在难能。在这种社会风气笼罩下，连南宋末年的奸相贾似道也要沽名钓誉，装模作样，不得不将其嫁母迎回奉养。但他极其残忍地把做石匠的继父“沉之于江”。

宋代对妇女贞节要求不是像人们想象的那样严，这已是事实。假若社会舆论果真普遍谴责女子改嫁，妇女再嫁一定很不容易。可是，实际情况正相反。当丈夫死后，女子另嫁不难，以至于人们对于“老娶外妇”要说这样的俏皮话：

> 偎他门户傍他墙，
> 年去年来来去忙。
> 采得百花成蜜后，
> 为他人作嫁衣裳。[19]

再嫁不但不难，而条件好的，人们还争欲得之。《癸辛杂识》又载：南宋末年，陈了翁的女儿“既寡，谋再适人”。消息一经传出，邀媒下聘者不计其数，争风吃醋，轩然成波。刘震孙在这场纷争中大走红运，百里挑一竟被选中。但是由于落选者的嫉妒，招来了许多闲言碎语。对于女子再嫁的态度，皇上也是如此。王明清《挥麈后录》卷二记载：康定年间，刘从德病死，他的夫人王氏长得非常漂亮，仁宗痴情于这位新寡，拟封为遂国夫人，只因大臣富弼反对，才作罢。而曾经在仁宗朝“母仪天下”，英宗朝垂帘听政，神宋朝影响政局的仁宗曹后，实际上也是一个再嫁妇女。她先前曾嫁李化光，不只立下婚约，而且已过门，只因李化光“好神仙事”“不乐婚宦”，以致“逾垣而走”。曹氏归家不久，又被选纳为后。[20]

七 沈括惧内

朱彧《萍州可谈》记载：沈括晚年娶的妻子张氏，非常强悍，对沈括很不好，时常打骂沈括，有时把他的胡须拔下来，扔到地上。儿女们捡起来，见胡须上带有血肉，大哭起来，可是张氏终不改悔。沈括的大儿子沈毅，是前妻的儿子，张氏把他撵走了。后来张氏突然发病死了，人们都去祝贺沈括，可是沈括从张氏死后，恍惚不安，不久也死了。

沈括惧内，煞是可怜，然而当时诸如王旦、夏竦、郭稹、周必大等朝廷重臣，晏殊、汪藻、陆游等社会名流，无不如此。魏泰《东轩笔录》卷七记载：周必大也很窝囊，爱妾被夫人捆在大庭上，他竟然束手无策，只好亲自送水解渴。夫人在一旁嘲笑：“好个相公，为婢取水。”

这时连“贵为一品”“当国最久”被仁宗誉为“全德元老”的名相王旦，也颇惧内。赵概《闻见录》说，王旦在住宅后面作个大堂，取名三畏（孔子所云三畏：畏天命、畏大人、畏圣人之言。杨亿说“可改作‘四畏’”。

王旦说：“怎么叫四畏？”

杨亿答道："兼畏夫人。"

鉴于大臣惧内相当普遍，真宗刘后把各位大臣的夫人统统叫到后宫，当众对"阃（kǔn，妇女住的内室）范严酷"的夏竦妻子杨氏加以"苛责"，以期责一儆百。但是这种风气并没有根本好转。

当时的大诗人苏轼好像不怕妻子，而自鸣得意，《侯鲭录》卷三说苏轼常为一些"惧内者"题诗。他替"甚畏"其妻的孙贲题扇云：

披扇当年笑温峤，握刀晚岁战刘郎。
不须戚戚如冯冯，但与时时说李阳。

诗内用的全是晋朝惧内典故。后来苏轼又为"饱参禅学"，常被妻子骂得丧魂失魄，不知所措的陈季常写下了这样的诗句：

谁似龙丘居士贤，谈空说有夜不眠。
忽闻河东狮子吼，拄杖落手心茫然。[21]

由于当时这类事颇多，宋人谢仍把宋代看作历史上阴盛阳衰时期，他在《鸳鸯楼记》中写道："自逊、抗、机、云之死，而天地英灵之气，不钟于世之男子，而钟于妇人。"听到如此藐视男子的言论，理学家陆九渊无可奈何，只得默然。[22]从上述种种事例，断言宋代妇女地位急转直下，依据自然不足为信。

八　伯鱼妻改嫁

伯鱼是孔子的儿子，他死后妻子已生下子思，可她又嫁到卫，这是历史上伯鱼妻改嫁的事。这件事在《礼记·檀弓上》中有记载。在宋代为了批判理学家提出的加强女子贞节观念的思想，王安石提出了“伯鱼妻改嫁”说。[23]孔子儿媳尚且如此，女子再嫁有何不可。

宋代理学家提倡贞节，对社会的确产生了重要影响，但是这种影响对于当时社会和后代社会的作用大小应该区别开。我们知道，理学不是宋朝政府的官方哲学和主要统治思想。众所周知，宋代学派林立，各说其是，互不相让，程朱理学只是这些学派当中重要一派而已。况且在宋代，先后指斥其为伪学，力主予以禁止者不止一人，皇帝亲自下诏、明令加以禁止也不止一次。其中禁得最严、历时最久的一次当推有名的“庆元党禁”。到了南宋末季，理宗虽然尊崇理学，然而宋蒙旋即开战，宋朝已经处于命在旦夕、行将就木的窘境之中，所以《宋史·道学传序》说：“道学盛于宋，宋弗究于用，甚有厉禁焉。”

从理学在宋代的地位我们可以看出它对当时社会产生的真正影响如何。他们提倡贞节，非难妇女再嫁，并未为当时人所接受，而他们自己就不能身体力行。如程颐默许儿媳改嫁，[24]又操持甥女再嫁。[25]而社会上大多数人更是不仅不按他们那套说教去立身行事，并且从根本上加以反对：“众则非之，以为无行”。谁实行他们的主张，就会被社会斥为“丑行”。[26]在朝廷上，也有不少人和他们针锋相对，如上面谈过的王安石提出“伯鱼妻改嫁”说。当然，对于这些问题，在朝廷内部自然会引起争论，如仁宗时就围绕着儿子是否应为嫁母服丧的问题，展开了一场争论，但是最后获胜的是主张服丧者，前引景祐年间准许官员嫁母死，解官申心丧诏，就是其获胜的标志。

理学家在宋代远远没有取得“一言竟成天下法，匹夫而为万世师”的地位，理学尚有待于“后之明君世主”“来此取法”。这是就总体而论。至于理学提倡贞节的主张、谴责再嫁的说教，如上所述，对于当时政府政策和整个社会风气影响不大，和理学对后代的影响远远不能相比。

其实，理学家也并非严肃社会贞节观的始作俑者，他们只不过把前代的一点零碎的观点系统化，并大肆渲染罢了。

《周易》说：“妇人贞吉，从一而终。”

《礼记》说：“一与之齐，终身不改。”

《仪礼》说：“夫者，妻之天也，妇人不二斩者，犹曰不二天也。”

诸如此类，早已出乎昔人之口，见诸旧典陈编。理学家们无非是拾人牙慧、旧调重提而已。《新唐书·列女传》说：“不践二廷，妇人之常。”孟郊《去妇》诗说：“一女事一夫，安可再移天。”这与程颐等人的主张，无非五十步与百步之别。可是前代的儒学家也并非完全不近人情，他们也还有“夫妻之道，有义则合，无义则离”一类的说法，而理学家并没有背弃这些先儒遗训，他们同样说：“父子天合，夫妇人合，人合者，恩义有亏则已矣。”[27]就连大发夫天妻地，男尊女卑谬论的司马光在《训子孙文中》也说：“夫妇以义合，义绝则离”，并不绝对反对妇女主动离婚。程颐也说过：“出妻令其可嫁。”不一概否认妇女再嫁。

同时，理学家们并非只是片面反对女子再嫁，他们也反对男子再娶。程颐说：“凡为夫妇时，岂有一人先死，一人再娶，一人再嫁之约？只约终身夫妇也。”[28]“夫妇之道，当常永有终。”[29]

朱熹也有这样的看法，《朱子语类》卷九十载：“古人无再娶之礼。”

因此，把理学家们的主张简单地概括为只准男子再娶，不许女子再嫁，显然不够全面。其实《夷坚志》中谴责女子再嫁与非难男子再娶的篇章兼而有之，而前者充其量不过十三篇，后者竟多达三十六章，后者居然是前者一倍多。后一类故事，情节大同小异，大致是：夫妇相欢之时，立下海誓山盟“彼此勿相忘，一死则生者不得嫁娶”。

可是一旦妻子死后，丈夫违约再娶，结果“梦见前妻相责”，愧怖之下，或发狂出走，坠井而死；或变为阉者，不得善终；或七窍出血，当即毙命。而旁观者的态度呢？认为这些都是“为不义而终至此”，活该！这些故事离奇古怪，迷信色彩浓厚，其主旨不外乎说明：妻死之后，夫如再娶，定遭恶报。

九 “饿死事小，失节事大”

一般人谈到宋明理学对社会婚姻道德的影响，都要引用这句话。这句话是宋代大理学家程颐的名言，见于《近思录》：

“或问：‘孀妇于理，似不可取，如何？’

伊川先生曰：‘然！凡取，以配身也，若取失节者以配身，是己失节也。’

又问：‘人或居孀贫穷无托者，可再嫁否？’

曰：‘只是后世怕寒饿死，故有是说，然饿死事极小，失节事极大。’”程颐这样讲显得十分蛮横。究其事实，这种说法也并非纯属向壁虚构。宋儒在建立他们一套伦理体系上的确不少卖力。宋代的理学家，早从周敦颐就开始建立他们这一套理论。虽然他们的观点都是有源可寻的，但是毕竟他们还是下了一番力气将此系统化。宋明理学是以儒学为主，融合道佛两家形成的新的学术体系。宋代的理学是尊古的。古代形成的礼教一经宋儒的推重，便形成一股大潮，对后代更产生巨大的影响，自有其深因。

周敦颐在《太极图》里面说：

乾道成男，坤道成女，二气交感，化生万物。”他又说：“治天下有本，身之谓也，治天下有则，家之谓也。本必端，端本，

程颐像

诚心而已矣；则必善，善则，和亲而已矣。家难而天下易，家亲而天下疏也，家人离必起于妇人，故睽次家人。

他看家中的妻妾，如皇帝看国中的臣民一样，臣民必须治服，妻妾必须御顺，这就是宋儒的妇女观念。同时代的张载，也在这方面有所建树。他作过一篇《横渠女诫》：

妇道之常，顺为厥正，是曰天明，是其帝命。嘉尔婉婉，克安尔亲，往之汝家，古施克勤。尔顺维何？无违夫子，无然皋皋，无然訾訾。

这篇文章写得十分苦涩，他的见解同汉代班昭基本相同，主张妇女婉顺、无非无仪。

从这两个人到二程，在这方面要求又紧一些。程颐在这方面的论述很多。他不但主张女子“饿死事小，失节事大”，还主张男子可以出妻。《性理大全》有云：

问：“妻可出乎？”

程子曰：“妻不贤，出之何害？如子思亦尝出妻，今世俗乃以出妻为丑行，遂不敢为。古人不如此。

对于再娶程子态度也是否定的，但出于宗法家族观念的考虑，他说："……但自大夫以下，有不得已再娶者，盖缘奉公姑或主内事耳，如大夫以上，至诸侯天子，自有嫔妃，可以供祀礼，所以不许再娶也。"

从二程到朱子，也继承了这种思想，非常看重贞节。陈师中的妹婿死了，他写信给陈师中，促其设法让他妹妹守节。信云："令女弟甚贤，必能养老扶孤以全'柏舟'之节。此事在丞相夫人奖劝扶植以成就之，使自明（陈师中妹婿）没为忠臣，而其室家，生为节妇，斯亦人伦之美事。计老兄昆弟，必不惮赞成之也。昔伊川先生尝论此事，以为饿死事小，失节事大，自世俗观之，诚为迂阔，然自知经识理之君子观之，尝有以知其不可易也。"

宋代理学家关于妇人贞节的论述，脉络概见于此。

十　养媳制

养媳制是中国古代一个常见的婚姻制度。秦汉以后，帝王就开始选拔幼女或没罪人的幼小入宫廷。于成年后，或自幸，或赐与子弟。这事实上就是先养后御，近似于后代养媳制。至宋明时代，这种养媳现象在宫廷中仍十分盛行。如《宋史·后妃传》载：

> 周贵妃，开封人。生四岁，从其姑入宫，张贵妃育为女。稍长，遂得侍仁宗。

《明史·后妃传》亦载：宣宗孙皇后入宫"方十余岁，成祖命诚孝后育之。已而宣宗婚，诏选济宁胡氏为妃，而以孙氏为嫔"。

童养媳在民间多出于贫家，女方为了免除扶养负担，便把女子送往男方，男方为了减轻将来的聘金，自然也愿接受，也有卖给男方的。古代法律对此也有种种规定，例《元史·刑法志》载：

诸以童养未成婚男妇。转配其奴者，笞五十七，妇归宗，不追聘财。

养媳制是古代婚姻中的重要风俗。人们所谓媳妇仔或小媳妇都是指童养媳。所谓童婚、并亲、娶小媳妇、小过门、完房等均系指这种婚姻。童养媳的地位因家而异，一般都比较低下，与婢女无异。

十一 枯杨生稊和枯杨生华

在古代谈到某一老者娶了个年轻妻子，人们称之为“枯杨生稊（tí，嫩芽）”，表示不易得到；若谈到某一老妇嫁与一个年轻男子，则觉得更不易见，人们称之为“枯杨生华（花）”。这种称谓一般是对年纪相当悬殊的人婚配说的。其实中国早已有此传统，古时，夫妇婚龄上的差别是很大的，如果根据《周礼》等书的记载，男三十而娶，女二十而嫁，那么丈夫比妻子要大十岁。在古代一般来说夫妇年龄多以男为大，不过相差也不甚大。女子比男子大虽然不太正常，也能见到。例如，《晋书·后妃传》记载：晋武帝为太子娶贾南风时，时年十五，太子二岁；《明史·后妃传》记载：明宪宗年十六即位，万贵妃已三十有五，史书记载这个事时，都带有讥笑的意味。

夫妻年龄相差不大，但是夫妾年龄相差就很悬殊。男子娶妾一般有两个原因：一贪欢新色；二妻无子，娶妾续嗣。基于这两条，娶妾自然要选年轻的。《国语》有语云："童妾未龀（chèn，换牙）而遭之，既笄而孕。"这说明妾年龄非常小。后代对一般的百姓纳妾年龄有所限制，夫妾年龄差别更为拉开。明代规定庶人四十上纳妾，这样两者年龄就相差二十岁左右。有一则故事叙述张子野年八十五岁尚买妾，苏东坡作诗贺之曰：

锦里先生笑自狂，莫欺九尺鬓毛苍。
诗人老去莺莺在，公子归来燕燕忙。
柱下相君犹有齿，江东刺史已无肠。
平生谬作安昌客，略遣彭宣到后堂。

又《墨客挥犀》载一事说："有一郎官年六十余，置媵妾数人，须已斑白，令其妻妾互镊之。妻忌其少，恐为群妾所悦，乃去其黑者；妾欲其少，乃去其白者。不逾月，颐颔遂空。"

夫妻年龄差别大一般多为夫妾之间，"枯杨生华"之类则属于特例。

十二 岳秦不婚

秦桧杀岳飞的故事是人们十分熟悉的，大概是从岳飞被秦桧所杀以后，岳秦两姓就开始不相婚配。现代许多岳秦两姓的小青年相爱后，还常遭到家庭的阻止，并深为之苦恼，这种事于今日看似有些荒唐了。秦桧和岳飞政见不一，后岳飞为秦桧谋杀，迄今已有几百年了，况且后世岳、秦两姓并非全都是岳、秦后代。在历史上不但岳秦不婚，像潘杨、田陈、曾僧等亦不婚。潘杨不婚是谈潘仁美和杨业的事，实际历史上潘仁美是个很有作为的大将，在宋初开国时立战功甚大。《杨家将》是后来市井作家们的杜撰罢了，潘杨不婚更为可悲。田陈不婚自然是据春秋时田氏代齐的事。只有曾僧不婚还有点同姓不婚的道理，因为两姓来源于一。

岳秦不婚实际是中国婚姻风俗上一个特有的现象：仇雠不婚。古代认为“父兄之雠不共戴于天地”，那么仇雠通婚自然不应该。所以《春秋·庄公二十四年》载：“夫人入。”《谷梁传》便解释道：

> 入者，内弗受也，日入，恶人者也。何用不受也？以宗庙弗受也，其以宗庙弗受，何也？娶仇人子弟，以荐舍于前，其义不可受也。

仇雠不婚，古来就有，结仇两家几代不婚，自然情有可原。但结仇两姓代代不婚，便毫无道理。

十三　冥婚

宋代冥婚的现象很多，是宋代婚姻生活的一项重要内容。冥婚是为死了的人找配偶。或生前已有聘约，或死后才下聘礼，迎柩合葬，使其相从。《周礼·媒氏》云：

> 禁迁葬与嫁殇者。

这说明汉以前就有嫁死人的风俗，所以《周礼》以礼禁之。但这种风气后来并未戒掉。曹操最喜爱的儿子曹冲十三岁就死了，曹操下聘已死的甄小姐做曹冲的妻子，把他们合葬在一起。唐代传说中有一个已死的陆小姐的鬼魂向一个叫李十八的男子求婚，李十八无缘无故地死了，两家就替两个鬼魂举行了冥婚。

冥婚在宋代成了婚俗，康誉之《昨梦录》对此有很多记载。在宋代凡是未婚的男女死了，他们的父母就托媒人说亲，媒人叫鬼媒人。两家父母同时还要卜卦祈祷，卜中得到允婚，就各替鬼魂做冥衣，在男人的墓上供酒果举行合婚祭。

传说举行过冥婚后，他们的父母当天晚上会梦见新娘子来拜公婆，或梦见女婿来拜见岳父、岳母。如果不替已死的男女做冥婚礼，他们的鬼魂就会作怪，使家中不得安静。冥婚礼完毕，照例烧纸钱酬谢阴间的鬼媒人，还要送一笔钱给活媒人。

此外还有许多记载。元时，子弟死而无妻者，或求亡女骨合葬之，《元史·列女传》已有此事。《明史·列女传》亦载杨瑄死而其未婚妻殉，刘伯春卒，而其妻亦如之，后皆迎柩合葬。

到了清代，这种风俗随着贞节观的加强，更加盛行。在山右一地区，凡男女行纳彩礼后，若有夭殇，则行冥婚之礼，女死归于婿茔。除冥婚以外还有“过门守节”之俗，女子未被迎娶而其夫死，遂入居夫家为未婚夫守节，这种情况当时很多。

合冥婚，本为人的感情寄托所至，还可以理解。至于明代夫死殉葬冥合，清时夫死过门守贞，则极灭绝人性。

十四 戴盖头

在西亚、北非一些伊斯兰教国家中，女子外出时要戴面纱。在中国历史上，也曾出现过提倡妇女戴盖头的事，这就是在宋代。

盖头是由汉代“面衣”发展而来的。《西京杂记》记载，赵飞燕为皇后，妹妹昭仪上襚（suì，赠礼）三十五条，有“金花紫罗面衣”。面衣又称面帽。唐代初年，骑马的宫女，根据齐、隋旧制，多着幂篱。王公之家也使用，妇女着幂篱，全身遮蔽，不给路人看见。唐高宗时，帷帽盛行，幂篱就废弃不用了。[30]再后又戴皂罗，方五尺，也称“幞头”，据说这就是宋代盖头。从盖头的发展史考察，它最初只是妇女骑马远行，为防遮风沙、保护面部而制作的，后来宫中用作装饰品，以后又逐渐传到民间。

北宋中期，司马光在《温公家范》一书中，记述当时士大夫女子到官府争讼，“蒙首执牒”“以争嫁资”。说明女子出门戴盖头，在士大夫家属中已是一种习惯。

南宋高宗时，朱熹任泉州同安县主簿和知漳州期间，见妇女抛头露面，往来街上，下令以后女子出门必须用花巾兜面，后人称为“文公兜”。[31]

由于宋儒的提倡，宋代妇女戴盖头的日益增多。《夷坚乙志》记载：元夕观灯，妇女戴“幂首巾”上街，入曲巷酒店饮酒，仍“以巾蒙首”。南宋末年，甚至农村少妇出门，也要戴上皂盖头。毛翊诗云：

田家少妇最风流，白角冠儿皂盖头。
笑问旁人披得称，已遮日色又遮羞。[32]

除盖头以外，朱熹在福建漳、泉等州，见当地贫苦人家，甚至士子、富室的青年男女，往往自相结合，称为“引伴为妻”。朱熹觉得有伤风化，因此他下令禁止，同时又别出心裁地想出一个办法，让妇女在莲鞋底下装上木头，使之行动有声，便于觉察，称为“木头履”，以防止妇女私奔。[33]他的这些措施对后代影响很坏。

【注释】

[1] 见《续通典》卷五十八，礼一十四。

[2]《辽史·国语解》。

[3] 江少虞:《宋朝事实类苑》卷五十四“忠孝节义，死妇阿毛”。

[4] 见《名公书判清明集·户婚门·婚嫁》“嫂嫁小叔入状”。

[5] 见《宋史·唐肃传·附子唐询传》。

[6] 见《续通鉴长编》卷四百八十四“元祐八年三月壬戌”。

[7]《名公书判清明集·户婚门·离》“已成婚而夫离乡编管者听离”。

[8]《宋会要辑稿》食货六十九至六十八。

[9] 袁宋:《袁氏世范》卷一“睦亲、孤女宜早议亲”。

[10] 见胡仔《苕溪渔隐丛话》前集卷二十九。

[11] 见《湖海新闻夷坚续志》前集。

[12] 见《名公书判清明集·户婚门·离》“已成婚而夫离乡编管者听离”。

[13]《续通鉴长编》卷一百九十“嘉祐四年十一月庚子”。

[14] 见李卫《西湖志余》。

[15] 见赵翼《陔余丛考》卷一百四十一“孙觌为东城事”。

[16] 见《宋史·礼志传》二十八。

[17] 见《续通鉴长编》卷二百一十二“熙宁三年六月壬戌”。

[18] 见王絰《默记》卷中。

[19] 陈师道:《后山诗话》。

[20] 见王巩《甲申杂记》。

[21] 谢维新:《古今合璧事类》。

[22] 庞元英:《谈薮》。

[23] 见俞正燮《癸巳存稿》卷三“子思之母为庶氏义”。

[24] 见《程氏外书》卷十一。

[25] 见朱熹《近思录》卷六“齐家之道”。

[26] 见刘元承手编《河南程氏遗书》卷十八“伊门先生语曰”。

[27] 见周密《齐东野语》卷八“义绝合离”。

[28]《河南程氏遗书》卷二十二下“伊门先生八下、附杂录后”。

[29]《周易程氏传》卷四。

[30] 见马鉴《说郛》卷十《续事始》。

[31] 见《福建通志》总卷二十一“风俗志、泉州府”。

[32] 毛诩《南宋六十家集·吾竹小稿·吴门母家十咏》。

[33] 见《福建通志》总卷二十一“风俗志、泉州府”。

附：宋代一章，其内容多得益胡昭曦先生80年代对宋代家庭婚姻的研究。

第八章

元　代

从公元 1271 年至公元 1368 年在我国是元朝时期。元明的统一是继汉、唐以后我国历史上出现的又一次规模空前的统一。各个少数民族和汉民族一道，在统一政权的范围内，互相帮助，互相学习，促进了各族人民的融合，巩固了统一的多民族国家的基础。在社会婚姻生活方面，由于元朝的统治者原是北方落后的少数民族，所以有许多落后的婚姻习惯，婚姻生活呈现出多种多样的状况。元朝统治者进入中原以前，收继婚是当时主要的婚姻形式；进入中原后，经过汉民族的同化和改造，这种落后的婚俗才慢慢销声匿迹。元代又是贞节观念强化的时代，它在宋明之间起着承上启下作用，为明代贞节观全面强化奠定了基础。

一　阿剌海别吉公主

元朝初年，元太祖有一个女儿，名叫阿剌海别吉，她个人的婚姻史，可以作为当时婚俗的代表。元史的材料，多译自蒙文，译文常有分歧。在元代史料中阿剌海别吉共用了七个名字，见下表：

1	《元史·列传》——阿里黑
2	《元史·公主表及列传》 《新元史·公主列传史》 〉 阿剌海别吉
3	《新元史·列传》 《黑鞑事略》 〉 阿剌罕
4	《蒙鞑备录》————阿里黑伯因
5	《蒙鞑备录》必姬夫人
6	《蒙文秘史》——阿剌合别乙
7	《元史译文证补》 《太祖本纪译证下》 〉 阿勒海别姬

她用的名字之所以多，就是因为一人数名，或一名数译，如果史官在她嫁给某甲时，用第一译名；嫁给某乙时，用第二译名；嫁给某丙时，又用第三个译名；那么她纵使再醮三醮，读者很可能把她当作黄花少女。阿剌海别吉的婚事是很复杂的。《元史》上写道："赵国大长公主阿剌海别吉，太祖女，适赵武毅王孛要合。"[1]《元史·阿剌兀思剔吉忽里传》云："太祖留阿剌兀思剔吉忽里，归镇本部，为其部众昔之异议者所杀，长子不颜昔班并死之，其妻阿里黑携幼子孛要合与侄镇国逃难……孛要合幼从攻西域，还封北平王，尚阿剌海别吉公主。"这里的阿剌海别吉就是阿里黑。阿剌海别吉初曾嫁过阿剌忽央，后又嫁给孛要合。阿剌海别吉是孛要合的庶母，可见这种收继是长辈收继婚最好的例子。

在这个时代长辈收继婚是常见的。元代史料记载：

> 次忽阑者曰：古儿剔速可敦，木乃蛮塔阳罕亦难察之后妻，而察死，以国俗再适其子塔阳罕太亦不合，盛年色美，而性严明骄贵，部众颇畏服之，乃蛮败亡，为成吉思汗所获，依蒙古礼成婚，有宠。[2]

至于平辈收继婚的史料可是俯摭即得，如《新元史》载：

> 世祖女囊家真，封鲁国大长公主，始适斡罗陈为继室，改适纳陈子帖木儿（斡罗弟），再适帖木儿之弟蛮子台。[3]

在《元典章》一书中，记载着许多蒙人的婚俗，从中我们可以看到，蒙人的婚姻，尚包括下列现象：

（一）弟可接兄作"出舍婿（赘婿）"收继寡嫂；

（二）弟与寡嫂逃亡后，亦准收继；

（三）弟可收继要守志的寡嫂；

（四）弟可以收继未结婚的嫂嫂；

（五）弟已收寡嫂，可再收未婚的嫂嫂。

社会的发展必然是新陈代谢，落后的收继婚制是蒙古在游牧时形成的，从游牧的民族一跃成为农业国的统治者，风俗习惯不适应现实生活了。这是他们对于收继婚态度转变的根本原因。在元惠帝至元时代，收继婚的条例多更改，并给予否定。

如《新元史》载：阔阔歹侧室高丽氏，拒绝拜马朵儿赤的收继（后面还会详细讲到），而帖木儿不花给以极大的同情与支持，而且说："谁无妻子，安能相守至死，得有如此守节者，莫大之幸。"

此外如顺帝时监察御史乌古孙良桢，对于蒙人婚俗曾作过猛烈的批评。元蒙古妇女，如雍吉剌氏、脱脱尼详哥剌吉等也皆以坚决态度拒绝族人收继，这都是蒙人汉化的结果。[4]

明王朝建立以后，对于元代这种落后的婚姻风俗更加严格禁止，所以在明《大诰》中，政府严禁依元习，如同姓两姨姑舅为婚、弟收兄妻、子承父妾等胡俗。

二　招婿婚

招婿婚是传统婚姻形式的一种，指男进女家同居的婚姻。女方在本家迎夫者为招婿，寡妇留在家迎后夫为招夫。招婿也称为赘婿或就婿。关于这个问题在第四章赘婿一节已谈到，这里主要从法律角度叙述。

招婿婚系婚姻的一种，故其嫁娶成立条件，同一般婚姻相同。但后代对此还有特别规定。

（一）招婿非独子。但元法“通制条格”规定若招婿贫穷，则虽独子，亦听其为年限招婿。

（二）须约定在妻家年限。招婿分为终身养老婿与年限招婿。年限招婿，又分为附不确定期限（如以生子或岳父母死亡为期限）和附确定期限（如定三年或五年）。元代徐元瑞说：

> 赘婿，今有四等焉：一曰养老，谓终于妻家聚活者。二曰年限，谓约以年限，与妇归宗者。三曰出舍，谓与妻析居者。四曰归宗，谓年限已满，或妻亡，并离异归宗者。[5]

在形式上，由于招婿不是婚姻生活中的常规，所以不用亲迎。通常招婿懦弱，易被女家欺侮，故元明清各代法规定，招婿要立婚书。

招婿在妻家不能作为妻家宗室一员，也不冠以妻姓。当然也有招婿为嗣子的，因而去其本宗姓，而改称妻家姓。招婿与妻所生的子女，应归以妻家。招婿又依所约，应终身或所约年限内在妻家与之同居，从而也成了妻家的家属，服从妻家家长，并尽抚养义务。

招婿在原则上仍保持本生宗的关系，而称其本姓。但招婿在妻家期间，其与本家之间，由于家属关系所发生的法律效力被停止。

招婿对其固有财产，有所有权。对所生而承本支之子，共有其财产，若无子，财产归属招家。对本家财产，在招期间，无任何权利。招婿对于招家固有的财产，无权支配。只有明清律承认，养老女婿得与过继子均分招家财产。至于年限招婿，也得由招家酌情给予。

招婿婚的解除，原则上与嫁娶婚同。有一点应该注意，夫妻的地位恰与嫁娶婚相反，招婿常以招家一方的意思被逐出。所以元代禁止无故逐出招婿。

招婿在传统社会里多有同样的目的，其一是家里少子或无子，为了获得劳动力，因而招婿，令其养老扶幼。其二为求继嗣，这在后代表现得比较明显。招家缺少男子孙，因而招婿以求子孙，使祭祀祖先及继承家业。这同印度的“appointing”（订婚）及古希腊“Weihung der Tochter”（约定婚）同。

三　高丽氏守节

陶宗仪《辍耕录》一书记载：

中书平章阔阔歹之侧室高丽氏，有贤行，平章死，誓弗贰适。正室子拜马朵儿赤悦其色，欲妻之而不可得，乃以其父所有大答纳环子献于太师伯颜。此物盖伯颜所属意者。伯颜喜，问所欲，遂白前事，伯颜特为奏闻，奉旨命拜马朵儿赤收继小母高丽氏。高丽氏夜与亲母逾垣而出，削发为尼。伯颜怒，以为故违圣旨，拜命省台洎侍正府官鞫（jū，审问）问，诸官奉命惟谨，锻炼备极惨酷。时国公阔里吉思于鞫问官中，独秉权力，侍正府都事帖木儿不花数致言曰："谁无妻子，安能相守至死。得有如此守节者，莫大之幸，而反坐以罪，恐非我治朝之盛典也。"国公悟，为言于伯颜之前，宛曲解释，其事遂已。

父亲死后，儿子娶其庶母，这种长辈收继婚在汉民族是不常见的。元人本是北方的游牧民族，文化水平较低，在进入中原以前，他们的长辈收继婚是十分普遍的。像儿子娶庶母，侄子娶叔母的事，常常可以见到。但是故事中的高丽氏不愿改嫁，又说明了另一个问题。元人入主中原之后，中国人原是"礼义之邦"，再加上宋代理学家大肆提倡贞节，不可避免要受到中原文化环境的影响和改造，粗陋的习俗便渐渐戒除。所以后来元朝皇帝发布诏令"色目人勿得妻其叔母"。

四 《群珠碎》

绣纹刺绮春纤长，兰膏髻鬟琼肌香。
芳年艳质媚花月，三三两两红鸳鸯。
翠靴踏云云帖妥，海棠露湿胭脂朵。
冶情纷作蝶恋春，新曲从翻玉连锁。
画堂一笑天沉沉，扬眉一笑轻千金。
明珠买得绿珠心，欲挥鱼肠扫妖慧。
主君勿疑心似醉，一霄痛击群珠碎！
门前铁马嘶寒风，奇勋解使归元戎。

这首诗是陈基所作，记载的是元末时发生的一件真实的事。张士诚的女婿潘元绍，先跟张士诚造反，后来张士诚投降了元朝，做了太尉，元绍也跟着做了官。明太祖起兵时，派遣大将徐达等围姑苏城（苏州），潘元绍出战。当时潘元绍有七个妾，他走前对她们说：

> 我受国重寄，义不顾家，脱有不宿，诚若等宜自引决，毋为人嗤也。

一妾向前走一步跪下说："主君遇妾厚，妾终无二心，请及时死以报，毋令君疑也。"

说罢她跑到卧室里自杀了，其他六人也各自尽。有这样的烈妇劝助，潘元绍一定血染沙场。谁知不然，这个受国重寄、义不顾家的人不但没有死，而且还投降了明朝。男性出于自私心理，竟逼杀了七个女子，读之未免令人齿寒。

自从宋儒对贞节观的态度严肃以后，夫死守节在社会上就逐渐产生了影响。到了元代，这种观念差不多成为人们的普遍意识，达到极不合理的地步。元代人明善记录了这样一件事：

> 大德七年十月，（马氏）乳生疡，或曰："当迎医，不尔且危。"马氏曰："吾杨氏寡妇也，宁死，此疾不可男人见。"竟死。[6]

贞节到了这种地步，真是抹杀人性至极。二十四史中妇女集《列女传》及其他传中附及者，元代以前没有达到六十人的，而《元史》竟达一百八十七人。况且元仅有九十八年的历史。可见元代士民的贞节观与宋代相较已大大加强。

五 选秀女之制

秀女是在民间为皇帝拣选的后宫嫔妃。这种制度早就比较完备。《后汉书》说：

> 汉法，常因八月筭（suàn，同算）人，遣中大夫与掖廷丞及相工，于洛阳乡中阅视良家童女。年十三以上，二十以下，姿色端丽，合法相者，载还后宫，择视可否，乃用登御，所以明慎聘纳，详求淑哲。[7]

晋代这种制度已完备。晋武帝博选女子充后宫，使杨后拣选，这时名家盛族的女子多败衣瘁貌，生怕自己被选上了。当时有个叫胡芳的姑娘（后升为贵嫔），刚入选的时候，天天大声哭泣，左右止之曰："陛下闻声！"芳曰："死且不畏，何畏陛下！"由此我们可以看出一般人对选秀女的态度。

《辍耕录》记载："后至元丁丑，民间讹言采秀女，一时童男女婚嫁殆尽。"

有这条可以证明元初选秀女已经完备。

"（元）太宗时，脱欢请选天下室女，楚材止之，帝怒。楚材曰：'向择美女二十八人，足备使令，今复选，恐扰民。'乃止。"[8]

"（元）世祖时，耶律铸言：有司以采室女乘时害民，请令大郡岁取三人，小郡二人，择其可者，厚赐其父母；否则遣还，从之。"[9]

元代还有选高丽女之例。文宗以宫中高丽女不颜帖你赐丞相燕铁木儿，高丽王还请割国中田以为资奁。顺帝时次皇后奇氏完者忽都，本是高丽女，选入宫后很受宠爱，遂进为后。

元代的宫妃制是十分兴盛的，不亚于前代，据陶宗仪说："元顺帝宫嫔进御，数目无纪，佩妇人贵妃印者，一百多人，宫中有'七贵'名目，即淑妃龙瑞娇、程一宁、戈小蛾与丽嫔陈阿玄、支祁氏、才人英英、凝香儿。"她们七人，极见宠爱，"所好成之，所恶除之，位在皇后之下，而权则重于禁闱。"其中淑妃龙瑞娇非常贪妒，宫人稍有不如意的，便笞挞至死。若不欲置之死地，则千方百计地使这个人受尽痛苦。她创造了种种酷刑，"以酸沃鼻，谓之醋刑；以秽（大粪）塞口，谓之臭刑；夏日以火围烤，谓之蒸刑；冬天使之卧冰，谓之炼肋；不吃酒的，强令之饮，多至十碗（是米酒），是名醉鬼之刑；削木埋地，相去二尺，高三尺，令女立上，又以一木柱其腰，令两手各持重物，不许失坠，名之曰悬心之刑。"[10]

诸如此类，不胜枚举。妒恨达到这种程度，一定是由长年性压抑而产生出性的变态。淑妃之行，可恨可怜。

六　阴阳颠倒

元末明初由于战乱的缘故，社会婚姻生活常有奇者，男女地位的颠倒就是一例。明灭元后，蒙古子孙在明朝的，都要编入户籍。在京城的，编为乐户；在州邑的，编为丐户。生活从此一落千丈，并发生了有趣的变化。《三风十愆记》叙述常熟丐户的生活云：

丐户多在边海之邑，其隶于常熟者，男谓之贫子，妇谓之贫婆，其聚族而居之处谓之贫巷。初无姓，任取一姓以为姓，而各以种类自相婚配，其男以索绹（táo，绳）为业，常不足以自给。妇则习浆镪缝纴，受役于殷实高贵之家，所获常百倍于男。司晨之势，积重于牝（pìn，母）鸡，由来久矣。厥后家计日足，男子不复理前业，衣冠楚楚，安坐而食。妇则为伴娘（结婚时做伴新媳妇），为卖珠娘，为小儿医，常以一人而营数业，以一人而应数家。都市之中，窈窕少女，往来如织，摩肩蹑踵，混杂人群，恬不为怪。然不事艳妆色服，簪止骨角，衣止玄绢，裙止白练；不卷袖，不束帨（shuì，佩巾），不着红履，淡扫娥眉以相矜尚而已。当时有事而出，则令其夫或携小囊，或负小筐，相随于后，道遇所熟识，则妇趋迎而前，殷勤欢语移时，夫则俯立道旁，不敢与其人举，然亦实不知何许人也。至大户家，妇则直入闺闼，与内主谦语饮谈。日旰未及出，夫则跼蹐（jù jí，谨慎而恐慌）伺候于门外，不敢他往，亦不敢迫促，必俟妇乃偕归。岁时糕粽，喜庆酒肉，给赏频来，醉之饱之，则拜妇之赐。

这段故事十分有趣，由于家庭经济结构发生了变化，女子变得洒脱，男子则成了受气的“小脚女人”。

社会上的阴阳颠倒有它本来的原因。男女在家庭地位中的高低是受其在经济生活中作用限制的，父权制确立以后，男子是经济生活中的主体，是主要生产活动的承担者，所以男子在家庭生活中处于绝对支配地位，男尊女卑的观念也就形成了。可是一旦社会经济生活发生了变化，男女在家庭中的地位就随之变化，《三风十衍记》记叙常熟丐户的生活状况，是绝好的说明。

七 《十香词》

辽代清宁年间进士王鼎在他的《焚椒录》里记录下辽道宗时发生的一件案子，很能说明宋末元初时少数民族对婚姻的态度，这个故事是十分感人的。

辽道宗懿德皇后是辽著名大臣萧惠的小女，文才很好，还善于弹琵琶唱歌。开始十分受宠幸，生皇子濬。后来因遭到权臣乙辛的嫉妒，常被诬陷。咸雍末年，终失御幸，她写了《回心院词》以望幸。这首词写得曲调娇柔婉转，绮丽动人，词成后，宫内诸多乐伶竟无人能演奏，只有伶官赵惟一能之。这时有个宫婢叫单登，也善于弹筝和琵琶，每次与赵惟一争高比能，常埋怨皇后不知道自己。单登原来是皇太叔重元的家婢，重元谋反被削平后，单登遂没入宫，常被道宗召来弹筝，后谏曰："此叛家婢，女中独无豫让乎？安得轻近御前？"所以把单登遣到别院里去了，单登由此非常恼恨皇后。单登妹妹清子嫁给教坊朱顶鹤为妻，乙辛和她十分亲近，登常常向清子诬告皇后与惟一私通，乙辛知道这些事，便想以此陷害皇后，又怕证据不足实，于是命令他人作《十香词》，用为诬案。词云：

青丝七尽长，挽出内家装，不知眠枕上，倍得缘云香。
红绡一幅强，轻阑白玉光，试开胸探取，尤比颤酥香。
芙蓉失新艳，莲花落故妆，两般总堪比，可似粉腮香？
蝤蛴那足并，长须学凤凰，昨宵欢臂上，应惹领边香。
和羹好滋味，送语出宫商，定知郎口内，含有暖甘香。
非关兼酒气，不是口脂芳，却疑花解语，风送过来香。
既摘上林蕊，还亲御花桑，归来便携手，纤纤春笋香。
凤靴抛合缝，罗袜卸轻霜，谁将暖白玉，雕出软钩香。
解带色已战，触手心愈忙，那知罗裙内，消魂别有香。
咳唾千花酿，肌肤百和装，元非瞰沉水，生得满身香。

乙辛让人拟了这首诗以后，乃嘱清子使单登持着草稿，求后手书。那时单登虽在外院，仍然能常见皇后。皇后很爱诗，单登把诗送给皇后，并说：“这是宋国忒里蹇（皇后）所作，若皇后能亲自书之，便称为二绝。皇后读了以后，很喜欢便信手书了一章，还附了自己所作的《怀古》一诗：

> 宫中只数赵家妆，败雨残云误汉王。
> 惟有知情一片月，曾窥飞鸟入昭阳。

皇后写了以后，就赐给单登，作“淫词”本来就是不小的罪过，可皇后附诗四句又含“赵惟一”三字，更不得了，结果皇后白练一条，自尽梁上，死时年仅三十六岁。

一首诗竟毁了一个皇后。

八　张玉娘

节妇守志，烈女殉义在古代是不稀奇的，但是像梁山伯、祝英台爱情故事一样感人肺腑，闻者唏嘘的却不常见，况且这出故事又是民间传说呢。在元朝初年有个女子叫张玉娘，却是一个真正为爱情殉身的祝英台式英雄。

张玉娘，字若琼，自号一贞居士。玉娘生得十分美丽，又聪颖异常，为父母所钟爱。她家世代书香，积有不少藏书，玉娘自幼耽好文墨，尤其擅长写诗赋词，当时人曾把她誉比曹大家（班昭）。她有侍婢两人，名叫紫娥、霜娥，都有才色，亦善文墨；又养了一只鹦鹉，能知人意，因而称为“闺房三清”。

张玉娘有表兄沈佺，是北宋徽宗时状元沈晦的后代，风神翩翩，才思俊逸，不同于纨绔子弟。他们因为中表关系，常有晤面机会，于是彼此有了爱慕之意，继而定了婚约。后来，玉娘的父母反悔，取消婚约，但她决意违命，矢誓终身不嫁，从此坠入愁渊。其时，沈佺正随父游于京师，双方鱼雁浮沉，消息隔绝。生离的痛苦，使玉娘愁肠百结。因此她作《双燕离》一词：

白杨花发春正美，
黄鹄帘垂低，
燕子双去复双来，
将雏成旧垒。
秋风忽夜起，
相呼渡江水；
风高江浪危，
拆散东西飞！
红径紫陌芳情断，
朱户琼窗旋梦过。
憔悴卫佳人，
年年愁独归。

过了不久，沈佺因积思于悒，外感寒疾，就一病不起。玉娘闻之，私自遣使问候，往来不绝于道。她与沈佺感情日笃，互相递信赠诗，以死相誓，她说："穀（活）不偶于君，死愿以司穴。"后来沈佺死了，玉娘得知消息，悲恸欲绝，作诗哭道："中路怜长别，无因复见闻。愿将今日意，化作阳台云。"发誓要像阳台云那样永远伴绕着他。

父母看她终日郁郁寡欢，打算给她另觅佳偶，这更增加她内心的感伤与烦恼。她对父母说："女所以不死者，因有双亲耳！"

这一年元宵之夜，父母家人都去观灯了。玉娘托病独坐灯下，伤心流泪，神情恍惚。忽然烛影晃动，她依稀看见沈佺站在面前，好像还听见他的声音。玉娘又惊又喜，去抓他的衣服，却若即若离，定神一看，便不见他的影子。她大声呼叫“沈郎舍得抛下我吗?”不久她就绝食，憔悴而死，死时二十八岁。她父母知道女儿是为沈佺而死的，在征得沈家同意后，特将她与沈佺合葬一处。玉娘死后一个多月，侍女霜娥为此忧病而亡，紫娥接着自缢而死，连玉娘心爱的鹦鹉，也在悲鸣中死去。父母将两个侍女连同鹦鹉一起殉葬，因此，人们将这座墓称为“鹦鹉冢”。[11]

张玉娘是为自己爱情殉身的，和节烈妇人之死自然不同，这在当时社会中可谓难能可贵。今人唐圭璋先生在《宋代女词人张玉娘》一文中说：“我们觉得她短促的身世，比李清照、朱淑真更为悲惨。李清照是悼念伉俪，朱淑真是哀伤所偶，而她则是有情人不能成眷属，含恨千古。”当然，张玉娘的做法今天并不值得提倡。

【注释】

[1]《元史》卷一〇九。

[2]《蒙兀儿史记》卷十九。

[3]《新元史》卷一〇四。

[4] 见《元典章》第十八，《户部四》。

[5] 见《新元史》卷八十九、卷二百四十四。

[6]《元史类编》卷四十。

[7]《后汉书·皇后纪》。

[8]《元史·耶律楚材传》。

[9]《元史·耶律铸传》。

[10]《元氏掖庭记》。

[11] 见王诏《松阳县志》卷九《张玉娘传》。

第九章
明　代

从公元1368年至公元1644年在我国是明朝时期。明朝建立以后，在政治上加强中央集权制统治，在思想上广泛推行两宋时已兴盛的理学，正式地确立了理学在思想文化领域的正统地位。这一确立广泛地影响了社会生活的各个方面，婚姻生活自然不能例外。以前我们把婚姻生活的重大变化看在宋代，是不恰当的；妇女贞节观的加强是一个潜移默化的过程，相较之下，这种变化在明代则表现得更为突出和明显。明政府不仅在思想上提倡贞节，而且还改进了褒奖守节妇女的办法。贞节观的加强使各种各样的婚姻限制更加完备，法律对此规定更为健全。除此之外，明代在女教方面亦甚着力，仁孝文皇后的《内训》便是极好的一例。

一　婚姻的限制

对婚姻生活进行各种各样的限制是婚姻生活进一步社会化的表现。婚姻的限制从原始社会时期的性禁忌就开始了。一种婚姻形态的形成总是婚姻限制变化的结果，它随着社会的发展也逐渐增多。在我国，婚姻限制至明清时代日臻完备。在传统社会里，男女婚配不简单地是两人的事，而且有许多限制，现把我国旧式婚姻中各种各样的限制略归如下：

（一）要经过婚姻双方家长的同意。这是中国社会宗法制特点所决定的。《诗经·南山》中说：“取妻如之何？必告父母。”法律上也规定男女婚配必须由祖父母、父母或期亲尊长主婚。关于主婚在第四章“主婚”一节中已谈过。

（二）同宗不婚。同宗不婚和我们在第二章中同姓不婚讲的是一致的。后代对此都遵循不改。

（三）宗妻不婚。宗亲的妻妾，虽然是异姓，但按礼教规定也不能相为婚配。所以，收继婚现象是不允许发生的。《唐律疏议》规定：

> 诸尝为祖免亲之妻，而嫁娶者，各杖一百；缌麻及舅甥妻，徒一年；小功（一种丧服）以上，以奸论；妾各减二等。并离之。

宋代律同。元人原是外族，入中原以前，以收继婚为俗，所以不禁。但是弟可以收继嫂嫂，兄则不能收继弟妇。明清律对收继婚严加禁止，凡娶同宗无服亲之妻，各杖一百；缌麻亲及小功亲等之妻，亦各加重其刑；妾则减等，并离异。

（四）外姻不婚。外亲不能联婚在古代规定是很严的。不论是直系还是旁系，也不问其有服无服都不能结婚。依唐、明、清律，情节重者，以亲属相奸论，轻者亦杖一百。姑舅兄弟姐妹婚，唐宋律不禁，明清律则处杖八十，并予离异（但后清律附例，改为听从民便）。但与妻的姐妹为婚不予禁止。外姻不婚在古代变化很大，汉代重婚习以为常，根本不禁。后代即使禁止，执行也不坚决。

（五）同母异父、同父异母不婚。这些人是至亲，所以不能联姻。唐、明、清都有专文禁止。明正统十二年，禁异母异父兄弟姐妹之间通婚。清律规定相同，但在解释上倾向于放任。清宣统二年，删除其禁例。

(六) 士庶不婚。这种现象行于六朝至唐代中期。这实际是内婚制的一种。士大夫为垄断其社会地位，拒绝与庶民通婚。自唐末叶以后遂废。

(七) 良贱不婚。良贱不婚在六朝以前并无禁止。汉代后妃多出于卑贱。北魏禁止较严，凡皇族贵戚及士民之家与百工伎巧卑姓为婚的，加罪。昭成帝有个后裔，因为家僮取（娶）民女为婚，又因以良人为婢，被免去官爵。[1]唐律规定：

> 诸與奴娶良人为妻者，徒一年半；女家减一等离之，其奴自取者亦如之。……即妄以奴婢为良人，而与良人为夫妻者，徒二年，各还正之。……诸杂户不得与良人为婚，违者，杖一百。官户娶良人女者，亦如之。良人娶官户女者，加二等。……即奴婢私嫁女与良人为妻妾者，准盗论；知情娶者，与同罪。各还正之。[2]

宋承唐旧制，依其“户令”，奴诈称良，而与良人女为婚，所生男女并从良。良人女知情者从贱。辽开泰八年诏横帐三房不得与卑小帐族为婚，也是良贱禁婚之类。金代稍有改善。元又涉于严。良家女愿与奴为婚者即为奴婢，奴收主妻者以奸论，强收主女者处死。[3]明与唐同，处刑减轻。

(八) 僧尼道冠不婚。僧尼道冠（道姑）因为宗教关系，不得嫁娶。唐以前法律无此禁。但世俗习惯中是不允许的。《唐六典》卷四注谓：“其和合婚姻，科以苦役。”宋太祖开宝五年则诏：“道士不得畜养妻孥，已有家者，遣出外居止。”[4]金代于熙宗时亦诏僧尼犯奸处死。[5]元代则规定："诸僧道悖教娶妻者，杖六十七，离之。僧道还俗为民，聘财没官。"[6]

明清律规定："僧道娶妻妾者杖八十，还俗，女家同罪，离异。寺观住持知情，与同罪，不知情不坐。若僧道假托亲属或僮仆为名求娶，而僧道自占者，以奸论。"

（九）官民不婚。在任的官员，不能在自己管辖之地娶妻，这种规定主要是防止官员以权强娶。汉律中仅见奸部民妻之禁。[7]唐令禁定："州县官人在任之日，不得与部下百姓交婚，违者，虽会赦，仍离之。其州上佐以上及县令，于所统属官亦同。其定婚在前，任官居后，及三辅内官，门阀相当情愿者，并不在禁限。"[8]

唐律也有同类规定。《宋刑统》卷十四规定亦同。元亦禁之。明还以妻列入，凡府州县官任内娶部民妇女为妻妾者，杖八十。清律同。此外，官吏或官员之子孙应袭祖荫的，也不得娶娼妓乐伶。元规定："诸职官娶娼为妻者，笞五十七，解职，离之。"明清律"户律"规定："文武官吏娶乐人妓者杖六十，离异归宗，财礼入官。"[9]宋代朱熹治台州太守唐仲友一案，就是参奏唐仲友与妓女严蕊通奸。由此可见官民不婚规定之严。

（十）逃亡不婚。唐律云："诸娶逃亡妇女为妻妾，知情者与同罪，至死者减一等，离之，即无夫，会恩免罪者不离。"

宋明清律同。明清律则明白指出这种逃亡，不是背夫在逃，而是自己犯罪被收押后而逃走的。明律还规定，凡收留人家迷失子女，不送官司，自留为妻妾子孙妻者，杖九十，徒二年半。

（十一）仇雠不婚。两家如果是世仇往往不相为婚，这是习惯所形成的，无法律规定。《礼记·典礼》云："父之雠（chóu，仇），弗与共戴天，兄弟之雠不反兵，交游之仇不同国。"

关于仇雠不婚在第七章"岳秦不婚"节已谈，在此从略。

（十二）不得重婚。礼教是绝对强调一夫一妻制的，也就是说正妻只能有一个人，其余则为媵妾，多娶妻要受到惩罚。唐宋时处分是徒刑一年（女家减一等），后娶之妻离异。迄明清律，禁止有妻更娶妻，违者离异，但处刑轻，杖八十。实际上，从春秋以来一鸾二凤事常常可见。妻妾不得有二夫，违者以奸论。

（十三）先奸不婚。唐宋令已禁先奸后娶，纵使生了子女，犹予离异。元规定相同。[10]明清律“犯奸”条规定：和奸刁奸者，男女同罪，奸妇从夫价卖，唯价卖与奸女者，奸夫本夫各杖八十，妇人离异归宗，财物入官。

（十四）胁迫不婚。明清律户律“强占良家妻女”条禁止强占良家妻女，即因胁迫成婚者，可诉请离异，毫无疑问。守志妇改嫁，依唐律，非其祖父母、父母，不得强嫁，即他人强嫁者，予以处罚。在明清律中任何人强嫁守志妇者，均以处罚。又依唐律，应为婚而恐吓娶之，或强娶者，坐罪。

（十五）买休不婚。除妻犯奸、逃亡或出自情愿外，夫不得出卖妻妾。除了这些特殊情况以外，买休人妻而与之结婚的，将妇人离异示归。

（十六）违时嫁娶。包括几项，在第六章“违时嫁娶”节已专门谈到了。在传统社会里关于婚姻的限制还有很多，这里仅选一些主要项目作一考释。此外，婚姻生活受礼教伦理秩序的影响还涉及许多方面，上述种种限制都体现了礼教的具体要求。

二 法律上的义绝

关于离婚的理由在前面讲到“七出”问题时已谈过了。“七出”是宗法制度下离婚的基本原则，到后来无大变化，只不过各代法律规定有增添罢了。义绝本是指夫妻情意乖离，其夫妻之义已消亡之意，但作为法律用语，语义颇宽。如果夫妻义绝，法律上必须离异，经过判决应离不离者，即予处罚。义绝事由，除“七出”以外，依唐律，《宋刑统》卷十四“和娶人妻”规定义绝如下：

（一）夫殴妻之祖父母、父母；及杀妻之外祖父母、伯叔父母、兄弟、姑、姊妹，与妻母奸。

（二）夫妻之祖父母、父母、外祖父母、伯叔父母、兄弟、姑、姊妹自相杀。

（三）妻殴詈（lì，骂）夫之祖父母、父母；殴伤夫外祖父母、伯叔父母、兄弟、姑、姊妹，与夫之缌麻以上亲奸，欲害夫。

又据“和娶人妻”条：“即夫自嫁（妻）者，仍两离之。”疏议说：“二夫各离，故云两离之。”所以，夫卖妻与他人为妻，也是义绝的事由。

关于义绝在明清法中的规定更为详细。《清律集解》说：义绝指各本条明定为：“离异归宗”或“仍两离之”者而言。只要有明文规定的，不用另立律条，所以应当采用《唐律疏议》的解释，即指上述各事由而言。

不过，明清律“干名犯义”条又规定：“若女婿与妻父母果有义绝之状，许相告言，各依常人论。”

其夹注谓：义绝之状，谓：

（1）如身在远方，妻父母将妻改嫁；或赶逐出外，重别招婿；及容止外人通奸。

（2）又以女婿殴妻至折伤，抑妻通奸，有妻诈称无妻，欺妄更嫁妻，以妻为妾，受财将妻妾典雇，妾作姊妹嫁人之类。

检阅明清律文及注解，其所谓义绝，与唐律比较时，其义绝事由增多，尤其是夫及夫的父母对妻的关系更值得注意。后来法律对女子要求离婚也稍通融，不完全囿于“妻不得弃夫”的传统。如夫逃亡及于一定期间，则准妻告官，给以执照，即可改嫁。宋法规定：夫出外三年不归，六年不通问，准予改嫁或离婚；元法：夫逃亡五年；明清律：五年无故不归，夫逃亡三年不还。但是妻若逃亡，夫则不受此限制。

除义绝外还有“和离”。“和离”指男女双方都愿意离婚。唐律“义绝离之”条规定：“若夫妻不相安谐而和离者，不坐。”

自宋以后，皆沿袭此制。明清律改称为“两愿离”。和离以男女当事人的意愿为条件，但是实际上都要取得父母同意，而且多以夫家一方的意愿而定，妻的意愿无实际意义。

三　《内训》

明代对于贞节倡导甚力，远非以前各代可比。这时又出现一位女教圣人，就是明成祖的妻子仁孝文皇后。仁孝文皇后是中山王徐达的长女，贞淑贤惠，知书达理。她的婆婆高皇后非常喜欢听她诵书，高皇后死后，她秉承高皇后的遗愿，作《内训》一书。全书共二十章，多重复前代人对妇女的见解。书作出后主要给皇太子和诸王看。永乐五年，她死后，成祖因追怀她，便把此书颁布给臣民，从此在社会上便广泛流行，对社会婚姻生活发生了重要的影响。《内训》一书，对前人的观点有所发挥。在全书中她强调，妇人贤惠与否对社会的重要影响。她在《事君章》中说：

纵观往古，国家废兴，未有不由于妇之贤否。事君者不可以不慎。诗曰：“夙夜匪懈，以事一人。”苟不能胥（意皆）匡以道，则必自荒厥德，若网之无纲，众目难举，上无所毗（意辅助），下无所法，则胥沦之渐矣。

明成祖仁孝文皇后画像

这部书对女子的德要求十分严格。在《母仪章》中说："女德有常，不逾贞信；妇德有常，不逾孝敬。"

在事夫态度上，她和前代女圣人的要求是一样的。在《事君章》中又说："夫上下之分，尊卑之等也。夫妇之道，阴阳之义也。诸侯大夫士庶人之妻，能推是道以事其君子，则家道鲜有不盛矣。"

仁孝文皇后的《内训》产生在明代初期是有一定的社会背景的，明朝是奖励贞节最努力的时代，这时同类的著作还有解缙等的《古今列女传》。

四　贞节牌坊

年纪稍大一点的人们在一些集镇上，一定看到过许多样子像大门的牌坊。一个像样的集市，这种牌坊可以有几十座。牌坊种类很多，过去的人做了官，为歌功颂德，表彰闾里，就可以修造牌坊。但还有一类，就是官府为一些贞女烈妇修的贞节牌坊，这种情况早在明太祖时就开始了。洪武元年，太祖有这样一个诏令：

> 民间寡妇，三十以前夫亡守志，五十以后不改节者，旌表门闾，除免本家差役。[11]

寡妇守节，不但是本身旌表的光荣，本家的差役还可以免除，这样哪家不希望寡妇守节？太祖还令巡方督学，岁上其事，著为规条，大者赐祠祀，次者亦树牌坊表。这种奖励寡妇守节的措施，远是前代所没有的。后来许多家庭为了贪图荣利，都把寡妇的年纪冒填，所以宪宗成化元年奏准："如有夫亡时，年纪三十以上，及寡居未及五十岁妇人，增减年甲举保者，被人首发或风宪官覆勘得出，就将原保各该官吏里老人等，通行治罪。"寡妇守节，为图荣利至于作弊，还有什么意思？但是，明代毕竟是节烈妇女最多的年代。二十四史中有关这类的记载均没有超过《明史》的。《明史·列女传》云，清人修明史时发现当时的节烈传记"不下万余人"。即掇其尤者，也还有三百零八人。《明史·列女传序》云：

古代的贞节牌坊

刘向传列女，取行事可为鉴戒，不存一操。范氏宗之，亦采才行高秀者，非独贵节烈也。魏、隋而降，史家乃多取患难颠沛，杀身殉义之事。盖輓近之请，忽庸行而尚奇激，国志所褒，志乘所录，与夫里巷所称道，流俗所震骇，胥以至奇至苦为难能。而文人墨客往往借俶傥非常之行，以发其伟丽激越跌宕可喜之思，故其传尤远，而其事尤著。然至性所存，伦常所系，正气之不至于沦澌，而斯人之所以异于禽兽，载笔者宜莫之敢忽也。

撰者认为魏隋以后的贞节观念，都是以至苦为可贵，来表扬正气，鉴别人禽。传序又云：

明兴，著为规条，巡方督学岁上其事。大者赐祠祀，次亦树坊表，乌头绰楔，照耀井闾，乃至僻壤下户之女，亦能以贞白自砥。其著于实录及郡邑志者，不下万余人。虽间有以文艺显，要之节烈为多。呜呼！何其盛也。岂非声教所被，廉耻之分明，故名节重而蹈义勇欤？

明代的确是把贞和节分得十分清楚，《列女传》记载了一位张烈妇的事，传云：

张氏，政和游铨妻，倭入寇将至，妇数语其女曰：“妇道惟节是尚，值变之穷，有溺与刃耳，汝谨识之。”铨闻，以为不祥，妇曰：“使妇与女能如此，祥孰大焉。”未几，贼陷政和，张度不脱，连呼女曰：“省前诲乎？”女颔之，即赴井。张含笑随之，并死。

这种把节看得至为重要的现象，在前代是不曾有的。宋代著名的“淮阳二节妇”便是两位再嫁的妇女，一位是张生的妻子卓氏，她在绍兴末年被金军头目俘获之后，“即与之配”。不久金军溃败，卓氏趁机拔刀斩其后夫，赓即寻访前夫，破镜重圆。[12]另一位姓氏无可考，她夫死改嫁，过了三年，生了两个孩子，这时才知道后夫是杀害前夫的凶手，马上“走投保正，擒盗赴官”。这两位妇女，假若在明朝，一定生不逢时，免不了要遭到士大夫的口诛笔伐，厚诬之为失节已深。可是，在宋代情况恰恰相反：“闻者交称”，赞许“此二女志义相望于百年间”[12]。由此可见，在明代“贞”“节”意义又有了新的发挥。节在前代是指人格而言，明代以后则从生理上去要求。

在明代著名的节妇不但能得到朝廷的旌表，甚至还可以免除本家徭役，因而也就发生了许多族人干涉孀妇再嫁，强使其守节之事。一块块表彰贞节的匾额挂起来了，一座座表彰贞节的牌坊建起来了，这匾额遮盖着多少妇女的血泪，这牌坊的基石是无数妇女的枯骨。

五 “无才是德”

“女子无才便是德”，这是人们非常熟悉的说法。实际上这种说法起源并不早，大约就在明代。这种说法的形成也历经了一个微妙的变化过程，早在汉代，女圣人班昭就不太主张女子读书。她说：“妇德，不必明才绝异也。”自从班昭以下，对于女子读书与否，议论是不太多的。

在明代以前的女教著作中，没有见过“无才是德”这几个字眼。不过反对女子作诗的人倒真有，比如司马光曾经说：“今人或教女子以作歌诗，执俗乐，殊非所宜也。”似乎诗歌能抒发人的感情，为了女子不忘乎所以，看来还是别抒发感情为妙。到了明代“女子无才便是德”的观点就确立了。明代末叶吕坤曾说：“今人养女多不教读书写字，盖亦防微杜渐之意。然女子贞淫，却不在此，果教以正道，令知道理，如《孝经》《列女传》《女训》《女诫》之类，不可不熟读讲明，使他心上开朗，亦阃（kǔn，妇女住的内室）教之不可少也。”

从这段文字中我们已经看出，在明代不教女子读书识字已成为社会的普遍现象。“女子无才便是德”作为谚语最早见于明清人的著作，明赵如源撰的《古今女史》载：“夫‘无才便是德’似矫枉之言，‘有德不妨才’真平等之论。”

又见王相母亲的《女范捷录·才德篇》云：“男子有才便是德，斯言犹可；女子无才便是德，此语诚非。”

又乾隆时章实斋《妇学篇》说：“古今贤女，贵有才也。前人有云：‘女子无才便是德’者，非恶才也，正谓小有才而不知学，乃为矜饰务名，转不如村妪田妪不致贻笑于大方也。”

由此可见“无才是德”这句话产生在明代无疑。这句话产生在明代有它一定的社会历史背景，这和明朝统治者崇尚程朱理学，在人性上摧残女子的目的是一致的。虽然所举数例都是反对“无才是德”的，但是却可从中窥见这句话实已普遍为当时人所接受。

六　妻妾

《明会典》记载：

> 刑部律例规定亲王妾媵十人，一次选；世子郡王妾媵四人，二十五岁无子具二人，有子即止；三十无子始具四人；将军三十无子具二人，三十五无子具三人；中尉三十无子娶一妾，三十五无子具二人；庶人四十以上无子者，许娶一妾。

又律例四云：“民年四十以上无子者，方听娶妾，违者笞四十。”

从以上所引诸例我们可以看出明政府对置妾态度的基本趋向是否定的。但是若家内无子则又成了灭种绝代的大问题，在宗法制社会中“无后”是高于一切的不孝，为了解决这个问题，他们便不惜牺牲妇女们的利益。徐三重《家则》云：

古者无子置妾，定以年齿，盖甚不得已也。若孕育已繁，更营姝丽，此则明示淫汰已耳。夫妾婢即滥，子女杂出，各私其类，便生异同。无礼义之维，难免乖离之衅。中人或衰孝敬，不肖者遂滋忿争，恐薄世浇俗所必至此也。窃谓嫡室或鲜生育，乃缘继续大事，不得不有蓄置，纵于年齿不免通俗，亦须明正大体，务使相安，礼序乐和，以成家范。此在吾儒以躬修古学裁之，然又当知有子而无妾，亦最家门善事也。

道学先生一面要维持嗣续，一面又恐娶妾乱家，这真是不好解决的矛盾。元代杨维桢劝人不要娶妾，的确是从人情方面而论的。他的《买妾言》云：

买妾千黄金，许身不许心。
使君闻有妇，夜夜白头吟。

这首诗把娶妾的不幸凄婉地道出，可是男人们为了自己的欢娱，依旧纳妾。这大概是男人们的通性，非法律所能禁，非人情所能劝。《陶庵梦忆》载“扬州瘦马”一则说：扬州这个地方，许多人家专门把女儿给人家做妾，这种人非娼非妓，名为“瘦马”。扬州人专靠“瘦马”吃饭的有几百人。明代妾的生活更为悲惨。

七　豹房

豹房是明武宗朱厚照艳游作乐的地方，和隋炀帝所建的“迷楼”一样。武宗即位后正德二年诏造豹房，在西华门内。武宗从此以后在这里昼夜淫乐，正德十六年，死于豹房。所以后人诗云：“玉水垂杨面面栽，豹房官邸接天开。”[13]

武宗是中国历史上屈指可数的荒淫皇帝，和隋炀帝相比较有过而无不及。他十五岁继位后，便废彤史（用朱笔记皇帝起居的女史官）记幸御事，以便遍游房中。这时，有个色目人于永擅长阴道秘术，武宗召其入豹房，谈了一通后，大为喜悦。于永说回国（西部少数民族部落）女皙润瑳粲，比国内女人都好。当时都督吕佐是色目人，于永便矫旨索佐家回女擅长西域舞的十二人，进献武宗。歌舞通宵达旦，而武宗还感到不满足。诸侯百家有回国的妇女，均召入内，驾言教舞，择其美者留之。[14]

武宗非常好游幸。在宜府时，每昏夜出游，遇到高屋大房，或者索饮，或者搜人家的妇女。车驾所到之处，近侍都要掠夺良家的妇女充幸御，常常拉几十车妇女。所以武宗所经之处远近骚然。武宗到扬州时，选派太监吴经先去扬州。吴经到扬州以后便大肆索取处女寡妇，民间汹汹。有女的人家，随便拉一个未婚的男子配成亲。一夜的工夫，差不多所有的少女都变成有夫之妇了，更有不少人且趁夜夺门出城逃匿。知府蒋瑶不顾万死，向吴经恳求，才好了一点。但是吴经已经记好了寡妇和娼家的所在处，夜半遣数骑促开城门，传呼驾至，命令通街点灯火，照得扬州城如同白昼一样。

吴经便领校官径直到所记的人家，把妇女掠出，有匿避者，则破垣毁屋，直到搜出为止。所有的寡妇无一幸免。此后所到一处，如有人说那里的官于事先曾教人尽嫁他们的女儿，或藏匿妇人，便把那个官捉来，加以重刑。武宗的荒淫就是如此。

明武宗朱厚照

从秦汉以后，后妃嫔御便兴盛起来。明太祖即位后，割除弊习，于洪武三年命工部造牌镌戒谕后宫之词，悬宫中。规制天子及亲王后妃的人数，必选择良家之女聘妻，不拘处所，勿受大臣送，后宫之气稍杀。但是宫人仍不少。宫女的生活是很差的，一入深宫，出去极不容易，集多数怨女于一堂，情绪的排遣就成了个实实在在的问题，这当然不是明代一朝的事。汉时宫人有相与配为夫妇的，同寝同食，习为固然。当时陈皇后无子，使宫人衣帝之衣冠与共寝处，遂为武帝所废，责其为“女而男淫”。宫人不得已而为同性恋爱，于此可见。据黄百家《明内廷规制考》云："后世宫女，与太监为匹偶，亲昵却深于夫妇哩！"

八　稳婆

在明代，民间的妇女一般是不能进宫的，只有三婆可以例外，这就是奶婆、医婆和稳婆。奶婆和医婆我们从名字就可以理解，可对于稳婆就不知了。那么稳婆是干什么的呢？

明代是贞操观念更加加强的年代，所以对处女的要求也就提到人们的生活中来。稳婆就是皇宫用来对选入宫的女子进行裸体检查的。检查的重要目的，就是查明是否处女。稳婆对妇女进行裸体检查后爱用“不痔不疡”四字作结束语，这样女人就可以入宫了。男性对女性处女的要求可能产生得比较早，在宋代时就可略见一斑。李元纲《厚德录》中有一个故事说道：

> 自王均李顺之乱后，凡官于蜀者，多不挈家以行，至今成都犹有此禁。张定公咏知益州，单骑赴任。是时一府官属，惮张之严峻，莫敢蓄婢使者，张不欲绝人情，遂自买一婢，以侍巾帻，自此官属稍稍置姬属矣。张在蜀四年，被召还阙，呼婢父母，出赀以嫁——仍处女也。

这个故事发生在北宋中叶，说明社会已经有对处女的要求。在宋代寡妇虽然再嫁的不少，但如有娶寡妇的事，便有人讥之为“旧店新开”。宋代有了娶处女的嗜好，可远远没有达到明代那样的无理程度。在明代出现了对处女检查的要求，除了社会上有稳婆以外，还有专门检查处女的书。

《杂事秘辛》就是这类的书。《杂事秘辛》出于明代，作者不详。书中所记载的是汉桓帝时的事，讲的是梁莹选后以前，被吴姁检查之事。身体的各个部位，都有极恰当的形容词：

芳气喷袭，肌理腻洁，拊不留手，规前方后，筑脂刻玉，胸乳菽发。……血足荣肤，肤足饰肉，肉足冒骨。长短合度，自颠至底长七尺一寸，肩广一尺六寸，臀视肩广减三寸，自肩至指，长各二尺七寸，指去掌四寸……。不痔不疡，无黑子疮陷及口鼻腋私足诸过。

从这本书上我们可以看出，在明代即使社会上没有让妇女嫁时受裸体检查的现象，至少在男子心里有这种处女裸体美的标准。《杂事秘辛》对于女子的生殖器这一点，尤为注意，表述得极为明白。我们从“此守礼谨严处女也”一句话上，就可推知对于处女的要求了。

虽然现代关于处女的观念，已普遍印在中国人的脑子里，实际上这种观念的真正形成也只有几百年的历史，只不过是明清遗传下的陋习罢了。在当时，对女子是否处子要求的确是十分严的。到了清代，有结婚后新郎谓新妇不是处女而悔婚的，这种情况在北方最为明显，俞樾《左台仙馆笔记》“永平敝俗”条云：

直隶永平县某处，其地闺范极严，凡女子初嫁，母家必使侦探。成婚之次日，夫家鼓乐喧阗，贺客杂踏，则大喜。若是日阒然，则女家为之丧气，女子留否，惟夫家为政，不敢与争矣。积习相传如此，虽其意固善，然亦敝俗也。有王姓，嫁女于李氏，却扇之夕，李以新妇貌陋嫌之。次日托言非处子，不举乐，仍呼媒妁送归母家。女幼失母，随其嫂以居，嫂知小姑无他，乃问昨夜洞房事，则固未合欢也。嫂曰："然则安知其下不贞欤？"力言于翁，使翁讼于官。官命验之，果守礼谨严之处子也。乃判李姓仍以鼓乐迎归。

对婚姻中处女的要求本是一种愚昧腐朽的观念，但常常在人们心中作祟，这种要求原是基于一种求新求全心理，却由于封建道学家的宣扬而流弊千年，形成妇女身心上的一道紧箍。

九　选秀女之制

《明史》载明太祖之制曰：

凡天子亲王之后、妃、宫嫔，慎选良家女为之，进者弗受。

所以在明代，妃多采自民间。明代建国初年，只有成祖仁孝文皇后为中山王徐达之女，此后，皇后都从民间选取。所以每次新君登位，都要选取秀女。《明稗类钞》载："成化中，命妇入朝，尚书施纯妻甚端丽。皇太后谛视久之，顾左右曰：'曩（nǎng，昔日）选妃时，何不及此人。'"

又《涌幢小品》载："宪宗选妃，江南嘉兴姚善女在选中，发不盈尺。过吴江二十里，一夕发顿长八尺，故其地遂名八尺。选入宫，生皇第九子寿王。册封端懿安妃。"

这可以看出选秀女时，头发长也可以作为一个标准。又赵尔沂《刘大姑传》载：

> 大姑，京师人，光庙在青宫时，诏选元妃，大姑与郭后及后女弟同入选，郭后选中，后女弟及大姑赐金币还。凡落选女子，贵家争聘致为重，后女弟遂为成山伯夫人，大姑独不肯嫁，贵戚纳聘悉却之，谓母曰："被选后，与今元妃同卧起三月，外间何等子，乃议婚耶！"遂守贞殁（mò，死）。

明代多从民间选秀，有独特的目的。赵翼《廿二史札记》卷三十二"明代选秀女之制"载：

> 此事祖宗自有深意。汉宣帝许后起微时，故为后从官舆服甚俭。及霍后立，赏赐动以千万计。且不特此也，来自民间，则习见闾阎（平民居住地）生计，可以佐人君节俭之治。若必出于勋旧，则勋而兼戚，戚而兼勋，王氏祸汉，贾氏祸晋，可为前鉴。本朝选驸马亦然，非但不由勋旧，并不由仕宦，其意深远矣。

明代在选秀女方面做得是比较妥帖的，不像以前动辄就是全国范围。明中叶以后，选妃多在京师，不及远方。这也许可以作为明朝良政的一种表现。

十　兰蕙联芳

兰蕙联芳是指元末明初的女诗人薛兰英、薛蕙英姐妹。姐妹俩天生丽质，能诗善赋。她们的父亲是吴郡（今苏州）富商。父亲见二女精于诗赋，便在后宅建造了一个书楼，专供两位爱女居住，取名为"兰蕙联芳"。她们俩在这小楼上咏吟不辍，共创作了百数首词，取名

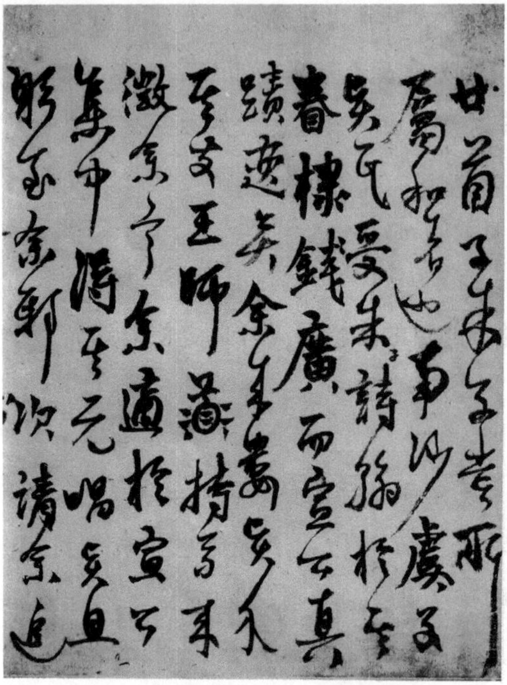

明代文人杨维桢书法作品

《联芳集》。这两位才女不但共同作诗，珠联璧合，而且以后还真的嫁给了同一个男人。

当时有个文人叫杨维桢住在杭州，作了九首“西湖竹枝词”，内容是歌颂西湖山水，表达男女恋情的，形式全是七言绝句，语言轻快流畅。诗成后，书肆争相刻印，为当时一大盛事。兰英、蕙英见此情景，笑道：“西湖有竹枝曲，东吴独无竹枝曲乎！”

于是她们仿效“西湖竹枝词”的体裁，创作了十首“苏台竹枝词”。诗词清新俊逸，堪称上品，如第七首写道：

> 杨柳青青杨柳黄，青黄变色过年光。
> 妾似柳丝易憔悴，郎如柳絮太颠狂。

杨维桢读到她们的诗稿，不由赞赏不已，并题诗称赞。从此，她们二姐妹名播遐迩，时人都誉为“班姬、蔡女复出，易安、淑真而下不足论”。

兰蕙姐妹一举成名后，自然吸引了一些风雅俊逸的读书人。据说，昆山有一位姓郑的书生，是世家贵族子弟，其家同薛家素来友善。有一次，郑生得到一个机会来到吴郡，以世交之故，出入薛家，往来无间。

二女见他气韵温雅，仪表不俗，主动表示好感。郑生对她俩也慕名已久，于是潜相往来，倾心相爱。不久，这一秘密被她们父亲发现了。身为商人的父亲倒也通情达理，事已至此，索性将郑生赘为女婿，成全了他们的婚姻。当时郑生年二十二，兰英二十岁，蕙英十八岁。

以二女适一人，这在中国传统社会中也实属特例。这种情况还可以在明清话本小说中见到。有一小说写一个书生，很有才气，但娶几个妻子都死了。这时有个富人有两个女儿长得十分漂亮，富人想找合适的女婿，于是选一个日子让所有求亲的人作文，文章写得最好的才能选为东床。这个书生自己参加了比赛，碰巧还有一个熟人，才识不高，也托书生作了一篇文章。结榜后，正好选的是这两个人。后来托伪事发，一审问，原来正是由这位书生代笔，最后他一人娶了两女，留下了一鸾双凤的美名。

当然像这样的事都属于传说，但它反映了在传统社会中双妻这种特例是存在的。双妻存在虽不是对一夫一妻制的否定，可是它说明旧社会的妇女地位低下，只不过是男子的附属品罢了。纵使像上面所谈的兰、蕙这两位才气很高的女子也不能例外。[15]

【注释】

[1] 见《魏书·文成帝纪》和平四年诏、程树德《九朝律考》。

[2]《唐律疏议·户婚》。

[3] 见《辽史·圣宗纪》《金史·刑法志》《元史·刑法志》。

[4]《宋朝大诏令集》卷二百二十三。

[5] 见《金国志·熙宗纪》。

[6]《元史·刑法志》。

[7] 见《九朝律考》。

[8] 见《唐律疏议》一三户婚“有妻更娶”条。《宋刑统》二二户婚律“婚嫁妄冒条”。

[9] 见《明律例·户律》“妻妾失序”、《清律例·户律》“妻妾失序”。

[10] 见《元史·刑法志》。

[11]《明会典》。

[12] 洪迈:《夷坚支志》丁卷十“淮阳张生妻”。

[13] 王世贞:《弇州山人四部稿》四七“政德宫词之八”。

[14] 见《明武宗外纪》。

[15] 见瞿佑《剪灯新话》卷一、田汝成《西湖游览志余》卷十一。

第十章

清　代

在我国从公元1644年至公元1911年是清朝时期。清代是中国传统社会最后一个朝代，也是社会关系比较复杂的朝代。同元代一样，清代的统治者原为北方少数民族，其婚俗中含有相当落后的成分；入关以后，才逐渐为汉民族所同化。就整个社会而论，清代是贞操观念较为严格的朝代；婚制上继承明代流弊不少，对妇女贞节的要求达到登峰造极的地步。在这一时代各种制度进一步确立并有所发展。清代又是我国传统婚姻生活大变化的时代，清末的太平天国运动和资产阶级革命运动在一定程度上和一定范围内改变了传统社会婚姻道德和婚姻形式，拉开了近代中国婚姻革命的序幕。

一　孝庄后下嫁案

关于清初顺治帝的母亲孝庄后，曾下嫁摄政王多尔衮，清人的许多笔记和野史上都有记载。[1]他们的依据主要有以下三点：

（一）多尔衮曾被称或自称为皇父；

（二）孝庄后是太宗的妻子，死后却不附葬于孝陵，这是极不合礼法的；

（三）太后下嫁时，礼部尚书曾进大婚的仪注。

但对于上述三点，后人也多有质疑。像这样较大的问题，本来应该十分清楚的。可是清王朝初建，为了巩固自己的统治，对自己过去落后的习俗，便隐讳起来，以免被汉人轻视。康熙、雍正、乾隆三朝的文字狱，不知迫害了多少文人，毁掉了多少典籍，直接的“确据”，自然早已被毁灭殆尽，我们要重新发现二三百年前的“确据”，简直等于大海捞针。不过关于清朝始祖时存在收继婚的材料，并不难寻，不妨作为旁证。满人是建州左卫的后裔，兹便于说明起见，先将满族嫡系的祖亲列一简图：

孟哥帖木儿（孟特穆）——充善——锡宝齐篇古——都督福满——觉昌安——塔克世——努儿哈赤（清太祖）

其中清朝的肇祖孟哥帖木儿的母亲，便是一场收继婚剧的主角。《朝鲜世宗实录》二十年七月条记载：

凡察之母，佥伊（官名）甫哥之女也吾巨，先嫁豆万（官名）挥厚，生孟哥帖木儿。挥厚死后，嫁挥厚异母弟容绍（官名）包奇，生于虚里、于沙哥、凡察、包哥。本妻之子，吾沙哥、加时波、要知，则凡察与孟哥帖木儿非同父弟明矣。[2]

其次在明代，满人的族人也有收继婚的事实：

温姐，北关人，酋长二奴妹，嫁南关酋长王台为继妻，生子猛骨字罗。王台卒，复嫁王台子康古陆。[3]

上述两个证据，说明收继婚原是满族代代相承的习俗，在他们汉

孝庄与多尔衮画像

化以后，才逐渐改变。所以《清代通史》的作者萧一山说："太后下嫁摄政王一事，言者纷纷，至今未得确证，故未敢妄述，然就满洲风俗观察，则此事殆非不可能，谓清末污诋之辞，未尽然也。"[4]

从法律上说，自宋以来，对于"娶亲属妻妾"都有明确的禁令，清代承明代名教理学，当然也是一样。《皇朝通典》载清代规定：

> 若收父祖妾，及伯叔母者，各斩；若亡兄收嫂，弟亡收弟妇者，各绞；妾各减一等。

但是在清代收继婚仍能见到。清时江苏常熟等处，平辈收继婚的风俗颇为盛行。《清代名臣判牍》云：

> 苏乡旧俗，兄既娶妇，不幸身亡，遗妇与叔成婚，乡人称

“叔接嫂”，时有所见，恬不为怪。常熟南门外吕舍镇附近，有村曰茅泾，居是村者，多以捕鱼为业。为谈进德者，年已花甲，只一子，聘王姓女，早失怙恃，进德乃领女至家为童养媳，不料子忽疫死，进德有犹子曰水金，涎女之色，欲援“叔接嫂”之例，商之进德，而承许可，女不从，因此入讼，久久不决。最后控至臬司处，朱（之榛）批示曰：

禀悉：叔入嫂户，图成鸳鸯佳偶；伯从侄意，谋遂狗彘淫心。乃子之尸体未寒，遽尔强迫养媳；该女之贞坚自守，操持应愧兽心。节钱省事，难对地下亡儿；人静宵深，辱乃闺中遗妇。老人妄许，当赐大板百下；狂儿谋妻，请入黑狱三年。该女操守可信，冤抑已申，著归母家，另选东床，此批。[5]

此则批示，充满了卫道先生的感情，“大板百下，黑狱三年”，可谓痛快，不过从前为什么久久不决呢？这明显暗示着某种风俗力量的存在。

像这样的事尚有奇中更奇、妙中更妙者。清诸晦香的《明斋小识》载：

吴西亭言，某同寅作宰云南维西地方，其风俗出情理外。一日，有呈词云：某家生子四人，皆已婚娶。不幸某年长子死，某年四子之妻又死，理宜以第四子续配长媳。但年齿相悬，恐枯杨不能生华，特与三党同议，将长子之妻配于二子，二子之妻配于三子，三子之妻配于四子，一转移间，年皆相若，可无旷怨虞，极为允协，恳求俯准。

同寅拍案大怒，谓梵言：“底栗多！”

呈词的第一段就透露了当时民间收继婚的事实。转移的办法，未免异想天开。县官大怒，并且大骂“底栗多”。“底栗多”究竟什么意思呢？据作者说，“底栗多”即指畜生。

二 典妻

柔石的小说《典妻》很有名。小说叙述春宝娘因为家贫被丈夫租给了一个地主，在地主家过了几年，养了一个孩子又回家了。这篇小说以凄婉的笔触对近代社会的典妻制作了形象的描述。典妻在中国出现比较早，宋元时就有了。元世祖时大臣王朝对南方典雇妻女风俗曾上奏牒，请求禁止。元时，对此也有禁令，《元史·刑法志》记载：

诸以女子典雇于人及典雇人之子女者，并禁止之。若已典雇，愿以婚嫁之礼为妻妾者，听；诸受钱典雇妻妾者，禁；其夫妇同雇而不相离者，听。

明清律对此也同设禁令。《清律辑注》云：

必立契受财，典雇与人为妻妾者，方坐此律。今之贫民将妻女典雇于人服役者甚多，不在此限。

虽然历代将典妻视为风薄俗败，一禁再禁，但仍难尽绝。典妻本为贫困所迫，实割离人情，后人曾有典妻一画，情景如在目前，特令人心伤。

三　母党不婚

在古代同姓不得通婚，而对从表兄妹、宗妻、同父异母同母异父之间的婚配也要求很紧。《春秋》传说，“讥娶母党也”。这是说打破这种惯例，要遭人讥议。虽然古代礼制要求母党不婚，但社会上这种束缚实际并不太严。《周礼》一类书所载，只不过是一种宗法社会的理想。在汉代婚娶不论血亲行辈，娶母党的事十分普遍。这种事情往下可以追寻到唐宋。下面对母党婚娶二项举例说明。

（一）从表婚。也就是平辈从表兄妹相为婚配。如汉武帝娶其姑长公主之女陈阿娇为后；刘宋孝武帝文穆皇后系其姑吴兴公主之女(梁文帝的妻子张氏系其从姑之女；唐代长乐公主为长孙皇后所生，下嫁其母之侄长孙冲；宋代苏洵以其女嫁内侄程之才；吕荣公夫人是张昷的女儿，张昷的夫人是荣公之母妹。但是对从表兄妹婚配，宋代法律就明文禁止。《宋刑统》对此规定是：“各杖一百，并离之。”明清律也有“若娶已之姑舅两姨姊妹者，杖八十”的规定，但是习俗已久，难能尽改。所以有时也只好“听从民便”，这种现象一直延续很久，至近现代方明文禁止。

（二）同父异母或同母异父不婚。同父异母或同母异父之兄妹，唐以后各律皆禁相婚。金于天会八年亦禁继父继母之男女相互娶嫁[6]：明于正统十二年禁异母异父兄弟姐妹相互通婚；[7]在清律中对前夫子女与后夫子女，异母异父者，若从尊长主婚，则毋概拟离，与明稍异。[8]

四　松江乔氏

据俞樾《右台仙馆笔记》载：“松江邹生，娶妻乔氏，生一子，名阿九，甫岁而邹死。乔守志抚孤，家尚小康，颇足自存。而是时粤贼已据苏杭，松江亦陷于贼，乔虑不免，思一死以自全。而顾此呱呱者，又非母不活，意未能决。其夜忽梦夫谓之曰：

‘吾家三世单传，今止此一块血，吾已请于先亡之诸尊长矣，汝宁失节，毋弃孤儿。’

乔寤而思之，夫言虽有理，然妇人以名节为重，终不可失，意仍未决。其夜又梦夫偕二老人至，一翁一媪，曰：

‘吾乃汝舅姑也，汝意大佳，然为汝一身计，则以守节为重，为吾一家计，则以存孤为重，愿汝为吾一家计，勿徒为一身计。’

妇寤，乃设祭拜其舅姑与夫曰：‘吾闻命矣。’后母子皆为贼所得，从贼入苏州。

乔有绝色，为贼所嬖（bì，宠爱），而乔抱九儿，无一日离，语贼曰：

‘若爱妾者，愿兼爱儿，此儿死，妾亦死矣。’

贼恋其色，意不夺阿九，久之以乔为贞人，以阿九为公子。”

后来乔氏得以逃避，不幸又入娼家，“乔居娼家数年，阿九亦长成，乔自以缠头资为束脩（学费），俾阿九从塾师读。俄而贼平，乔自蓄钱偿娼家赎身，挈阿九归松江，从其兄弟以居。阿九长，为娶妇，乃复设祭拜舅姑与夫曰：

‘曩奉命存孤，幸不辱命，然妇人究以节为重。我一妇人，始为贼贞人，继为娼，可何面目复生人世乎？’”

不久，乔氏自杀了。对这事，俞曲园叹曰：

“此妇人以不死存孤而仍一死明节，不失为完人。程子云：‘饿死事小，失节事大。’然饿死失节，皆以一身言耳。若所失者，一身之名节，而所存者，祖父之血食，则又似祖父之血食重而一身之名节轻矣！”

清人绘《姑苏繁华图》中描写婚礼场面的部分

在以程朱理学为指导的道德标准下，妇人若是为歹徒奸污而不死，这也算失节。所以像松江乔氏那样，含辛茹苦地把儿子抚养大，最后还是一死明节。明节守贞这些东西在程朱理学中不过是一些空洞的教义文字，但一旦为人们所接受，便产生了严重的实际效果。它摧残人性，把很多妇女置于死地。

乾隆时，山西有一个人名叫李拒祸，他是一个“隐宫”（性机能不全的人），娶妻陈氏。陈氏不安于室，常常逃回娘家。有一天她的父亲陈维善亲自把她送到婿家，然后回去，谁知走到半路，女儿又跑回来了。陈维善气得不得了，便把女儿活活吊死，自己也吊杀了。[9]不讲人性竟到此地步。还有一个女子，见了男子的下体，便也认为是玷污了贞节，除非嫁给他，否则就要羞愤自杀，这真是无理至极。

五 兼祧二妻

清代道光年间兼祧二妻案是有名的案子。我们上面谈过，虽然中国实行媵妾制，但一夫一妻制的规定是严格的，不得违犯。兼祧，即娶了两个妻子就构成了犯罪。依道光元年山东案云：

兼祧两房，各为娶妻，希冀生子孙延嗣，毋庸照有妻而更娶离异。惟礼无二敌，后娶之妻，应以妾论。

又《刑案汇览》卷四十载刑部说帖云：

查人情莫不爱恤其女，其明知其有妻而仍许配者，事所罕有。至承祧两房之人，愚民多误以为两房所娶皆属嫡妻，故将女许配。议礼先正名分，不便使嫡庶混淆，而王法本乎人情，原毋庸断令离异，有犯应以妾论，情法俱得其平。

礼法是绝对强调一夫一妻制的，媵妾是正妻的补充形式。判决为兼祧二妻正名，就证明了这点。在第三章“媵妾制”节中我们仅对媵妾制的产生作了叙述，这里就整个社会发展谈一下妾在婚姻生活中的地位。

妾制在中国是有悠久历史的，虽然国家法律承认一个男人和一群女人在一个家庭共同生活，但国家法律和社会习俗只允许其中一个为其配偶——妻，其余则为妾。天子虽然后宫粉黛数千，也只立一人做妻子——皇后。所以古人说：“并后匹敌，两政祸国，乱之本也。”[10]“晋张华曾造甲乙之问曰：甲娶乙后又娶丙，居家如二适，子宜何服？太尉荀颢议曰：《春秋》讥并后匹适，令不可犯礼而遂其失也；先至为适（嫡），后至为庶。而子宜以适母服乙，乙子宜以庶母事丙。”[11]

这虽然是假设的论述，我们也可以看到古人对妻妾之别的严格态度。上面我们谈到的兼祧二妻案也说明了这一点。

妻妾地位不同，所以嫁娶方式也不同。《礼记·内则》说“聘则为妻，奔者为妾”。妾也可以是买来的奴婢，又《曲礼》云：“买妾不知其姓则卜之。”所以娶妾没有婚姻仪式。婚姻仪式是婚姻成立的必要条件，春秋时声伯之母没有经过聘的仪式，穆姜就不承认她是娣姒，而视为妾，虽生子犹出之。

“妾”一词的原意也是很低贱的。《白虎通义》云：“妾者，接也，以时接见也。”《释名》亦云：“妾，接也，以贱见接幸也。”所以妾不能称夫为“夫”，须称“君”“家长”，近俗称“老爷”。

妾在家庭中是没有地位的，她与家长不发生亲属关系。不能像妻一样随着丈夫的身份获得亲属身份。她与家庭的其他成员之间没有正常的称谓。除对家长、家长祖父母、父母及家长长子以外，皆无丧服。家庭成员以姨太太或姨娘呼之，她也只能像仆人一样称呼他们为老太爷、老太太、老爷、太太，或少爷、小姐。只有自己所生子女因有母子关系，才能直呼其名。妾的地位之低，以致她自己的父母、兄弟姐妹不能与家长之间来往，亲戚关系根本不成立。

妾不能上事宗庙。在宗法制社会里，上事宗庙的待遇是很高的。妾不能上事宗庙，自然死后也不能被祭。有些有子的则例外，可也只能别祭，不能入庙。从汉中期以后夫妻实行合葬，这是妾绝对不能享受的，妾既然地位低贱，所以夫妾之间不平等较夫妻之间更甚。家长殴妾比殴妻罪轻二等。杀妾，唐宋律只处流刑。[13]明清律更轻，仅杖一百，徒三年。[14]若妾殴詈家长，则处罪较妻殴詈罪重得多。詈者杖八十，[15]殴者较妻罪加一等，不问有伤无伤，俱徒一年或一年半。[16]折伤以上便加凡人斗伤四等，入于死罪。[17]

妾对正妻也如对待家长一样。《释名》云："夫为男君，故名其妻曰女君也。"又《仪礼·丧服》云："妾之事女君与妻事舅姑等。"所以妻可以妾，可以驾驭妾，殴杀减罪。妾对妻态度要极和顺；如妾犯妻则与妾殴骂夫主同罪。唐宋时，媵高于妾一等。《唐律疏议》云："依令五品以上有媵，庶人以上有妾。"所以媵犯妻则减妾一等，而妾犯媵，则加凡人一等。后代无媵之名目。正妻之外通称妾。

六《闺阁四书》

《闺阁四书》即《女四书》，它是班固《女诫》、宋华《女论语》、徐皇后《内则》及王相母亲《女范捷录》的合称，也是中国女教的经典。

王相在中国教育史上应该说是十分著名的人物。他是江西临川人，曾订正过许多启蒙的书，如《千家诗》《三字经》，流传很广。这个《闺阁四书》也是他订正的。这些书影响之广之深，和王相的"辛勤努力"是分不开的。

《女范捷录》共十一篇：统论、后德、母仪、孝行、贞烈、忠义、慈爱、秉礼、智慧、勤俭、才德。

"统论篇"开首即曰："乾象乎阳，坤象乎阴，日月普两照之仪；男正乎外，女正乎内，夫妇造万化之端。"

《母仪篇》说："父天母地，天施地生，骨相象父，性气象母。"

《贞烈篇》说："忠臣不事两国，烈女不更二夫，故一与之醮，终身不移，男可从婚，女无再适。"

清代是女教盛行的时代，集两千年之大成。除了《女范捷录》以

《女四书》书影

外，还有康熙时蓝鼎元的《女学》、陈宏谟的《教女遗规》、乾隆时期李晚芳女士的《女学言行录》等。这类书都是宣扬贞操节义的，只是体例上有所区别，内容则大同小异。

七 《新妇谱》

做媳妇的规矩，过去的人是最为讲究的。在这方面陆圻的《新妇谱》最富于代表性。陆圻字景轩，钱塘人，少负诗名，为西泠十子之冠。顺治十三年，将嫁其女，作《新妇谱》以训之。其内容也多是重复阐发三从四德之道，教新妇怎样做人做事，怎样尽孝尽道。本书的第一条“做得起”是本书的根本原则，它说：

> 近俗不知道路，闺女出嫁必要伊做得起。至问其所谓做得起者，要使公姑奉承，丈夫畏惧，家人不敢违忤。

“做得起”是做新妇的根本标准，至于怎样对公姑丈夫呢？则要得到他们的欢心。

新妇之倚为天者，公姑丈夫三人而已。故待三人，必须曲得其欢心，不可纤毫触恼。若公姑不喜，丈夫不悦，则乡党谓之不贤，而奴婢皆得而欺凌我矣，从此说话没人听矣，故妇之善事公姑丈夫也，非止为贤与孝也，以远辱也。

服侍公姑，新妇千万不能贪懒。“早起条”云：

新妇于公姑未起前，先须早起梳洗，要快捷不可迟钝，俟公姑一起身，即往问安万福，三餐须自手整理，不可高坐听众婢为之。至临吃时，则须早立在傍，侍坐同吃，万不可要人呼唤。

新妇说话的声音，也颇有讲究：

妇人贤不贤，全在声音高低，语言多寡中分：声低即是贤，高即不贤；言寡即是贤，多即不贤。就令训责己身婢仆，响尚不雅，说得有道理的话，多亦取厌，况其他耶？

颜色也要注意：

愉色婉容是事亲最要紧处，男子且然，况妇人乎？但事公姑丈夫之色，微有不同，事姑事夫和而敬，事翁肃而敬，待男客亲戚庄而敬，待群仆纯以庄。

丈夫无论做什么事，都有他自己的道理，做妻子的只要一味顺从就行了：

凡少年善读书者，必有奇情豪气，非女子所知：或登高山临水，凭事赋诗；或典衣沽酒，剪灯论文；或纵论聚友；或坐挟妓女，皆是才情所寄，一须顺适，不得违拗。但数种中或有善卫生处，则宜婉规，亦不得聒聒多口耳。

丈夫在外面读书，不应常给他写信：

丈夫在馆读书，此是攻苦读书处，不可常寄信问候，以乱其心。或身有小恙，亦不可令知，只云安好，所以勉其成学也，或彼数归，即荒思废业矣。

丈夫教训自己时，只有低头聆听，不得争辩：

丈夫说妻不是处，毕竟读书人明理，毕竟是夫之爱妻，难得难得，凡为妇人，岂可不虚心受教耶？须婉言谢之，速即改之，以后见丈夫辄云：我有失否，千万教我。彼自然尽言。德必日进。

《新妇谱》在当时流行很广，因为文字通俗、流畅，后来有人又作《新妇谱补》，这在清初，已是名著了。

八 “借米谣”

这首谣词是康熙帝时乐亭县知县张锻亭所作。张锻亭曾蓄一妾，而夫人悍妒，乘丈夫远去时，将妾遣走，锻亭回来后，见妾已走，非常愤恨，因此作了“借米谣”三首。词云：

我无奈，向君哭，恳君借我米一斛，愿来生君做主人我做仆，凭君时时呼唤，我只小心服侍，直到苍头秃。

君不肯，我再求，恳君借我米一斗，愿来生君做富翁我做狗，凭君时时呼唤，我只摆尾摇头，常守家门口。

君不肯，我再歌，恳君借我米一箩，愿来生君做玩妾我做夫，凭君时时吵闹，我只装聋作哑，半死半糊涂。

后来张竟以此自尽，算是对自己老婆妒性的报复。人之极妒本来是不应该的，即使结为夫妻，也不应该是双方的互相占有。但是在传统社会里，由于男子把女子看成了自己的私有财产，那么女人反过来要求男子专一就是很正常的了。但是女子妒性的发泄对象往往是与自己命运一样的同性，女子的可悲似乎在这一点上可极见之。

妒妇也是可厌恶的。冯小青是一个多才多艺的女子，因为不容于大妇，郁郁而终。死时留下绝命诗若干，其一云：

云意阁云云不流，旧云正压新云头。
米颠颠笔落窗外，松岚秀处当我楼。
垂帘只愁好景少，卷帘又怕风缭绕。
帘卷帘垂底事难，不情不绪谁能晓。

九　婚事杂考

（一）广州女子同性恋。据张心泰《粤游小志》云：

广州女子多以拜盟结姊妹名为金兰会。女出嫁后，归宁恒不返夫家。至有未成夫妇礼，必俟同盟姊妹嫁毕，然后返夫家。若促之过甚，则从姊妹相约自禁。

又云："近十余年，风气又复一变，则竟以姊妹花为连理枝矣。且二女同居，必有一女，俨若藁堪者。然此风起自顺德村落，后传染至番禺、沙茭一带，效之更甚，即省会中亦不能免。又谓之拜相知，凡妇女订交后，情好绸缪，逾于琴瑟，竟可终身不嫁。"

同性恋的历史悠久，并不是现代文明的产物。它是人们性关系的变态表现。

（二）一夫多妻的现象。满人入关后，疆域较大。边疆地区，正处于从游牧改向定居的时期，婚姻关系显得十分复杂，一夫多妻的现象在某些地区可以见到。

宁古塔（今黑龙江宁安）是满族祖先的所在地。清代，这里有十分普遍的一夫多妻的现象。康熙时，方拱乾作《宁古塔志》云：

八旗非尽满人，率各因其类以为风俗。华人则十三省无省无人，亦各因其地以为风俗矣。故曰：无所谓风俗也，姑亦就满汉沿习之久而言。妇女多颜色，即贵人亦舄而步于衢，一男子率数妇，多则以十计；生子或立或不立，惟其意也。惮其妇甚者位于恒情，有弃妇者亦位于恒情，结发老矣，曾无他嫌。男子偶悦东家女，女父母曰："必逐而妇。"归遂不动色而逐之；即儿娶妻，女嫁婿，亦不敢牵衣而留。新妇人，儿女遂以事父母者事之，弃妇他日适后夫，犹过故夫庐而问新妇，相见无怍容，无怼（怨恨）言也。

> 概古无闲人，而女子为最，如糊窗而槌布以代纸，烧灯则削肤麻糖以代膏，皆女子之手，不碾而舂，舂无昼夜；一女子舂，不能供两男子食。稗之精者，至五六舂。近有碾，间橐粟以就碾。舂余即汲，霜雪井溜如山，赤脚单衣悲号于肩担者不可计，皆中华富贵家裔也。男子死，必有一妾殉。当殉者即于生前定之，不容辞，不容僭（jiàn，代）也。当殉不哭，艳妆而坐于炕上，主妇率皆下拜而享之，及时，以弓弦扣环而殒之。倘不肯殉，群当起而缢之死矣。

（三）一妻多夫。赵翼《檐曝杂记》有“甘省陋俗”一条，云：“甘省多男少女，男女之事颇阔略。兄死妻嫂，弟死妻媳，比比皆是。同姓惟同祖以下不婚，过此则不论也。有兄弟数人合娶一妻者，或轮夕而宿。或白昼有事，辄悬一裙于户门，即知回避。生子则长者为兄，以次及诸弟云。其有不能娶而望子者，则僦（jiù，租赁）他人妻，立券书期限，或二年，或三年，或以得子为限，过期则原夫促回，不能一日留也。客游其地者，亦僦以消旅况，立券书限，即宿其夫之家，限内客至，其夫辄避去。限外无论，夫不许，即夫素与客最者，亦坚拒不纳。欲续好，则更出僦价乃可。”

这种现象作为边俗在古代记载有很多。《周书·异域传》载：

> 嚈哒国……在于阗之西。……兄弟共娶一妻，夫无兄弟者，其妻戴一角帽，若有兄弟者，依其多少之数，更加帽角焉。

此外，《隋史·西域传》中也有类似记载，这里不赘述。

十　太平天国的婚姻观

在清朝后期，太平天国农民起义是中国历史上一次规模较大、影响较深的革命运动。这次革命在婚姻家庭和妇女问题上都提过一些进步的主张，这里略加评述。

太平天国农民起义历经十余年，在这次革命中，起义军所推行的政治、经济、文化纲领，比历史上任何一次农民革命都更进步、更彻底。男女平等是太平天国的政纲之一，在此基础上，对婚姻家庭制度做了不少改革，妇女运动也有了相当的发展。

早在金田起义以前，洪秀全就说：

> 天下多男人，尽是兄弟之辈；天下多女子，尽是姊妹之群，仅得存此疆彼界之私，何可起尔吞并我之念。[18]

在婚姻问题上，太平天国主张："凡天下婚姻不论财。""婚娶所用，取之于国库。"[19]还颁布了许多禁止纳妾、禁止买卖奴婢和取缔娼妓的命令，并在告示里宣称："一夫一妇，理所宜然。"

在婚姻问题上，太平天国主张取消过去的繁文缛节，代之以简单的宗教仪式。《天朝田亩制度》说：

> 凡两司马办其二十五家婚娶吉喜等事，总是祭告天父上主皇上帝，一切旧时歪例尽除。

新中国成立后，从太平天国文物中所发现的"合挥"，上面载有婚姻当事人的姓名、年龄、籍贯，由政府发给双方收执，类似今日的结婚证书，从而使婚姻得到国家的保障，这在我国历史上是前所未有的进步。

在家庭生活中，太平天国也做了不少值得称颂的改革。政府采取了很多措施，把妇女组织起来，使她们突破旧的家庭牢笼，直接投入社会劳动。建都天京后，颁布了禁止缠足和提倡放足的命令，用政府的力量来废止这一长期摧残妇女的恶习。

经济上，《天朝田亩制度》规定："凡分田，照人口，不论男妇。"主张妇女和男子同等取得土地所有权。政治上，太平天国设有女官制度，朝内女官设正军师、副军师、又副军师各一员，六官正副丞相各二，检点、指挥、将军等为数更多。军中女官自总制、监军、军帅以下直至司马，除按军制女军不设师帅、旅帅外，名号悉与男军相同。此外，尚设有绣锦指挥、将军、总制、监军等职同官，组织妇女进行生产。洪秀全定都天京后，女军建制为四十军，约十万人。在当时来说，女军是战争中不可或缺的力量。据不完全统计，女军在永安突围、进攻桂林、奔援扬州、守卫镇江等著名战役中，均英勇善战，使敌人望而生畏，这是镇压起义的刽子手们也不得不承认的事。从文化上看，太平天国曾开女科，"令女官举女子应试"，采用新的、容许女子参加的科举制度来促进女子教育的发展。

显然，太平天国采取的对待婚姻和妇女的政策是和西方的影响分不开的。在当时的时代背景下，在婚姻生活方面这样大胆的改革，说明了旧式婚姻已成为束缚人们感情生活的枷锁，势在必除。当然，太平天国的妇女运动和婚姻家庭制度的改革，有其阶级和时代的局限性，他们对于男女的相对关系和地位上还保存着不少旧的意识。例如：说什么"妇道在三从，无违尔夫主"，"内外贵避嫌疑，男女均当分别"。[20]领导集团中就有纳妾的事实。此外，由于战争的频繁和革命政权的短命，很多主张并没有得到深入贯彻，并且也只是在部分地区付诸实施。但是，它却在我国婚姻、家庭和妇女运动的历史上写下极为光辉的一页。这是对旧式婚姻家庭制度一次暴风骤雨、摧枯拉朽般的打击，拉开了我国近代妇女解放运动的序幕。

十一 辛亥革命的妇女运动

1911 年的辛亥革命，是在资产阶级领导下推翻清朝统治者的革命，它开启了我国的资产阶级民主革命。从这时起，中国的妇女解放运动便真正展开，社会婚姻生活开始发生了重大的变化。千百年来，旧的政治、伦理说教和陋俗使妇女身心遭到了极大的摧残。她们带着切身的伤痛和争取自由的热情，干出了“不让须眉”的光辉业绩。

秋瑾

以孙中山为首的革命民主派，在思想上提倡资产阶级大革命时期的“自由、平等、博爱”的口号，所以也很自然地提出了“男女平等”的主张。在中国同盟会成立之时，孙中山就提出了国人应该一律平等。他说：“我汉人同为轩辕之子孙，国人相视，皆伯叔兄弟，诸姑姐妹，一切平等，无有贵贱之差，贫富之别。”[21]

邹容则进一步主张：“凡为国人，男女一律平等，无上下贵贱之分。”并以此为“革命独立之大义”。[22]

著名的女同盟会会员秋瑾，曾与女同志们组织“共爱会”，后来又创办《中国女报》，宣传革命和男女平等的思想。

这时，参加革命的妇女，特别是一些杰出人物，多出身于名门显宦。在当时国内旧的政权的高压下，她们的个性、尊严受到了无理的损伤，三从四德和包办婚姻把她们推向了屈辱的境地。资产阶级思想理论和旧政权的冲突，使得本来对立阶级妇女的思想行为发生了融合。所以像秋瑾、张竹君、徐宗汉、何香凝等妇女运动的代表人物出身都是富商或显贵。她们有着不同的阶级、家庭背景，但就本人成分而言，绝大多数是学生。这一共同的思想基础，使得更多的出身寒微的妇女也聚集在革命的旗帜下，如秋瑾的学生、著名的少年女革命党人尹竟志和尹维俊姐妹等。初期妇女活动，主要是办报，也有从事运送武器、策划起义的。1907 年，秋瑾在绍兴组织光复军，并自任协领，图谋起义未成，被清政府逮捕后英勇不屈，于轩亭口从容就义。也有直接参与研制炸弹、谋刺清廷要员的暗杀活动。1905 年，方声洞的姐姐方君瑛在同盟会内主持暗杀部门，吴玉章、喻云纪等人都是其成员。1909 年，尹竟志姐妹赴京图谋炸毙清朝权要。1910 年，徐宗汉、宋铭黄、丁湘田等加入暗杀团，徐宗汉还参与谋杀广州将军凤山。1910 年，陈璧君与其夫汪精卫刺杀重臣载沣。

武昌起义的胜利，更推动了妇女运动的发展，许多妇女纷纷从军。女子北伐队的发起人为陈也月等，她们在宣言中宣称："枕戈待旦，健男儿既奏宏猷；市鞍从军，众姊妹宣申义愤。……从可知奋身不顾，小娘子无让须眉；乘盾为荣，大国民休轻脂粉。于是倾奁倒匣，大集军资；扫穴犁庭，共除虏虐。"[23]

宣言表现出妇女要求和男子并肩战斗的英勇气概。特别是武昌吴淑卿所招募的女子军，当民军与清军激战之际，从背后予清军以重大打击，后又参加攻打南京之役。同时，各地妇女还成立了许多救护和募捐团体。

辛亥革命前后，许多妇女团体在参加革命斗争的同时，也提出了争取男女平等的口号，以谋求妇女地位的改善。具体来说，他们所争取的目标是妇女的交友权和婚姻自主权、受教育权和参政权。辛亥革命后，已经有女子中学的设立，据1915年统计，全国共有女生十八万零九百四十九人，但这时尚无女子高校，北京大学在1919年秋才开始招女子旁听。

辛亥革命时期的妇女运动，因过去少数人的提倡发展成为有相当群众基础的运动。“男女平等”观念开始得到传播，家庭婚姻生活发生了深刻的变化。这在中国婚姻史和妇女生活史上占有十分重要的地位。

【注释】

[1] 见《清稗类钞·宫闱类》。

[2]《朝鲜世宗实录》，世宗二十年七月二十九日。

[3]《明北族列女传》，《国立北京大学国学季刊》第四卷第一号，1934年。

[4]《清代通史》上卷。

[5]《清代名臣判牍》卷三。

[6] 见《金史·太宗纪》。

[7] 见《明史·刑法志》。

[8] 见《清律》卷九“尊卑为婚”条辑注。

[9] 钱大昕：《潜研堂集·山西分守冀宁道沈公墓志铭》。

[10]《左传·桓公十八年》。

[11]《晋书·礼志》。

[12] 见《左传·成公十一年》。

[13] 见《唐律疏议》“殴伤妻妾”、《宋刑统》“夫妻妾媵相殴并杀”。

[14] 见《明律例》“妻妾殴夫”、《清律例》“妻妾殴夫”。

[15] 见《唐律疏议》二十二“媵妾殴詈夫”、《宋刑统》“夫妻妾媵相殴并杀”、《明律例》一〇“妻妾骂夫期亲尊长”、《清律例》二十九“妻妾骂詈期亲

尊长”。

[16] 见《唐律疏议》“媵妾殴詈夫”、《宋刑统》“夫妻妾媵相殴并杀”。

[17] 见《唐律疏议》“殴伤妻妾”、《宋刑统》“夫妻妾媵相殴并杀”、《明律例》“妻妾殴夫”、《清律例》“妻妾殴夫”。

[18]《原道醒世训》。

[19]《天朝田亩制度》。

[20] 洪秀全:《幼学诗》《天情道理书》。

[21]《同盟会宣言》。

[22]《革命军》。

[23]《辛亥革命女子北伐队宣言》。

第十一章

近代与现代

1911 年辛亥革命后，人们的婚姻生活发生了翻天覆地的变化。这个变化不同于宋明时期的变化，后者的结果是普遍地降低了妇女在社会婚姻生活中的地位，前者却是在全社会范围里开始了轰轰烈烈的妇女自救、妇女解放运动。这一时期，在法律制度上对妇女在婚姻生活中的平等地位普遍趋向于肯定，婚姻生活重性情成为一种良好的社会风尚。但是由于当时社会条件，这一变化在广袤的农村并不明显，旧的婚姻习俗仍延续未变。

新中国成立以后，我国先后有两次婚姻立法。由于全国统一政权的巩固和加强，使婚姻法的基本原则在全社会范围内得到很好的贯彻执行；婚姻自主，男女平等的精神已为全社会承认和接受，但是由于传统文化思想的影响，婚姻生活中的弊病还很多。女子依附心理仍未消除，社会婚姻道德随着社会生产的发展有待于进一步改进。

一　女权运动

辛亥革命成功，南京临时政府成立，参议院制定约法时，女子参政会曾上书请愿，要求在约法上规定男女平等。当时代表是女子参政会同盟会会长唐群英等二十人，那篇请愿文的原文是：

> 兹幸神州光复，专制变为共和，政治革命既举于前，社会革命将起于后。欲弭社会革命之惨剧，必先求社会之平等。欲求社会之平等，必先求男女之平权。欲求男女之平权，非先与女子以参政权不可。请于宪法正文之内，订明无论男女一律平等，即请于本国人民一语申明包括男女而言，以正式公文宣布，以为女子有参政权之证据。

可是《中华民国临时约法》公布时，并未把男女平等列入条文。唐群英等又上书给孙中山，孙中山允许提议增修。可不久，袁世凯篡权，这件事就没有下文了。

五四运动以后，女子有了受高等教育的机会。1922 年，北京中国大学的女生联合其他专门学校的女生，发起了第二次女子参政的运动。他们要求女子和男子一样，应该平等享有宪法上人民应享有的权利；依男女平等的原则，修正私法上的夫妻关系、亲子关系、继承权等；制定男女平等的婚姻法；刑法上加入“同意年龄”和男子“纳妾以重婚罪论”的条文；制定保护女工法。这些要求当时也没有得到实际的解决。

早期的女权运动都是由一些知识分子倡导的，他们有知识，对旧的婚姻生活中男女不平等的事实，既有亲身体会，也能从理论上理解、阐述和批判。早期女权运动在革命运动初期，由于世事复杂，旧思想根深蒂固，所以其影响范围有限。

二 《新青年》

《新青年》是 1915 年 9 月 15 日陈独秀在上海创办的，原名叫《青年杂志》。杂志从第二年改名为《新青年》，并于1916 年底将编辑部移至北京。《新青年》先后联系了胡适、李大钊、鲁迅、吴虞、周作人、刘半农等许多进步知识分子，大力提倡“人权”和“科学”，抨击反动派提倡的国粹。由于《新青年》提倡解放妇女、尊重人性、反对旧的贞节观念，对传统婚姻道德持否定的态度，所以对近代人们的婚姻生活产生了很大影响。

《新青年》的前四号，对婚姻道德问题没有太多专论。在一卷五号中，陈独秀发表了一篇论文，题为《一九一六年》。这篇文章开了对传统旧道德抨击的先声。在这篇文章中，陈独秀号召妇女不要甘心委身于人，受别人支配和摆布，应该把自己也看作一个人。他说：

> ……自居征服（To Conquer）地位，勿自居被征服（Be Conquered）地位。全体人类中，男子，征服者也；女子，被征服者也。……自负为一九一六年之男女青年，势将以铁血一洗浃髓沦肌之奇耻大辱。

这篇文章无疑是《新青年》向旧婚姻道德、旧文化开战的宣战书。可是当时社会现实极其糟糕，帝制的风波才息，尊孔的云雾又起。国会议制宪法时，准备把孔教立为国教。陈独秀在《新青年》二卷三号上发表了《宪法与孔教》的文章，二卷四号上又载了《孔子之道与现代生活》的文章。在这两篇文章中他痛斥了孔子之道不宜于现代生活。他在后篇文章中谈到妇人寡居时说：

> 西人孀居生活，或以笃念旧好，或尚独身清洁之生涯，无所谓守节也。妇人再醮，决不为社会所轻。中国礼教有‘夫死不嫁’之义，男子之事二主，女子之事二夫，遂共目为失节，为奇辱。礼又于寡妇夜哭有戒，友寡妇之子有戒。国人遂以家庭名誉

之故，强制其子媳孀居——不自由之名节，至凄惨之生涯，年年岁岁，使许多年轻有为之妇女，身体精神俱呈异态者，乃孔子礼教之赐也。

在《新青年》全盛时期对妇女问题和婚姻道德问题的讨论更多。陶孟和在《新青年》四卷一号上作了一篇《女子问题》的文章，从社会学的角度讨论妇女问题，他认为中国社会礼教压抑了女子的才能，使女子无奋发策励的机会。又过了四个月，《新青年》四卷五号发表了周作人译的一篇日本人与谢野晶子的《贞操论》，在这篇文章中作者认为贞操不是道德。这一新的声音俨然是一声霹雷，振聋发聩。与谢野晶子说："我对于贞操，不当它是道德，只是一种趣味，一种信仰，一种洁癖。"

这篇译文在当时的影响是很大的。它打破了两千多年的旧观念，在某种程度上开始改变了人们的贞节观。胡适在五卷一号上发表一篇《贞操问题》，后又发表了《我之贞节观》，也是谈贞节问题的。对寡妇再嫁、烈妇殉夫、贞女烈女等问题作了十分开明的论说。胡适的文章不是十分激烈的，而是用一种合乎情理的态度和论证促使人们接受。在这篇文章中，他谈到烈妇殉夫问题时说：

寡妇守节最正当的理由是夫妇间的爱情，妇人殉夫最正当的理由也是夫妇间的爱情。爱情深了，生离尚且不能堪，何况死别？再加以宗教迷信，以为死后可以夫妇团圆。因此，有许多妇人，情愿杀身从夫于地下。这个不属于贞操问题。但我们以为无论如何，这也是个人恩爱问题，应由个人自由意志去决定。无论如何，法律总不该正式褒扬人自杀殉夫的举动。一来呢，殉夫既由于个人的恩爱，何须用法律来褒扬鼓励？二来呢，殉夫若由于死后团圆的迷信，更不该有法律的褒扬了；三来呢，若用法律来褒扬殉夫的烈妇，有一些好名的妇人，便要借此博一个“青史留名”，是法律的褒扬，反发生一种沽名钓誉、作伪不诚的行为了！

在五四运动以前，刘半农的《南归杂感》也是倡导妇女解放的重要文章。这篇文章发表在《新青年》五卷二号上。文中借助和他夫人闲谈的口，述说中国妇女的痛苦：

“世界上最苦的人类，就是这班中国女子。”

“那一班穷苦人家的妇女，吃朝饮，愁晚饭，他的苦恼，我不忍说。”“那一班富贵人家的妇女，穿短裤，穿丝袜，天天上杨庆和老宝成办金饰，上大纶天成剪衣料，他们自以为极乐，其实比街头的老乞妇还苦……”

这篇文章对妇女在生活和劳作中的痛苦心理，缕分细析，写得非常好。《新青年》反对旧道德，提倡新道德，希望建立合乎人性的社会伦理秩序，所以对旧的婚姻道德作了强烈的抨击，在中国婚姻历史上写下光辉的一页。

三　早期妇女解放和婚姻方面的立法

妇女解放运动和争取女子继承权运动是大革命前期革命运动的一个重要方面。1924 年 1 月《中国国民党第一次全国代表大会宣言》中提出：“于法律上、经济上、教育上、社会上确认男女平等之原则，促进女权之发展。”

这是中国近代社会第一次用文字形式对男女平等做出的纲领性宣言。1926 年 1 月中国国民党第二次全国代表大会通过了《妇女运动决议案》，规定要组织领导妇女参加国民革命运动，并注意妇女的自身解放。此外还特别提出在法律与行政两方面实行以下基本原则：

（一）制定男女平等的法律；

（二）规定女子有财产权和继承权；

（三）严禁买卖人口，保护女性和儿童；

（四）反对多妻制和童养媳。根据结婚离婚绝对自由的原则，制定婚姻法，保证被压迫而逃婚的妇女，对再婚的妇女不得蔑视，反对司法机关对男女不平等的判决；

（五）根据同工同酬，保护女性及童工的原则，制定妇女劳动法。

这次大会以后，广州国民政府司法行政委员会专门向广东、广西、湖南各省高等审检厅发布命令，指示在未制定颁布男女平等的法律以前，关于妇女问题的规定，应根据上项决议案“法律方面”之原则进行裁判。

有关妇女继承权问题，武汉国民政府司法部根据《中国国民党中央执行委员会、国民政府委员会临时联席会议第十六次会议决议》，在1927年2月，专门发布如下文告：“财产继承权应以亲生子女及夫妇为限。如无应继之人，及生前所立合法之遗嘱，所有财产收归国有，为普遍教育之用。但在死者生前确系直接受其抚养者，得按其生计状况，酌给财产。”

这些原则在当时社会形势下有重要意义，第一次体现了男女在法律上地位平等的精神。

四　《中华苏维埃共和国婚姻条例》

早在土地革命时期，中国共产党就着手于婚姻制度变革。1931年12月1日，中华苏维埃共和国中央执行委员会公布了《中华苏维埃共和国婚姻条例》，这是中国共产党关于婚姻制度的第一个法律文献，它分为七章，共二十三条。这部条例比国民党政府于1939年颁布的民法亲属编要早八年。1934年4月8日，中共中央执行委员会在《婚姻条例》的基础上，进行了修订补充，颁布了《中华苏维埃共和国婚姻法》。这两部法律的主要内容是：

（一）男女婚姻自由。这是最根本的原则，婚姻法的第一条规定："确定男女婚姻，以自由为原则，废除一切包办强迫和买卖的婚姻制度，禁止童养媳。"

第四条规定："男女结婚必须经过双方的同意，不许任何一方或第三者加以强迫。"

婚姻自由的原则是新的婚姻制度和旧的婚姻制度的主要区别。婚姻发展历史告诉我们：旧的婚姻不是男女双方的结合，而是男女两家的结合，原则是"合两姓之好"。这在中国和在西欧都是一样的。恩格斯说：

> 对于骑士或男爵，以及对于王公本身，结婚是一种政治行为，是一种借新的联姻来扩大自己势力的机会，起决定作用的是家世的利益，而不是个人的意愿。[1]

婚姻自由包括两个方面，即结婚自由和离婚自由。关于结婚自由，前面已引述了《婚姻法》第一条和第四条的规定。而离婚自由，《婚姻法》第十条规定："确定离婚自由，男女一方坚决要求离婚的，即可离婚。"

离婚自由，也是对旧的包办强迫婚姻制度的根本否定。它的规定，使婚姻从另一个方面能建立在真正爱情的基础上。同时，也为解除历史遗留下来的不合理的、痛苦的婚姻关系提供了法律依据。

（二）实行一夫一妻制。这是《婚姻条例》和《婚姻法》另一条重要原则，是对传统纳妾制的彻底否定。

（三）对妇女利益的特殊保护。旧社会的妇女，在家庭和社会等各方面都处于从属地位，受迫害最深。毛泽东同志指出："因为数千年来婚姻关系野蛮无人性，女人受压迫比男子更深，所以现实苏维埃的婚姻法令着重于保护女子。"[2]

当时，在红色地区内，妇女经济地位尚未完全独立，因而在离婚问题上，偏重于保护妇女，将因离婚而引起的义务责任，应多交给男子负担。如《婚姻法》第十三条规定："男女同居时所负的公共债务，则归男子负责清偿。"

后来在抗日战争时期，各抗日民主政权根据经济、政治情况的变化，相继颁布了婚姻法令，其内容主要有：陕甘宁边区的《婚姻暂行条例》；1943 年 1 月 10 日公布的《陕甘宁边区抗属离婚处理办法》；1941 年 7 月 7 日公布的《晋察冀边区婚姻条例》；1943 年 1 月 21 日晋察冀边区第一届参议会议通过，同年 2 月 4 日边区行政委员会公布的新的《晋察冀边区婚姻条例》；1942 年的《晋冀鲁豫边区婚姻暂行条例》；晋西北行署 1941 年 4 月 1 日公布的《晋西北婚姻暂行条例》等。这些条例都是根据当时当地实际情况而定，稍有差异，但与上述《中华苏维埃共和国婚姻条例》及《中华苏维埃共和国婚姻法》所体现的基本原则相一致。

解放战争时期，陕甘宁边区第三届参议会第一次大会于 1946 年 4 月 23 日通过了《陕甘宁边区婚姻条例》。其规定与前者相同，但对少数民族婚姻作了特殊规定。

五 男女婚姻关系上平等地位的确立

1939 年，《中华民国民法 · 亲属编》正式实行，这应该看作在全国范围里男女在法律上第一次实现婚姻生活上地位的基本平等。这部民法是当时时代的产物，对结束中国历史上旧的婚姻关系起了一定作用。

民法亲属编第九百七十二条规定："婚约由男女当事人自己订定。"这排除了他人干涉，肯定了女子在决定自己婚姻方面的地位。

第九百八十条确定了男女的婚龄："男未满十八岁，女未满十六岁都不得结婚。"

民法亲属编第九百八十五条规定了有配偶者不得重婚，否定了传统的媵妾制。

这部民法从根本上肯定了一夫一妻制，由夫妻关系再产生亲子关系和亲属关系以及家属关系。所以在民法亲属编中，妻子有法定的平等地位，夫妻关系也是平等的。

古代的礼法重男轻女，直到清代，关于亲属的立法都本于礼法观念。明代以前法律上的亲属分内亲和外亲。明代以后的法律在内亲和外亲以外增加妻亲。民法亲属编第九六七、九六九等条，改为血统亲和姻亲两种亲属关系，才把古代以宗法分亲属的旧观念打破。依据民法亲属编第九七〇条规定的计算姻亲等的方法，说明夫妻的地位在法律上是平等的。

但由于这部法律属于草创，加之制法者本身的限制，这部法律在很多方面是有问题的。例如离婚。民法规定，一方有下列情况之一者（重婚者；与人通奸者；受他方不堪同居之虐待者；妻虐待公婆或公婆虐待妻致不堪为共同生活者；恶意遗弃他方者；有精神病者；生死不明已逾三年者或被判处徒刑），另一方可向法院请求离婚。从条文上看，男女是平等的，可是判例和释例却公然歧视妇女，限制妇女离婚自由。

此外在有关男女家庭生活方面也有维护夫权的趋向。妻子和丈夫相较丧失六种权利：

（一）姓名权。“妻以其本姓冠以夫姓。”

（二）居住权。“妻以夫之住所为住所。”

（三）财产权。婚后应将自己原有的财产交丈夫统一管理，丈夫对这部分财产有使用权、收益权和事实上的处分权。

（四）教养子女权。对于未成年子女的权利和义务，名义上由父母共同行使和负担，但父母意见不一时，由父决定。

（五）女子继承权。民法规定财产由直系血亲继承，直系血亲亲属为第一顺序继承人。为防止财产权分散、削弱、转移，规定妻子不能代位继承。夫死，由其子继承翁姑遗产，守节妇可代应继承人承受财产，进行管理，但不是继承人，也没有所有权。改嫁妇女更无继承权。

（六）家庭管理权。民法保留了许多旧时代的东西，维护家长制统治。民法规定家设家长，家务由家长管理，子女从父姓。未成年子女，父为法定代理人，子女的特有财产，由父管理。

总之这部民法亲属编是时代的产物，也是时代思想的反映。它既明确地承认男女平等，又在判例和解释例及其他条款上保留了宗法时代的残余。我们应该辩证地看待这部法律。

六 婚姻生活重性情的趋势

在20世纪30年代，我国著名的社会学家潘光旦先生曾组织过一次关于“婚姻之目的”的社会学调查。征求案中提出了十个标准：相貌与体态；教育造诣；办事能力（女期男者）或治家能力（男期女者）；母性或父性；经济能力；清白家世；家产（女期男者）或妆奁（男期女者）；性情；健康；性道德。结果征求案的结果大都以性情为第一。[5]

当然征求案由于征求对象不同，有一定局限性，但是男女双方都以性情为第一却不能说是一个纯偶然的现象，这反映了人们对婚姻问题态度的变化。

青年人一般来说是朝气蓬勃的，他们向往有节奏的、浪漫的生活，这是完全可以理解的，不应该制止。可是青年人毕竟是天真的，爱情往往是一时情感的激动，通过想象把对方美化。这虽然是青年人的正常心理，是美好的。但也应看到，它往往和实际生活相脱离，带有很大的盲目性和非理智成分。社会学家费孝通曾认为“媒妁之言，父母之命”并非没有道理，恐怕也是从这一角度考虑的。人们常说婚姻是爱情的坟墓，就是对上述婚姻恋爱观的一种苦衷之言。如果像某些诗人一样去理解爱情未免是轻率的，后果不良。“五四”时期人们曾反对“媒妁之言、父母之命”，是因为媒妁、父母常常把情趣相异、毫无感情的双方强配在一起，造成了许多恨男怨女，可是如果像有些年轻人那样一味追求邂逅相遇的浪漫爱情又似乎是走到了另一个极端。

七　婚姻旧俗

辛亥革命以后，由于一些新知识分子的宣扬，大多数人已觉得没有爱情的婚姻是不道德的，恋爱自由、婚姻自由是多数知识分子追求的一种婚姻理想。但是当时大多数人实行的结婚程序仍保留着许多旧的习俗，甚至有增无减。从订婚到结婚，可以分为八个步骤。

（一）请庚。由家庭介绍，如果女方同意，便写庚帖送到男家。这和唐代“报婚书”、宋代“细过帖”性质一样。

（二）探问。请庚过后，则两家对对方的人品、家境等做补充调

闹洞房的习俗民国时仍然盛行

查，并进一步征求男女两方意见。有的还要卜筮。

（三）定亲。探问合意，卜筮得吉，于是找一个吉利的日子举行定婚礼。男方把金银首饰（或钱）及茶叶、果子、礼帖等盛入盘中，送至女家；女家还以礼帖（致意帖、八字帖、允帖）及喜糕等。

（四）报期。定亲后如欲结婚，还要选择吉日，再委托媒人和女方商量。

（五）行盘。结婚前两天，男方必须送礼到女家，这叫行盘。一般由女方选定所要的首饰、衣服、礼服及银币等，男方在这一天依数送往女家。女家接受后也要回送新郎礼帽、礼鞋及喜糕。

（六）妆奁。结婚的前一日，女家所办的妆奁，必须送往男方。所送妆奁的多少，视贫富而定。有四橱八箱的，有二橱八箱的，也有用数箱的。

（七）迎娶。结婚那一天，男家带花轿或马车到女家，新郎也一齐去，名叫“揖岳”。轿到女家以后，男家必须要准备一定数量的银子，这叫“门包”，如果银子给少了，则不让花轿进门。花轿入门以后，新妇穿好礼服，由弟弟扶持上轿。这时母女分别，必须痛哭，不哭则要受到讪笑。还有迷信说法，认为这时哭声越大，男家也就越富。

（八）结婚。轿子到了男家以后，由男家喜娘引新娘出轿，与新郎并立，用新绿长巾相连在一起。这时点花烛、奏乐、司仪喝礼。然后两人向南北各四拜。新郎新娘都由喜娘牵引，像傀儡一样。拜礼完毕则由亲友执花烛送至房中，执花烛的在前，新郎新娘在后。如果执花烛的人喜欢开玩笑，便蹒跚不前，距屋内只隔数步，就要走十多分钟。到了房内，俩人同坐床沿，继以祭祖待新人，过后才开始拜见父母，依次于伯叔兄弟姊妹等亲戚。

这种旧风俗至今各地仍有保留。

【注释】

[1]《马克思恩格斯选集》第 4 卷，第 74 页。

[2]《在第二次全国工农兵代表大会上的报告》。

[3] 见潘光旦《中国之家庭问题》，商务印书馆 1934 年版。

第十二章

中国少数民族婚俗

我国幅员辽阔，人口众多，是个统一的多民族国家。在边疆地区，生活着五十多个少数民族。各少数民族，由于文化发展程度不一，生活习惯不同，婚姻风俗更相迥异，各具特色。这给我们研究人类婚姻的发生与发展提供了丰富的资料。云南西北部永宁摩梭人就是一个很好的例子，它是我们研究母系小家庭最好的实证，此处我们从其他少数民族的婚俗中亦可以追寻古代婚俗的踪迹。由于篇幅所限，这里我们只选择几个有代表意义的少数民族婚俗进行叙述分析。

一　阿注婚

在云南西北边界的宁蒗县永宁乡是摩梭人聚居地区之一，这里及附近俗居住着四万多摩梭人，他们自称为“纳”或者“纳日”，汉文文献中称他们为“么些”“么梭”。早在两千多年前的汉代，他们就居住在这里了。

近现代摩梭人还处于母系氏族阶段，婚姻形式自然以女方为主体，这种婚姻形式和普那路亚群婚制有区别，也不是纯粹意义上的对偶婚。我们称这种婚姻为阿注婚。

按照摩梭人的习惯，家里同辈男女，不管是哪个母亲生的，都互称姐妹兄弟，彼此住在一起，同甘共苦，永不分离。这样代代相传，形成了一个始祖母骨血延续相传的若干姐妹兄弟。血统按母系计算，财产按母系继承，姓氏也按母系命名（摩梭人一般用房名）。他们共同劳动，平均分食。

摩梭人的婚姻是十分独特的。他们十分崇拜女神，但他们不是把一座座偶像供奉起来，而是自然崇拜。他们把女神叫作“干木”，木是妇女的意思，干是她的名字。这里有一座狮子山是她的化身，每年农历七月二十五，人们要绕山祭祀她。届时，男女老少，穿红着绿，走上三天，一路歌舞，一路野宴，青年人借此机会物色情侣，结交朋友。也有在劳动生活中结交朋友的。这就是摩梭人传统的求偶方式。由于摩梭人把结交的朋友称为“阿注”，所以我们称这种婚姻为“阿注婚”。

阿注婚是一种走婚制。男女相好后，男的就可以在夜里去女家过夜，但是男方对女方不负任何责任，如果女子生下孩子，自然也由女方自己家庭抚养，如果女子对所挑“阿注”不满意，还可以另选他偶。

在阿注婚中，没有什么买卖婚姻或父母包办一类的事，也不存在私生子、弃婴、孤儿、寡妇等问题，男女都是自由恋爱结合在一起的。

二　跳月

苗族人在恋爱、婚姻问题上，一般是比较自由的，男女青年往往通过“跳月”互相选择配偶。跳月实际上是男女青年的择偶盛会，举行时间多在仲春时节。跳月是民俗学上所谓“春嬉”的一种。到跳月之时，男女青年酣歌狂舞，各选所欢，互相求爱。所以跳月可以视为普列汉诺夫所称的“恋爱舞”，这是一种流行很广而又古老的舞蹈。古人对苗族的跳月，有过不少记载：

苗人休春，刻木为马，祭以牛酒。老人之马箕踞。未婚男女，吹芦笙以和歌词，谓之跳月。[1]

跳月为婚者，元夕立标于野，大会男女。男吹芦笙于前，女振金铎于后，盘旋跳舞，各有行列。讴歌互答，有洽于心即奔之。越月送归母家，然后遣媒妁请聘价等。[2]

清人赵翼在《檐曝杂记》中，对男女青年跳月时的对歌求爱，也做了生动的记载：

每春月趁墟场唱歌，男女各坐一边，其歌皆男女相悦之词。其不合者，亦有歌拒之，如你爱我，我不爱你之类。若两相悦，则歌毕辄携手就酒棚并坐而饮。彼此各赠物以定情，订期相会。

跳月时所唱的歌，也情爱缠绵。如：

男：要老要枯只有那土里的莴苣菜，
要分要离只有那东西南北的陌生人，
离别了别人不要紧，
离开了妹妹呀，
就像刀子割掉了哥的心。

女：浅水深水一起过，
千言万语慢慢说，
离开别人没关系，

离开了哥哥呀，
就像刀子刺进了妹心窝。

苗族除了跳月风俗以外，还有采花山的风俗。采花山于每年正月初一至初五举行，性质和跳月相同。

苗族人的风俗，男女相爱以后，都必须请一个媒人向男女双方的家长求亲。这种求亲只是一种形式，媒人到女方家时，还须与女方的家长议定女方的身价，并由男方带来酒肉，请女方的姑舅表亲吃“平伙猪”。这就完成了订婚手续。

等到男方送清礼金，便择日举行婚礼。结婚那天一早，新郎由一个陪郎伴送，到女家娶亲。女方则有七八个姑娘陪送新娘到男方家。当天，全村喜气洋洋，男方家摆酒招待客人。此时，歌手要演唱婚礼仪式和习俗的歌。“大客歌”从新娘的母亲如何忙碌办喜事唱起，接着唱新娘怎样收拾打扮，辞别父母和哥嫂，以及同村的姐妹如何相送。然后再唱到新娘去丈夫路上的经过，男方怎样迎亲，新娘如何进门，最后唱新娘到丈夫家的第一件事是去挑水。唱词几乎概括了整个婚仪习俗。当晚，全村男女青年载歌载舞，表示对新人的祝贺。次日，又由男方父亲伴领着新郎、新娘回门，在女方家住一天后，即返回男家，至此婚礼即告结束。

在苗族某些地区仍有抢婚的风俗。

三　彝族人的婚俗

在今天我国的彝族，姑娘在结婚前十天，必须开始减饭减水，特别是接近婚期的前三天，每天只吃一顿饭，每次只喝一口水，如果口干，只把水在口里衔衔，不能吞下，称为“新娘子饿食饿水”。这主要是避免结婚去新郎家的三天中解大、小便。新娘在这三天中解大便、小便，或者讨亲的路途要解大、小便，便认为是伤风败俗，就讨人咒骂，或受人取笑。在彝族群众中，关于“新娘子饿食饿水”有一个“虎妻”的故事：

说以前有个姑娘出嫁远方，走到半路，她到路边解手，结果被老虎吃了。这个老虎变成姑娘的样子回来了。结婚喜酒吃过以后，小姑子和新娘子去背水，见一只锦鸡飞过，小姑子很羡慕锦鸡的毛色好看，就说：“嫂嫂呀，你看那锦鸡的毛多美啊！”嫂子说：“那算什么，我要变个样子给你看看，那才叫美呢！”说着“呼”一下打个转身变成一只纯一色的黄毛老虎。小姑子吓了一跳，忙说：“嫂嫂呀，莫吓我，快变回来吧！”老虎一转身又变了过来。回到家里，小姑子把这事给哥哥讲了，哥哥想法收拾老虎，从山上砍了许多野竹子，编篱笆围房子，围成了内外九层。哥哥借口出去请人盖屋顶，让妹妹住在最里层，虎妻住最外层。可是等他回来，老虎还是吃了妹妹。哥哥带了许多朋友回来，见篱笆折得稀巴烂便知道怎么回事了。他也不说什么，只带他的朋友割了很多蕨草回来，在新房子里铺了许多草窝，铺下面钉个木桩，便对虎妻说：“我家的客都请来了，你去喊你家的客吧。”虎妻跑到大山叫了一阵，各处的老虎都变成人的模样来了。喝酒的时候，老虎们一点也不客气，大块大块地吃肉，大碗大碗地喝酒，个个喝得大醉，就一个个睡在草铺上，很快地睡熟了。人们把老虎藏在裤裆里的尾巴拉出来在木桩上拴牢实，放起了大火，除了一只母老虎和公老虎，其他的全都被烧死了。现在虎身上的花斑就是火烧成的。从此以后姑娘出嫁时，就不准吃喝了。

彝族的这种风俗是十分有趣的。彝族是个人数较多的少数民族，特异的风俗习惯还有很多。在有些寨子，姑姑出嫁时，女方的姊妹兄弟和同辈青年男女可以用水浇泼迎亲者。在姑娘出嫁的前十天，寨子里的男女青年，就砍些木桩钉在路两旁，然后用野藤拴成绊索。迎亲者到来时，路边早就准备好几十桶水，朝迎亲者泼去。迎亲者无法逃避，被浇成落汤鸡，只有拼命奔跑，跑到女家门口才算完。因此，聪明的娶亲者早有准备，如果探听好姑娘家有后门或者村寨里另有一条路通向新娘家，便趁泼水者不注意时钻入女方家，在女方家供桌上点三炷香，烧三份纸钱，磕三个头，就不挨泼了。但大多数娶亲者不易办到这一点，都要被泼水。冷天挨泼，冻得上牙打下牙，往往引得男女青年大笑一场，女方父母才找衣服给迎亲者换掉。据传说：水要泼得好，姑娘到了丈夫家，才不会去老远的地方背水，天也不会旱，有吃有穿。一般是泼清水，个别地方也有用牛粪水泼。泼水者往往是很欢乐的，谁泼在迎亲者身上的水多，谁就很高兴，称之为“欢快的泼水”。

在彝族还有抢婚的习俗。一般抢婚只是一种形式，男女相爱后，由男方及其伙伴以假抢的形式先将女子领到男方家，再补行求婚仪式。按照彝族的习俗，女子一旦被领到男家的堂屋，便意味着已经正式缔结夫妻。三天以后，新郎新娘各背一捆柴到女家举行回门，如果女方父母同意，便招待吃顿便饭。当天，姑娘携带自已的衣物和生产工具回到男家。当然也有个别的父母坚持反对，把新郎赶走，扣下女儿。

“抢婚”按彝族人的说法，这是祖祖代代传下来的，男方去抢是对女方家的一种尊敬，而不是嫁不掉送去的。

四　卷帐回门

卷帐回门是白族人婚姻形式的一种。白族是我国人数较多的一个少数民族，受汉文化影响较重，但也保留着原始气息。白族的婚姻有三种形式：嫁女儿到男家；招姑爷上门；第三种是“卷帐回门”。如果父母只独生一个女儿，就可以招姑爷上门，上门女婿在结婚时要改名换姓。若女方是长女，下面有小兄弟，就采用“卷帐回门”这种婚姻形式。即结婚后七日，妻子丈夫携带着被子、帐子回到女家居住，负担赡养老人、照管幼弟的责任，直到小兄弟长大结了婚，才又回到男家生活。

白族人结婚一般来说是比较早的。四代同堂被人传为佳话。白族人嫁女妆奁是十分可观的。嫁女儿必须制备各色粗细领挂，全部东西应是崭新的，单单鞋子一项便多到数十双甚至上百双。因为女儿到了婆家，首先要向公婆、弟妹、哥嫂、子侄每人送一双鞋作为见面礼。

婚礼一般是四天。第一天搭彩棚、迎喜神，晚间贺新郎、新娘。第二天迎亲，过去要用轿子四乘，还有骑马“押礼”的小孩数骑不等。唢呐吹奏着“迎宾曲”开道，迎亲队伍到新娘家门前才下马。新娘家为表示不让自己的爱女离去，则将大门紧闭，要等到唢呐声三起三歇，再三表示新郎的诚意以后，才开门迎人，招待迎亲人。

直到红日西下，又经过媒人的再三催请，新妇才依依不舍地哭泣着由她的兄长抱上轿，头上盖着“开脸红”，哭声一直到男家下轿方止。新娘下轿后，那儿早在大门前设下牲醴一套，有斗、尺、秤、剪、香、腊、纸、烛之类。由端公仗剑执法，退去车马，把新妇一拥而入洞房。在这热闹拥挤之时，有很多只手，会暗暗地从四面八方伸来，向新妇身上、手上、腿上掐来，掐得她疼痛不堪，但又不能喊叫。据说，掐她的人，因为常年多病，迷信掐新娘一把，沾了喜气，其病自除。

第三天回门。这天早起，新娘由请来的梳妆妇女把头发梳成个高高的髻，叫“收头”，以表示从此“成人”，可以自立生活了。然后在新郎的陪同下，双双一起回娘家，新郎手捧锦花一朵，到新娘家待到红谢花落。新郎家的至亲至戚也一起到新娘家去会亲。新娘家同样办酒席招待客人。第四天，拆彩棚，招待来帮忙的人员，名为"酬客"。

白族礼俗规定：如果丈夫死了，妻子就得终身守节，一般不许改嫁，否则要遭到社会的歧视和非议。少数能改嫁的，再嫁时的聘礼和聘金均为前夫家所得，而且还失去了对前夫财产的享有权。

五　傣族人的婚俗

原始的性禁忌是原始人群后期为了发展生产、调剂性欲所采取的一种措施，这种性禁忌在很多民族中都有所保存，特别是在偏远地区的民族中这种残迹更为明显。我国云南的傣族就保留了这种形式。傣族青年男女的恋爱活动是比较自由的，但在时间上却受着生产节令的约束。按照傣族人的风俗，每年七月中旬到九月中旬叫"关门节"，这三个多月，由于农事繁忙，男女一般不准谈情说爱或结婚。其他近十个月叫"开门节"，在"开门节"中，限制被取消了，人们可以寻偶恋爱结婚。傣族青年的社交恋爱是十分有趣的，形式很多，别出心裁。这里略举二例：

（一）丢包。每年泼水节期间，傣族男女青年喜欢互掷花包为戏，名曰"丢包"，这是他们寻找对象的一种方式。花包是姑娘们精心缝制的爱情信物，凝结着她们对爱情的憧憬和对幸福的向往。丢包时，男女双方各排一行，相距二三十米，由姑娘先将花包向男方掷去，然后互相对掷。一方接不着，就输给另一方。如果男方输了，就要送钱给女方；女方输了就要采下鲜花送给男方。丢包时，好像无意乱掷，但到了一定时候，就开始互相物色对象。细心的姑娘们不再轻易乱掷花包了，她要把花包掷给中意的小伙子，小伙子也和她双双对掷，这样掷一段时间，姑娘突然把花包掷得又高又远，会心的小伙子也就装作接不住花包，然后走到姑娘面前愉快地认输，并把事先准备好的礼物送给她。于是双双离开丢包场地，或到树林中，或到小河边倾诉衷情了。

（二）买卖鸡肉。赶街天买卖鸡肉，是男女青年物色对象的一个机会。每天清晨，姑娘把炖好的鸡肉端到集市上出售，如果来买的人是不中意的，她会加倍地要价；如果是姑娘喜欢的小伙子，她就热情相待，慷慨赠送。这时小伙子问道："妹妹啊，你做的鸡肉怎么会那么香呀，放的是凤凰山的青辣椒，孔雀湖里的盐巴，芳草园的香茅草吧。是不是有客人预先来定做的？"姑娘接着回答："哥哥呀，我这盆鸡肉放的是最普通的香茅草，最普通的青辣椒和盐巴，只不过加上了我一颗炽热的心罢了，如果哥哥不嫌弃的话，就请来尝尝吧。"双方情投意合，就端上鸡肉离开集市到静处谈心。

傣族的婚俗还有很多。如抢婚、偷姑娘等。偷姑娘是男女双方事先约好，女方暗自收拾好衣物，时间一到，男方乘夜深人静，悄悄来到女方家楼下，打个暗语，女方下楼和男方双双飞奔而去。天一亮，男方就要提上礼品，来对女家父母说："姑娘昨夜已到我们家，今天来送礼赔情。"父母愠怒之后，只得成全他们，并择吉日成婚。偷姑娘必须在深夜，不能让父母发现，也不能让别人看见，而且只能一次偷成；否则，一旦父母发觉，严加看管女儿，想再偷也偷不成，别人还要看笑话。

傣族的婚礼仪式是热闹而隆重的，按照传统的习惯，婚礼开始时，新婚夫妇先要到佛寺拜佛，祈求吉祥幸福、白头偕老。然后男女两家都要举行婚礼，由于历史上形成了"从妻居"的习俗，婚礼大都是在女方家举行。

婚礼开始，新郎新娘并排坐到婚礼桌前，接受老人的祝福和来宾的祝贺。之后由老人（一般是男方的舅父念祝辞，念完祝辞以后，新郎新娘要争着去抢泡在酒盅里的槟榔叶。因为傣族人认为，谁先抢到酒盅里的槟榔叶，谁就会在家里居主要地位。做完这些以后，即开始拴线。新郎新娘以男左女右的位置双双向老人跪下，由老人用白色的长线从男的左肩直围到女的右肩，老人拴完后，来宾又拴。白色的线象征着纯洁，拴线意味着把新郎新娘的心拴在一起。

拴线结束以后，即开始进餐。宴席上有香甜的糯米酒招待，新郎新娘向客人殷勤敬酒。此时客人往往当着大家的面，向他们提出各种各样的问题，新郎新娘要一一回答，有时引得哄堂大笑，气氛异常活跃。

傣族家庭中离婚的现象较少，引起离婚的原因，大都为夫妻一方另有新欢。离婚的仪式比较简便，只要提出离婚的一方递给对方一对腊条，或双方拉一块白布从中剪断，就算办了离婚手续。如夫妻中一方死去，不管年纪多大也要办离婚手续，一般是生者用一棉线拴在死者的棺材上，出殡时由一老人用刀将线割断，表示生者与死者从此断绝了夫妻关系。

【注释】

[1]《续文献通考》。

[2] 陈鼎：《黔游记》。

附　一

中外婚姻生活比较

由于传统的文化差异，中国和国外其他地区人们的婚姻生活差别很大。中国传统社会的宗法制特点是十分突出的，礼教是宗法制在思想上的体现和要求。国外（特别是西方）中世纪人们大都生活在宗教制度之下，宗教神学思想渗透了人们社会生活的各个方面。宗法和宗教，使中国和外国人们对婚姻问题的态度、妇女地位、婚姻结构、恋爱方式各方面都有很大程度的差异。

一　中国妇女在婚姻生活中的地位

民族的差异即是民族文化的差异。一区域民族的成长和发展与它区域民族的成长与发展，又因社会发展的一般规律而呈现出某些共性，中外妇女在社会上的地位就说明了这点。

从古代到中世纪由于父权制的确立和巩固，总的趋向上都降低了妇女在婚姻生活中的地位。在中国，从婚姻史总体考察，生活在宗法制度下的妇女，其地位是更为低下的。

首先从宗法制礼教上去看，女子在社会观念中地位就很低。女子无论如何不能和男子抗礼，必须处在弱顺的地位。“坤道成女”[1]当然不能与“乾道成男”同义。女为坤，所以女子便以柔为本性，理应从阳而处于阴。所以在《易经》恒卦上论“爻”是“二阳而五阴，阴恒从阳，乃妇人之吉也”；论“卦”是“上震而下巽，男恒从女，则夫子之凶也”。因而卦辞上说：“六五，恒其德，贞妇人吉，夫子凶。”

由此可见女子从男子是“理”所当然，而男子顺女子则是奇有的。反过来在“婚卦”上，底下一爻是阴，“已在内为主而阳反为客，且其道上行，而阳乃退消，是女主遽壮”，反乎女子本性，所以卦辞上说：“姤，女壮，勿用取女。”女子身体强壮就成了女子的缺点，被人们认为是可怕的事。

在政治生活中，女子也绝对不能参加各种活动，对男子则应唯命是听。自己毫无自主希望，“从人”是她唯一的职分。《春秋谷梁传》说：“妇人谓嫁曰归，反曰来归，从人者也。妇人在家制于父；既嫁制于夫；夫死从长子。妇人不专行，必有从也。”[2]

由于女子生下就是从人的，所以在社会政治活动上，就没有女子的地位。古人说：“公庭不言妇女。”

在西方，虽然宗教降低妇女地位，可是宗教教义宣称，在上帝面前，男女地位基本是一样的。此外，在政治生活方面，西方有些国家由于女子有继承权，所以有女王或女皇，虽然妇女执政一般来说是一种形式，但也说明在社会观念上妇女地位并不太低。

其次，从事实上看，许多方面证明，在中国古代女子是不具备充分社会地位的。

（一）不重生女。中国古代对生男生女态度是截然不同的。《诗经·斯干》说：

大人占之；	太卜占罢忙禀告：
维熊维罴，	梦中把熊罴见到，
男子之祥；	这是生男的好兆头；

维虺维蛇，	梦牛见了蝮蛇，
女子之祥。	这却是生女的征兆。
乃生男子，	男孩若生下，
载寝之床，	让他睡上床，
载衣之裳，	给他穿衣裳，
载弄之璋。	让他佩玉璋。
其泣喤喤，	哭声若洪亮，
朱芾斯皇，	长大衣着多盛装，
室家君王，	成家立家做君王。
乃生女子，	女孩若生下，
载寝之地，	让她睡地上，
载衣之裼，	给她裹小褥，
载弄之瓦。	让她玩纺锤。
无非无议，	做个贤妻无过无失，
唯酒食是议，	只想着把酒与饭菜备齐，
无父母诒罹，	不给父母有连累。

大抵生了男孩，都很郑重其事，生了女孩却率意随便。后人称生男孩为“弄璋之喜”，称生女孩为“弄瓦之喜”就来源于此。除了用“弄璋”“弄瓦”分别对待男孩、女孩以外，还有其他很多名堂。由于男、女将来在社会上地位与作用不同，所以父母对他们的希望也迥然不同。女孩子若“无非无仪”，不给父母丢丑，便算得上最好的了。《礼记·内则》上说：

子生：男子设弧（即弓）于门外，女子设帨（shuì，手绢）门右。

女子虽然设物在门外，不过以帨为示，隐然视女子不外是巾缨脂粉中的人物，受弧的男子才是社会的主人。不仅如此，从古到今，溺婴（男称孩，女称婴）的事情常常发生。《韩非子·六反篇》上说："父母之于子也，产男则相贺，产女则杀之。此俱出父母之怀衽，然男子受贺，女子杀之者，虑其后便计之长利也。"

这种现象汉代也十分盛行。《汉书·王吉传》说："聘妻送女无节，则贫人不及，多不举子。"又有记载："嫁娶太早，尤崇侈靡；贫人不及，多不举子"。[4]

在宗法的组织之下，只能过营寄生活的妇女，没有独立的地位，贫穷的人家怕女子长大无力婚嫁，便开始溺婴。

（二）女子无名。在先秦女子不能像男子一样有名，只称姓，到了十五，才有字。所谓伯姬、叔姬、孟姜、叔姜中，"姬"和"姜"都是姓；"伯""叔""孟"都是字。这前面已讲过了。《礼记》对此规定很严。《丧服小记》有："复与书铭，自天子达于士，其辞一也。男子书名，妇人书姓与伯仲，如不知姓则书氏。"

到了后来，女子虽然有了名，但常常省略不称，而称什么"陈宝光妻""张刘氏""陈黄氏"之类，正式的书上也不过称"陈女""梁女"等等。当然也有一些风雅女子不但有姓、有名、有字，还有别号，如：宋代女词人李清照号易安居士，女词人孙道绚号冲虚居士；明代"闺品之豪"女诗人朱妙端号静庵；清代女作家王端淑号映然子，又号青芜子；等等。然而这些都是出身名门的女子。至于一般妇女，绝难有此雅兴。

（三）女子无爵。在先秦时代，女子生前无爵，死后无谥，已是通例。她"嫁鸡随鸡，嫁狗随狗"，当她出嫁后，服饰也随着丈夫的爵位而有异。如："内子（卿之正妻）以鞠衣，褒衣，素沙，下大夫

(之妻)以禫(shàn)衣,其余如士。……夫人(诸侯之妻)税衣揄狄,狄税素纱。”[4]女子自己是无爵的。又如:“唯世妇命于奠茧(宫内蚕茧成后向君主献茧之礼),其他则皆从男子。”[6]“凡妇人,从其夫之爵位。”[7]

到了汉代,二十级赐爵也是对男子来说,虽然从这时起皇宫的女子能别立品等,按级受禄,但不过是夫贵妻荣的表现。至于魏晋南北朝时妇人受赐得位号,则属特例。

(四)贵不敌尊。中国传统的礼法体现的是宗法制思想,对上下、长幼关系看得很重。贵不敌尊是礼法的一个基本要求。女人无论是生在皇宫六院,嫁出门去便要接受夫命,不能在丈夫的面前卖弄自己的身世。《诗经·何彼襛矣》说:

何彼襛矣? 什么花儿开得这样繁盛?
唐棣之华! 原来是唐棣树开的花!
曷不肃雍? 谁家的车铃响得那样和谐
王姬之车! 原来是王姬的车马!
何彼襛矣? 什么花儿开得这样繁盛?
华如桃李。 原来是桃李开的花。
平王之孙, 那是平王的孙女出嫁,
齐侯之子。 那是齐侯的儿子成家。
其钓维何? 钓鱼用什么钓?
维丝伊缗。 合股丝线难缺少。
齐侯之子, 齐侯的儿子娶老婆,
平王之孙。 平王的孙女做娇妻。

这是写周公主下嫁的时候,车服极盛,却不敢在丈夫面前自夸尊贵，所以作诗来赞美这件事。

又《尚书·尧典》写尧把两个女儿嫁给舜时说："釐降二女于妫汭，嫔于虞，帝曰：'钦（恭敬）哉！'"尧舜事真伪不可考，但尧以女儿事舜，并加以劝诫的话却很有意义，古代礼法对夫妻地位规定也是一样，妻子对丈夫要处处服从，两者地位相差一等。

女子处处服从男子，因为男子对于女子来说是"至尊"。古代不但贵不敌尊，而亲也不敌尊。女子对母亲来说应该极其尊重，但和父亲相比，则逊色多了。古人讲"母亲而不尊，父尊而不亲"就是这个道理。

（五）丧服的区别。古代对丧服是十分讲究的，男女地位差别在丧服，这在第三章夫妻节中已讲过了。

此外，女子和男子在社会地位上的差别还表现在其他很多方面。在古代，人与人初见，都执有一种礼物，如同现在所说的见面礼。男子由爵位高低，所执之物有玉帛禽鸟等分别。按礼法规定女子是不能和男子执一样的东西。《礼记·曲礼》上说："妇人之挚：椇、榛、脯、脩、枣、栗。"

关于中国妇女地位，在以上各节中都已谈到，这里仅从整体而论。

二　国外妇女在婚姻生活中的地位

一般来说，国外（这里主要指中国文化影响所及以外的国家）由于宗教的影响，妇女在社会婚姻生活中，地位并不很低，但是，从总体考察，由于父权制的确立，妇女的地位总归是江河日下。在亚洲其他国家，妇女地位与中国妇女情况相差无几，甚至更低。

在古代巴比伦，夫妻关系是不平等的。夫在妻行为不端时可以再娶，在妻不能生育或生病时允许纳妾，甚至夫认为必要时还可以不经妻子同意离婚。这种情况在《汉穆拉比法典》上表现得十分清楚。法典还片面要求妻忠于夫。如它规定："倘她不贞洁而常他往，使其家破产，其夫蒙羞，则此妇应投于水。"[8]但这时对于妻及寡妇的权利，法律也保护甚严。在离婚时，妇女的权利约与男子相等。

在古代印度，由于婆罗门教旨在维护社会"种姓"制度，维护建立起的父权制统治，所以把妇女地位降得更低。这时《摩奴法典》规定夫可以离弃妻，但妻不能弃离夫。"夫行为恶劣，背叛妻子，或失去了好的品质，但贞节之妻，应始终像对神那样尊敬之。"[9]"不生子之妻在第八年可以更换之；生子而死者——在第十年；只生女孩者——在第十一年；爱争吵者——可即更换之。"[10]再按惯例，寡妇有自焚殉夫习俗，她们要在丈夫死去的火葬堆上烧死自己。

在古代希腊的斯巴达和雅典，原则上是一夫一妻制的，但实际上这仅是对妻而言的，夫毫不受此限制。男人与别的女人通奸，法律不加干涉。"丈夫还常常有女奴供他使用。"[11]雅典德拉古的立法公开允许蓄妾。

在古代罗马，一夫一妻制是比较稳定的。婚姻被认为是"夫妻之间的永久结合"。罗马法学家莫迪斯蒂努斯曾说："婚姻是一夫一妻的终身结合，共同发生神事与人事的关系。"

但在上古时期还保留着浓厚的家长制家庭关系的残余，妇女结婚后，加入夫家，受夫权的支配，妻在夫面前没有任何权利，夫可随意离婚，甚至在妻不忠的场合，夫有权杀死她。

中世纪欧洲，由于基督教统治地位的确立，对妇女地位产生了重要影响。宗教不像宗法制一样在社会上普遍降低妇女地位，认为在上帝面前人人平等，养性修善都可以升入天国。但是由于它强调贞节，无疑又降低了妇女的社会地位。所以在古代教父的作品中，充满着许多咒骂妇人的话。兰基说：

> 其时，一般人都以妇人为地狱之门，为人类一切罪恶之母。如果她想起她是一个妇人，那她是应当惭愧无地的。她应当在不绝的忏悔中度日，因为她已造成了世界的诅咒。她应当为她的服制而汗颜，因为这服制就是她堕落的纪念品。她应当特别为她的姿色而负疚，因为这颜色乃是魔鬼最有力的工具。[12]

许多宗教都把女子看作不洁之物，这不是偶然的巧合。由于妇女地位低，所以妇女对男子来说是一种隶属关系。在古代法兰克人中，普遍实行买卖婚。婚姻由男方或男方家长同女方家长缔结买卖性婚约而成立。在这种契约中，新娘并不是当事人，而是契约所标的物。婚约的履行包括男方向女方家长支付身价，女方家长把新娘交给男方。在结婚仪式上，女方家长把一支长矛交给新郎，表示新娘从自己权力之下解放出来，转入新郎家长权力之下，并使新娘跪坐在新郎之前，以表示服从。

中世纪的英国，婚姻家庭关系是由教会调整的。在夫妻关系方面，夫处于特权地位，妻处于从属地位，实行同中国古代一样的“夫妻一体”主义。夫支配妻的财产；不经夫同意，妻不能有独立法律行为；夫可以殴打妻子。中世纪英国驰名一时的一本训女书写道：“为妇者应甘受委屈，而让夫做主。”[13]

中世纪欧洲教会法是基督教思想法的汇总。教会法认为，结婚是上帝的恩赐和安排，这是总的教义。它从“结婚属于宣誓圣礼之一”的观点出发，规定结婚必须经过统一的宗教仪式才算有效。教会法严禁离婚，离婚被认为是“对上帝不忠”。在婚姻生活中，规定夫为一家之主，妻应处于依附地位。法律上妻被认为是无行为能力的人，未经其夫同意，没有单独支配财产和订立契约的权利。

在阿拉伯国家里，伊斯兰教对待妇女比其他古代或中世纪国家的法律宽大、温和。但在夫妻地位和离婚等问题上又表现男女不平等。《古兰经》规定，男子在家庭中居于领袖地位，其权力比妇女高一级。[14]若妇行为执拗，夫可以使用包括体罚在内的劝诫方法。[15]妇人应披长衫，除夫、父母，子女、兄弟姊妹等亲属外，在人前不能显露身体容貌，不能轻易和男人直接交谈。

关于离婚，除夫不供养妻，不与妻过性生活以外，其他离婚权由夫掌握。离婚之后，妻不能立刻离开夫家或另嫁，应有三个月的待婚期，以证明妻确实没有怀孕。伊斯兰教准许寡妇再嫁。

到了近代，资产阶级革命在欧美各国纷纷兴起，资产阶级逐渐攫取社会支配权，但是在早期妇女地位仍是很低的，处于从属地位。英国在19世纪以前，妻在法律上的人格被看作合于其夫的人格，即所谓“夫妻一体”。法国《法国民法典》(即《拿破仑法典》) 在215条也同样规定:“夫应保护其妻，妻应顺从其夫”。在美国，直到1948年7月19日在纽约州举行了第一次妇女代表大会以后，妇女才有了独立地位，而在此之前妇女在家庭中无独立地位，实行“夫妻一体”原则，夫为一家之长，享有设定及变更家庭住所的权利。妻应随夫定居；妻在结婚时带来的财产，转归夫所有；妻不能缔结契约、转让财产、决定工作以及夫在世期间或解除婚姻前，单独监护子女。自1948年第一次妇女代表大会后，妻才从夫的绝对控制下解放出来。

现代西方妇女地位基本上和男子是平等的。但是今天社会仍深受着父权制影响，许多女子的独立和与男子地位平等的要求是靠不幸、眼泪来实现的。男子都想找一个温顺的、供自己摆弄的妻子。好强的女子在社会上只好孑然一身，寂寞自处。除了单调乏味的性生活外，失去男女之间的谐趣生活和感情的享受。美国有一个电视剧，名字是

《不走运的女神枪手》，这个主人公就是一个好强的女人，但在感情婚姻生活中饱尝辛酸，当看到她心爱的男人弃她而去，在暗淡夜幕下，她露出哭笑不得的面容时，谁不为之潸然泪下。妇女地位要彻底改变，不仅要改变男子的自私观念，而且有赖于整个妇女社会的觉醒，即使在最发达的资本主义国度，妇女解放也远不是现实。

三 宗法制婚姻与宗教制婚姻

中国的社会具有鲜明的宗法制特点，这是由其特殊的生产方式所决定的。协合式的劳动是一种合作式的生产分工，它在生产上把人们组织在一起，也在生活、情感上把人们联系在一起。这种分工起初是以一个氏族公社为单位，后来随着生产技术水平的提高，渐渐缩小在一个家族或一个家庭。在以农耕为主要谋生方式的民族中，协合式劳动是这类民族生产的主要特点。它给该民族的社会生活带来一个鲜明特点：轻视个人、重视集体。既然轻视个人，就必须压抑人的自然属性；强调人的社会属性；强调人与人之间的关系和人与人的相互依赖。中国宗法制的主要思想就是“仁”，仁在古文字中写作“⺅二”，即二人在一起。宗法制的另一种思想是“孝”，孝则是强调社会纵的关系。强调“仁”与“孝”的目的无疑是使人们更加社会化。所有这一切，与游牧业发展起来的民族是迥然不同的。靠游牧来谋生，是十分艰苦的，对自然变化的依赖性很强，所以他们特别重视青壮年的作用，只有这样才能使民族得以延续。《汉书·匈奴传》在谈匈奴人的社会风俗时说：

（其俗）壮者食肥美，老者饮食其余；贵壮健，贱老弱。

这应该看作十分正常的事情。基于这种生活形式，社会上当然会形成重视个人的倾向，宗教是在这一基础上作为统一各民族的手段形成的。宗教建立了人们对神的信仰，在神面前，长幼、男女都是平等的，所以社会比较注意横的关系。宗教的建立使得婚姻宗教化。

东方宗法制婚姻和西方宗教制婚姻，是两种不同的婚姻类型。宗法制强化了父权制的特点，所以在宗法制下，婚姻生活中男女的地位是不平等的，婚姻带有浓厚的义务色彩。宗教制主张男女平等，都是上帝的儿女，因此原则上是不依赖降低妇女地位来实现婚姻生活，它的婚姻含有“享受”的因素。在《圣经》中，圣保罗《哥林多前书》七章一节至九节就说：

> 男子最好不要接触女子，但是，为了避免奸淫，让每个男子都有他的妻子，让每个女子都有她的丈夫。不能独身的就让他们结婚，因为结婚比起焚烧好一些。妻子没有权柄主张自己的身子，乃在丈夫；丈夫也没有权柄主张自己的身子，乃在妻子。

在西方，宗教对婚姻生活的影响毕竟是深刻的。宗教的形成，使男女关系产生了变化。20 世纪英国著名哲学家罗素谈到这个问题时说：

> 古代世界是通奸的，但是它却不是残忍的。在黑暗时代（公元 5 世纪至 15 世纪——译者注），宗教和野蛮主义联合而降低了性生活。在结婚之后，妻子是没有权利的；在婚姻之外，人们在压制无教化的男性的自然兽性时，是没有目的的，因为一切人都是犯罪的。

虽然这时神职人员都是宣过誓的独身主义者，但是他们都是一些聪明的人，决不会放弃男女之间甜蜜情趣和天伦之乐。这和宗法制下中国大小家长（从皇帝到族长）一样，虽然道貌岸然、振振有词地苛求别人，而自己在性生活上却极开通和随便。在中世纪欧洲的宗教社会中，神职人员道德水平早就堕落到普通教徒的水平线之下，这是不足为奇的。教父约翰二十三世因为乱伦和奸淫以及其他犯罪行为被罚，并且失掉他的地位。圣奥克士丁是被选而尚未就任的新主教，在公元 1171 年于坎特布里被审查发现，他仅在一个村子里就已经有十七个私生子。公元 1130 年，西班牙圣皮拉屋的主教被人揭发，他已经至少有了七十个嬖妾[16]。

在宗法制下的中国社会里，婚姻的主要目的是传宗接代，只有为了传宗接代，才能有性的享受，所以《礼记·昏仪》上说："昏礼者，将合二姓之好，上以事宗庙，而下继后世也。故君子重之。"在西方宗教教义中，婚姻是以圣保罗所说的有享受含义的话为目的，是因为享受而后才出现孩子问题，所以在许多人的观念中，孩子是父母享受的作品。这不是说在中世纪西方宗教社会里不重视生育，只不过是强调的侧重面不一样。在中国社会里基于上述目的，对妇女的贞节强调是很严的、不宽宥的，在罗马教中却为此早预备了一种赦罪方法——只要犯罪的人承认他的过错并忏悔便罢了。

宗法和宗教由于构成不同，作用也不同，这表现得十分明显。宗法是以维护家族家庭为前提的，而古代的基督教却贬低家庭，在它的伦理秩序中把家庭放在次要的地位。在基督教的教义中，人与人之间的关系并不重要，重要的是灵魂与上帝的关系。其他宗教如佛教、伊斯兰教亦不同于中国的礼教，它们对社会和政治都是冷淡的，因为它们的目的乃在用参禅、训诫和刻苦修炼，使灵魂达到完善的地步，有明显个人主义倾向。礼教虽然也提倡修身养性，但其目的是达到人与人关系的和谐，即仁，宗教却以反对人们的社会关系为己任。基督教就是如此，它对家庭常存在着一种敌视的态度。在《圣经》中我们可以看到“爱父母过于爱我的，不配做我的门徒”这样的话。这种观念是中国道德绝对不赞同的。

由于这种思想支配，宗教制度下人们的婚姻生活对社会来说是相对独立的。中国礼教却不一样，人们的婚姻同社会特别同家族（或家庭）利益是一致的。妻子首先是媳妇，然后才是妻子。这说明娶妻的目的主要是对家族父母而言。离婚也常常出于父母、家族原因，受家族父母的支配。

四　媵妾型一夫一妻制与情妇型一夫一妻制

每每谈到东西方婚姻问题，总会听别人议论，西方是俨然的一夫一妻制，这在古希腊就得到了肯定；中国古代保留原始的残余很多，一个人可以娶很多妻子，中国古代是一夫多妻制。东西差别甚大。

东西方在婚姻上差别是很大的，但是如果说中国古代是一夫多妻制则不妥，起码是不了解中国古代婚姻的宗法制特点和婚姻现象的实质，不了解妻和媵妾的区别。

中国的宗法制在原则上肯定一夫一妻制。古人们在谈到男女婚姻问题时，常以一阴一阳或日月、乾坤、刚柔来比喻夫妻。如《礼记·礼器》载：“大明生于东，月生于西。此阴阳之分，夫妇之位也。”《礼记·祭义》亦云：“祭日于东，祭月于西，以别内外，以端其位。”这种用语是对一夫一妻制的肯定。所以汉桓宽《盐铁论·不足篇》云：“古者夫妇之好，一男一女而成家室之道。”这和西方宗教的要求是一致的。

宗法制不但靠礼教来维护一夫一妻制，而且还依靠法律的手段。

唐律“户婚”条云：“诸有妻更娶妻者，徒一年，女家一等；若欺妄而娶者，徒一年半，女家不坐。各离之。”

《唐律疏议》议论道：“一夫一妻，不刊之制，有妻更娶，本不成妻，详求理法，止同凡人之坐。”

《宋刑统》的规定与唐律同。《元史·刑法志》亦载：“诸有妻妾，复取妻妾者，笞四十七，离之。”元代惩罚较轻，这固然和蒙古族遗俗有关，但在原则上是否定多妻的。

明清律“婚姻篇”载：“若有妻更娶妻者，亦杖九十，离异。”

关于女人重婚的规定也略同。唐律“户婚”条：“诸和娶人妻，及嫁之者，各徒二年，妾减二等，各离之。”五代时沿用唐律，但周世宗时更加重之，妻擅去者徒三年，因而改嫁者，流三千里。《宋刑统》与唐律同。《元史·刑法志》载：“诸有女纳婿，复逐婿纳他人为婿者，杖六十七，后婿同其罪，女归前夫，聘财没官。”明清律载：“若妻背夫在逃者，杖一百，从夫价卖。因而改嫁者，绞。”

由以上所举诸例可见，中国传统制度不论礼法还是法律都要求一夫一妻制。既然如此，那么又如何解释一个男人可以有几个或更多的媵妾这一事实呢？

这就需要了解中国婚姻的宗法制特点。在宗法制形式下，强调传宗接代，续嗣是绝对重要的。孟子说：“不孝有三，无后乃大”，所以续后是宗法制的基本要求。媵妾的存在就依赖于此。

再者，媵妾的地位是十分低下的，和嫡妻根本无法相比。这不用举例就十分清楚，所以不应该把媵妾和嫡妻混为一谈，笼统地说中国是一夫多妻制。

媵妾制的存在是中国一夫一妻制的特点，媵妾制的存在自然也在某种程度上调节了男子的性生活范围，从这个角度说，与西方世俗生活中允许情妇存在是同性质的。中国是媵妾型一夫一妻制。

西方和东方一样，在法律上对一夫一妻制是肯定的。但是西方贞节观念总体看并不甚严。性关系的调剂除了狎妓以外就是找情人。西方语言中情妇一词的含义和汉语中“破鞋”“烂货”一类贬义词不同，在有些国家中女人把能给别人做情妇看作一种荣誉。

不过应该指出，西方男女都可以有外遇、情人，而中国人只有男人可纳妾，女子却绝不允许有第二个男子做性对象，甚至不得有“外心”。

五 才子的爱情和骑士的爱情

在原始人阶段，爱情只是一种简单的性情绪，进入文明社会以后才有了更深的意义。文明社会的爱情是以对方感情作为私有物为基础的，使感情专一化、私有化。原始社会不存在这种情况，原始民族的人们不懂得两性的妒忌。在原始的风习中，我们熟悉的事实是好客的主人把妻子借给客人。两性的妒忌、贞节的尊崇、男女的羞耻、对单纯一个对象的热爱，均是原始人所不具备的。

恋爱情绪的起源对任何一个民族来说都是一样的。可是在不同社会环境中，这种情绪却有不同的表现方式。中国社会的宗法制特点我们已经熟悉了。宗法制的思想从原则上不承认人们的感情生活，它有许多戒规，并用各种各样的社会义务约束着人们的感情生活。实际上它是靠压抑人们的自然属性来强调人们的社会属性。正由于爱情首先是人们自然属性的表达，礼教对这种感情态度才是贬抑的，受礼教长期影响的中国人在传统婚姻生活中是不注重感情的。罗素说：

> 爱的情感在中国是少有的，因为在历史中，爱乃是那些因淫乱的婢妾而走入歧途的昏君的特色。所以遗传式的中国文化，对

于一切浓厚的情感是反对的，而且以为在任何情形之下，都应当保持他的理智。[15]

当然，若说事实上中国历史上根本无爱情生活则是错误的。

中国人的爱情生活有中国的特色，这在《诗经》《楚辞》《汉魏乐府民歌》及唐诗宋词元曲杂剧及明清诗文小说中均有反映。

中国写爱情生活的作品一般的构思多为：郎君是个才子，和一个美貌小姐约为婚姻；至若女家反悔，顿起波澜；无奈小姐心坚，花园赠金；男郎赴试，不负众望，高中头榜状元。然后衣锦还乡，与小姐结成佳偶，以皆大欢喜为结局。这就是中国传统婚姻中才子佳人式的爱情。郎才女貌是人们常用来评判一对美满婚姻的用语，亦是对才子佳人式爱情的概括。纵观中国实际的婚姻生活，这种爱情方式也的确常见，但多在中上层文人中，而普通劳动者的真实爱情生活是难得在文艺作品中表现的。

中国的爱情生活和西方是不同的。西方人称他们中世纪的爱情生活为“恋爱的浪漫时代”。浪漫爱情的主要一点，是把爱的对象看成无价之宝，不易得到，并相信妇女在爱情方面具有不可企及的高贵品质。中世纪的西欧是骑士文学兴盛的时代。骑士文学多是一些传奇作品，其构思如同中国才子佳人的故事，千篇一律。骑士是欧洲中世纪占有土地的最低领主阶层，他们在自己冒险生活之外，往往有一个异性感情力量支配自己的精神生活。事实上，在中世纪的欧洲，骑士们往往要找一个女性作为自己发生爱情的对象，这种爱情不是以最终结合为目的，也不在于同她发生不合法的性关系。骑士的爱情对象往往是高贵的、静穆的、有尊严的女子，爱的双方是主观的，不超越道德和风俗的藩篱。骑士的爱情就是这样的，他需靠自己的勇敢、冒险去博得对象的爱慕。这种爱的方法并不仅仅局限于骑士，其他的人发生这种感情时，也可以借助诗文、歌辞，甚至手术等可以取悦妇女的方法。因为他们相信妇女有极高的价值，所以在心理方面，他们觉得妇女不易得到。倘使一人在得到一个妇人时没有什么困难，那么他对她表达感情所采取的方式一定不会感到是浪漫的。

西欧中世纪这种爱情生活的产生似乎是人们主观的产物，但事实上却是宗教作用的结果。教会的工作之一就是使人们感觉到性是根本不洁净的，所以教会教导人们对于一个妇女不能发生任何欲望。如果爱是美化的，那么爱必须有柏拉图主义的那种精神才行。人们的正常爱情虽然十分热烈，却没有发生亲密关系的欲望。像中国元杂剧《西厢记》记载的崔莺莺与张生萍水相逢，即“待月西厢下”以身相许的实惠精神对这时西欧人来说是绝对不欣赏的。

爱情是人们情趣的和谐，自然有性欲的成分。欧洲中世纪骑士爱情倡导的一种精神意象的、排斥肉欲的爱情是宗教使人们性心理畸形化的结果；同样，中国传统才子佳人式的爱情也是不应该提倡的，它是对女子在爱情生活中的依赖性的赞美，至今还有人欣赏，不知自强，可悲可叹。

【注释】

[1]《易经·系辞》。

[2]《谷梁传·隐公二年》。

[3]《礼记·曲礼》。

[4]《汉书·地理志》。

[5]《礼记·杂记》。

[6]《礼记·玉藻》。

[7]《礼记·杂记》。

[8]《汉穆拉比法典》143条。

[9]《摩奴法典》5卷154条。

[10]《摩奴法典》9卷81条。

[11]《马克思恩格斯选集》第4卷。

[12] 罗素:《婚姻革命》,野庐译,1930年世界学会发行,第61页。

[13] 屈勒味林:《英国史》,钱端升译,商务印书馆1933年版,第323页。

[14] 罗素:《婚姻革命》,野庐译,1930年世界学会发行,第64页。

[15] 罗素:《婚姻革命》,野庐译,1930年世界学会发行,第118页。

附　二

未来的婚姻形式漫谈

有些人以为研究历史只是为了澄清历史问题，其实，澄清历史问题并不是历史研究的最终目的。我们的最终目的是在澄清历史问题的基础上，更清楚地认识和理解现实社会，并对社会发展前景提供理论论证。现今社会各种婚姻现象十分复杂。这些现象既有传统婚姻的留影，又包含未来婚姻发展的因素。前面，我们已对我国婚姻发展的历史作了回顾；那么在此基础上，我们就根据现代日趋复杂的婚姻现象，对未来婚姻及有关问题作一简略探讨。

首先，我们要谈一谈离婚问题，离婚一词在西方已不是一个具有丑闻意味的词，在20世纪的美国，离婚的影响和人们对离婚的态度都发生了很大变化。在离婚率开始上升的60年代，离婚甚至成为一个家喻户晓的电视节目的主题之一。到了80年代，每两对夫妇中就有一对离婚。在美国社会中离婚已经像星期日的足球赛那样流行，也像足球赛一样成为习惯。有些人像更改他们发型一样随便地更换他们的配偶。有些杂志如 *Creative Divorce*（《创造性离婚》）、*The Challenge of Divorce*（《离婚的挑战》）竟然建议离婚应该成为一种正当的和合乎需要的体验。为什么人们对离婚态度会发生如此重大的变化？造成离婚率高的原因是什么呢？

西方的离婚率极高和西方盛行的享乐主义（hedonism）思潮是一

脉相承的。享乐主义是一个信念，作为一种哲学思想可以追溯到古希腊的伊壁鸠鲁或更早。它认为感官上的快乐就能使人幸福和满足。在西方，20世纪六七十年代以来，社会享乐主义的风气日趋弥漫，享乐主义最流行的口号就是“If it feels good-do it”（如果觉得好——就干），所以人们做事全凭兴趣。如果情趣所致，自杀也是一种享受。所以现代的西方人就是用这种眼光来看待婚姻生活，婚姻生活所寻找的满足主要是性欲的满足。在新泽西州布林斯顿经营一家性问题咨询诊所的狄波拉·菲利普斯博士把性看成是离婚的潜在原因。她认为性生活是今日婚姻关系中的根本基础。性是婚姻关系的结合剂。又一位学者坦尼西·威廉斯说：“如果婚姻关系最后以触礁而告终，那么那礁石通常是在床上。”[1]一本名为 *The Survival Guide for the Suddenly Single*（《突变独身以后生存指南》）的书宣扬享乐至上的思想。它认为一个离婚妇女“应该同尽可能多的男人接触和交往。这可以使你避免发生由于情绪波动而受人愚弄的危险，也使你有一种备受他人仰慕的感觉。在反遭婚姻破裂、终而结束和那个使你感到自己有如昨天的残羹剩菜的人共同生活之后，发现一个男子心目中的残羹剩菜竟是另一个男子的盛宴，这会使你的自我有凌云而上的优越感”。

为什么现代西方在婚姻生活倡导享乐、树立自我中心论？这和西方社会生产的发达也是有关系的。社会生产力的提高为人们享受充裕的物质生活提供了条件。由于人们能在较短时间里创造出更多的劳动产品，使人们能有更多的时间去生活，不是生产。

假若我们这个三段论推理成立，那么西方离婚的激增就成为西方工业发达的自然产物。现代中国人谈到离婚问题常有色变之感，这是错误的，人们往往是在观念上给离婚披上肮脏的外衣，然后把它和现代工业化文明联系在一起，所以才显得不伦不类，假若人类生产力发展到一定水平，适当地解除社会对人们性生活的限制自然是完全必要的，也是和社会发展的目的一致的。

回顾人类婚姻发展的历史，我们知道，在人类婚姻生活的初期，人类进行着一种毫无限制的性生活，性关系是一种自然型关系，是性感官的享受，没有彼此的社会义务。但是人类为了发展就需要联合，需要协作，需要彼此之间结成一定的社会关系。社会群体形成以后，为了协调生产、生活，杂乱的性关系就需要改变了。于是人们在长幼、亲疏、彼此之间商定了许多婚姻契约，限制人们的性生活，调剂人们的性关系。人们限制自身的性生活是以共同协作发展人类生产，创造更多劳动产品以满足人们需要为目的的，可是后来人们把这一目的忘记了，把井然有序的社会义务性婚姻关系看成天经地义的事。

由于这种思想指导，使中世纪礼教与宗教对婚姻生活的限制达到灭绝人性的地步。关于人类婚姻的未来前景，人们应该通过回顾历史而采取审慎态度，对这一未来的预测还需要更多人去努力。当然在劳动还是人们的生存手段的年代，倡导自我、享乐，蔑视社会、劳动，也是不可提倡的。在一定历史阶段，人们为了履行确定的社会义务而牺牲自我的享受，无疑还是一种崇高的行为。

其次，我们再谈一下独居人的问题。在谈这个问题之前，我们先讲现实婚姻生活中一个有趣的社会现象，这就是“离婚喜宴”。美国是当代西方离婚率较高的国家，有的离婚仪式颇为离奇，“离婚喜宴”便是一例。美国洛杉矶的离婚率与其他城市相比，几无出其右者。在那里流传着一种理论：“结婚是误解，离婚才是了解的开始”。

于是人们为了庆贺“了解的开始”，便大兴“离婚喜宴”。这种喜宴的程序反结婚庆宴之道而行之。在宴席上，从服装到屋内装饰绝大部分是黑色，连蛋糕也是用接近黑色的巧克力制作的。有时当事人会搬出度蜜月时拍的影片当场放映，不过片子是倒过来放的，待到兴致败尽，便人走席散，夫妇各奔东西。

离婚喜宴是美国人对离婚态度的变态表现，也是美国离婚率剧增的一个侧影。在美国从1970年至1982年，独居人数由1090万增加至1940万，增加率多于七成。丹佛尔大学心理学家沙华说：“这是美国历史上从未发生过的事，人人选择较多的独立自主”。罗省加州大学心理学家柏普露认为：“富足令独居可行，至于它是否可取，则视个人而定”。

在美国的独居人士中有1/3从未结过婚，因为青年人口增加很多，1970年至1981年间，这类人的数字由280万增加至600万。[2]离婚率也随着“性解放”之风骤然而起。仅在1965年至1980年间，美国离婚率的人数就增加了三倍多，离婚率由6%上升到22%，在1983年仍保持近20%。

未婚同居的现象在美国也很普遍，据统计，目前美国约有190万户人家，即占家庭总数的3%是没有婚姻关系而同居在一起的，他们当中有55%是未曾结过婚的。

关于美国人的婚姻前途，美国《未来学家》杂志的撰稿人之一弗斯顿伯格认为，美国的家庭将呈现多样化前景，离婚、同居而不结婚、不完整的家庭现象，今后还继续存在，也可能出现新的形式。

独居人在美国婚姻生活中占有相当大的比例已为上面所列举的数字所证明。在现今社会，人们为了组织独居人共同生活找出了许多方式，首先应该谈到的是英国社会的“朋克”制度。“朋克”是一种婚姻公社制度。是许多独居的年轻人共同组织成的一个性生活单位和经济单位。这和原始社会中的氏族是一样的。在一个“朋克”内部，性生活是随便的。现代的“朋克”多由一些下层“颓废”青年所组成，在欧洲、美国及澳大利亚十分盛行。“朋克”在后来社会中会不会演变成一种婚姻形态，还难以定论。

再次，让我们来谈一下未来的家庭问题，关于这个问题，许多社会学家可能作过许多预测。（当然这些预测还有待社会发展的实证。）对于家庭的前途问题，一般的看法是：家庭正在由大变小，传统家庭的意义将从根本上改变。美国的著名学者约翰·奈斯比特在其名著《大趋势》中谈到美国家庭和家庭前途时说："八十年代美国家庭多种多样，犹如鲁比克发明的魔方那样错综复杂。而且像魔方一样，使它恢复原状的可能性实际上等于零。"[3]（这种比喻未必恰当，魔方可有多种方法复原。）在西方，家庭变化的确是非常快的，大家庭已分裂为数不清的传统的小家庭。在这种家庭里，父亲挣钱养家，母亲照管家务和孩子。近年来，单身家庭数剧增。离婚率高是促使单身住户增多的主要原因。麻省理工学院和哈佛大学城市研究联合中心的人口统计学家们在一篇题为《美国的家庭：1960—1980》的研究报告中得出一些结论。其中有关1990年的预测结果包括以下几点：

（一）夫妻双方只有一方参加工作的住户将只占全部住户的14%。而1960年则占43%。

（二）妻子们挣的钱将占家庭总收入40%，而现在大约只占25%。

（三）至少有13种互不相同的家庭类型，将使当前流行的家庭黯然失色。其中包括"女方为一家之长领着孩子寡居"，"男方为一家之长带着孩子鳏居"等类型。

（四）在70年代初婚的夫妇中有1/3以上到那时将已离婚：在70年代出生的孩子中有1/3将同单亲一起度过童年时期。[4]

传统家庭的破裂意味着非小家庭生活方式的来到。《第三次浪潮》的作者阿尔温·托夫勒把小家庭看作第二次浪潮的产物，认为非小家庭生活方式是第三次浪潮冲击的必然。他说："当然，与第二次浪潮的到来，并不意味着大家庭结束一样，第三次浪潮的到来，也并不意味着小家庭的终结。它只不过意味着，小家庭已不再是社会仿效的理想形式了。”托夫勒的这种看法是有一定事实根据的，现在在美国，每四户人家就有一家单身户，独居的人口迅速膨胀。1970—1978 年间，在美国 14 岁到 34 岁之间的独居人数，几乎增长三倍——从 150 万增加到 430 万。所有失去家庭的人，并不是被强迫过这种独居生活的，很多是自愿的。美国一位立法顾问对西雅图女市政委员说道：“如果有合适的对象，我倒是准备结婚，但我不愿为此而放弃我的前程。”像这样的人在美国有很多，他们准备独居终身，或准备很晚结婚。[5]

由于人们倡导独居，所以性生活只靠同居或暮合朝离的方式调剂，在未来“杯水主义”是否应该改变它的贬义词性呢？

人类在向个人解放的方向发展，这一方面又和人类生产发展的目的是一致的。人类生产发展的目的是为人们物质生活和精神生活提供最大满足。随着人类生产的发展，人们对个人自由，个性发展的要求也就越强烈，当传统的家庭真正成为人们生活的枷锁时，人们应该考虑怎样砸开它。

复次，我们再谈一下未来的个人生活。在我们追寻人类婚姻发展过程之后，我们清楚地看到人们的婚姻生活发展的历史是从个人生活走向联合生活的历史，是从个人走向对偶家庭，走向大家族的历史。假若否定之否定规律给社会发展提供的螺旋型道路是正确的话，那么联合后的结果又是分散，又是个体；联合的开始就孕育了分离的胚胎。

未来的生活是个人的生活，这和人类联合的目的是一致的，也是和生产的目的是一致的。这种个人生活的趋势随着生产力的发展而表露得更为明显。上面所谈到现实社会离婚率的增高，独居人数的增多很恰当地说明了这个问题。

独居人是自由的，独居人也是寂寞的。独居人比起一般人来说所受的社会束缚较少，因为独居，丈夫义务、父亲义务、家长义务、女婿义务等都可以免除。他们可以较自由地支配自己的时间、金钱、可以根据情趣安排自己的生活。但是和一般人相比较，独居人内心是空虚和寂寞的。美国菲利斯·拉菲尔《离婚后的生活，从煎锅走进冰箱》一书中写到一个妇女的叙述：

在我离婚后的“那一年，我所有的性生活都给‘烂贱’这个词添上了一种新的含义。但是，这并没有什么关系，我要使自己感到，我仍然能够吸引男人。我猜想，我多多少少证实了这点。有一天早晨，当我醒来的时候，我的确悔恨自己所做的一切。我感到厌倦，所以，我就不再过这种生活了”。

独居人是寂寞的，独居人获得了人生活的自由，却失去了温情脉脉的家庭生活，失去了对偶谐趣，失去了彼此关心的对象，他们在病卧的时候，在年纪大的时候，由于缺乏别人的照顾而倍感凄凉。独居人的寂寞是在现代社会制度下形成的。寂寞是失去传统生活方式后，依赖心理继续起作用的结果。在未来社会中，当独居成为一种普遍的社会现象时，这种寂寞就不存在了。这时人们的娱乐不再像现今社会这样单调，人们的感情也不再像现今为一个人，一个家庭所占有了。也许人们彼此关心、爱护，人和人之间的关系比现在夫妻关系还要亲密。这样来说，独居人的寂寞就无从谈起了。

最后，我们谈谈未来的生育。现在的中国人，尤其是农村居民，仍是倾向于多生多育的。这一方面是受传统宗法制文化的影响，另一方面是受生育科学发展水平的限制。在城市，在相当一部分家庭里，夫妇双方是不愿多要子女的。因为子女增多在很大程度上对夫妇的自由生活是一个限制。这种现象如同晚婚现象一样，在一些大城市中已逐渐形成趋势。现在，在西方技术发达的国家里，有相当一部分人，有意识地选择称之为“不生育”的生活方式。有人认为人们正处于“以孩子为中心”到“以大人为中心”的家庭大转变时期，人们不愿生育，或推迟生育年龄已是西方社会的普遍现象。在美国，生育推迟的全国性趋势是引人注目的。根据全美健康统计中心资料，从1975年到1978年，30岁至40岁的头生母亲人数增加了37%。35岁至39岁头生母亲人数增加22%。据说："过去通常是妇女到了35岁就决定不生育孩子了，而现在妇女到了42岁仍在问自己是否要生孩子"。[6]在美国"全国双亲选择协会"鼓吹要维护不生育父母的权利，并和鼓吹生育的宣传展开了斗争。

在英国，也出现了相应的机构"全国不育协会"。西欧也有许多夫妇有意识不要孩子。俄罗斯同样，如许多夫妇不愿当父母，这种现象使俄罗斯当局非常头疼。

不愿生育大概是未来人生育的趋向，不愿生育和个性解放，个人享乐的趋向是互相联系的。人们不愿生育，因为生育是对生活的限制，对许多妇女来说她们已经把生育看作自己地位低下的主要原因。她们不愿意为社会分担生育的义务，不愿意为孩子和家务浪费青春，操劳终身。这种不生育的趋向是否能为社会发展所承认和允许，看来还有待于生育科学上的重大突破。人工授精、试管婴儿似乎已为社会有计划生育拓展了前景。至于婴儿的护养也似乎会像柏拉图所设计的那样，成为国家的自身义务。

【注释】

[1]《檀香山广告报》1980年10月。

[2]见香港《南极报》158期。

[3]《大趋势——改变我们生活的十个新方向》，第240页。

[4]《大趋势——改变我们生活的十个新方向》，第240页。

[5]参见《第三次浪潮》，第277—278页。

[6]见《大趋势——改变我们生活的十个新方向》。

后　记

编写这本书前后经过了几年。这些年来由于思想解放，在历史科学园地出现了繁花似锦、欣欣向荣的景象，各断代、各专题的研究都向纵深发展，其成果之大、方法之新是前所未有的。然而，在目前，各位史学工作者仍如以前一样侧重于政治、经济诸问题的探讨，忽略了对社会文化风俗史的研究。这应该说是当前历史学研究中的缺憾。我编写这本书的目的就在于用自己笨拙的努力，引起同人对此问题的注目。

本书体例采取通俗形式，对一个婚姻现象，一种婚姻制度，有考证，也有议论。全书虽然按朝代编写，但又不完全囿于一个朝代，为了谈清一个问题往往上追下溯，探赜索隐，以求正其本源，得其要旨。现在有些人做文章，资料少而议论多，不是从资料谈问题，而是让资料诠释自己早已成形的观点，我实以此为不然；并且在本书中力戒其弊，争取做到所持观点均由资料而得。对资料所有矛盾处，不能解释，亦不强释。因此本书立论当有难以自圆处，姑存以待教于诸贤。

在我国文献资料中，婚姻方面的资料很少被列为专题进行整理。对婚姻现象和婚姻制度记载散见于卷帙浩繁的古籍中。由于我国古史多由官修，因而婚姻方面的资料又多是反映上层统治集团婚姻状况的，只有宋元以后随着文人笔记资料的增多，士民婚俗方面的记述才渐渐可寻。这样，一因资料有限，二因笔者才疏，本书论述难免粗浅，每念及此，辄感不安。本书成稿后，承蒙导师林甘泉先生不弃，为审阅作序；杨群、曹苏平和赵升等同志参与编写部分章节；本书初版时，光明日报出版社金成基、陆瑞君老师亦多次审阅，提出了许多宝贵的修改意见。没有他们的关怀和支持，这本书是难以问世的，在此对他们表示衷心的感谢，同时也希望读者加爱、赐以教言。

本书多处引用前人的研究成果，我不敢掠美，特此声明。

1984 年底初稿

1986 年底修讫